SOVEREIGNTY

근대 국가의 기원과 진화

주권이란 무엇인가

SOVEREIGNTY

— 근대 국가의 기원과 진화 —

주권이란 무엇인가

로버트 잭슨 지음 | 옥동석 옮김

21세기북스

주권에 대한 이해, 왜 필요한가?

국가란 '일정한 지역을 지배하는 최고권력에 의해 결합된 인류의 집단'이다(김철수, 『헌법개설』, 2015: p.37). 이는 우리나라 다수의 헌법학 교과서에서 국가를 정의하는 내용이다. 2016년 6월 어느 날 우리나라에서 가장 진보적인 한 TV 방송사는 국가에 대한 이 같은 정의를 비판하고 나섰다. '국가의 이익을 개인의 이익보다 절대적으로 우선시하는 관점'으로 권위주의적 통제와 국가주의의 관점에서 국가를 규정하고 있다는 것이다. 또한 '국민으로부터 나온 주권, 주권을 위임한 권력'이란 내용을 포함하지 않고, 주권을 '특정 지역을 지배하는 최고권력'으로 해석하는 데 대해 학계에서도 의견이 분분하다고 지적했다.

내가 이 책을 번역하기로 결심한 것은 우리 국민들, 특히 학계에서도 국가의 본질인 주권(Sovereign)에 대한 이해가 충분하지 않다고 판단했기 때문이다. 주권이 '특정 지역을 지배하는 최고권력'이라는 사실은 올바른 설명이다. 대외적으로 주권이란 다른 주권국으로부터 독립적이면서 특정 지역 내에서 가장 강력한 권력(Power)을 보유하고 있는 최고의 권위(Authority)를 지칭한다. 이러한 주권을 통해 국민들은 외국의 부당한 간섭을 배척하고 국가이익을 극대화하며 사회정의를 구현할 수 있다. 이 책에서 국가는 '일정한 영토를 점유하고 주권 정부를 조직한 사람들의 집합'으로, 주권은 '대외적으로 독립성을 갖고 대내적으로는 최상위 권위'로, 그리고 권력이 없다면 권위는 공허한 것이라 설명하고 있다. 이러한 취지에서 볼 때, 헌법학 교과서의 정의는 국가의 보편적 정의로서 손색이 없다.

그렇다면 왜 유력 TV 방송사의 기자와 앵커는 '특정 지역을 지배하는 최고권력'을 주권으로 이해하는 데 거부감을 가지고 있는가? 그것은 아마도 '최고권력에 의한 지배'가 독재적이고 반민주적이라는 인식에서 비롯된 것이라고 추측한다. 더구나 대한민국의 모든 권력은 국민으로부터 나온다는 헌법 제1조를 문구상으로만 이해한다면, 주권은 '국민을 지배하는 최고권력'이라는 정의를 받아들이기 어려울 것이다. 또한 오랜 개발독재의 시대에 인권이 유린되었던 암울한 기억이 깊으면 깊을수록 이러한 거부감은 더욱더 클 것이다. 하지만 그렇다고 해서 주권의 본질과 정의가 조금이라도 변하는 것은 결코 아니다.

나 역시 주권의 본질에 대해 오랫동안 의문을 가졌으나 충분한 해답을 얻지 못하고 있었다. 평소 재정을 연구하는 경제학자로서 나는 정부의 본질과 기능 그리고 그 운영방식에 대해 지속적인 관심을 갖고 있었다. 정부의 본질은 무엇인가? 이 의문에 대해 경제학자로서 내가 접한 최고의 대답은 노벨경제학상 수상자이자 법경제학의 창시자인 로널드 코즈(Ronald Coase)의 설명에 있었다. "정부조직은 강제력을 동원해 재화와 서비스를 생산·제공하는 초기업(Super-firm)이다." 우리는 경제적·사회적 문제를 해결하기 위해 자율성에 기초한 시장(그리고 사회)뿐만 아니라 강제성에 기초한 정부를 필요로 한다. 그리고 자율성과 강제성의 적정 조화점은 한 사회가 추구하는 비전과 정의(正義)에 따라 다를 수밖에 없다. 나는 경제학 문헌을 통해 정부에 대한 이해를 여기까지 할 수 있었으나 그 이상의 의문들에 대해서는 여전히 답을 얻지 못하고 방황하고 있었다.

정부의 강제력은 어디에서 비롯되는가? 국가의 3요소는 영토, 국민, 주권이라고 하던데, 여기서 주권은 강제력을 의미하는가? 만약 주권이 정부가 가지는 강제력의 원천이라면 그 정당성은 어디에서 비롯되는가? 사회계약으로서의 헌법에 그 정당성을 두고 있는가? 그렇다면 주권이 국민에게 있다는 우리 헌법상의 규정은 어떤 의미를 갖는가? 현실적으로 강제력(공권력)은 정부가 행사할 수밖에 없는데 어떻게 국민이 주권을 보유한다고 말할 수 있는가? 실증법과 무관하게 특정 집단의 국민들이 반대하면 정부는 공권력을 행사하지 않아야 하는가? 그렇다면 실증법보다 국민정서가 더 중요한가? 그리고 사안마다 국민들의 찬성과 반대를 어떻게 가늠할 수 있는가? 다른 한편에서는 북한식 인민민주주의도 '국민주권'에 입각한다고 하는데, 대의민주주의 또는 자유민주주의와 어떠한 차이가 있는가?

나는 이런 의문들에 휩싸이며 점차 경제학을 벗어나 더 넓게 문헌들을 탐구하기 시작했다. 시간이 날 때마다 헌법학, 정치학, 역사학, 사회학 등 많은 문헌들을 뒤졌으나 유감스럽게도 만족할 만한 답을 얻지 못했다. 점차 이 많은 의문들의 해답이 정치철학의 분야에서 얻어질 수 있음을 깨달았다. 그런데 내가 원하는 것은 국가 또는 주권의 본질을 보다 명료하게 통찰할 수 있는 개론적 소개서인데, 정치철학 분야에서 우리나라 학자들의 저작과 강연 동영상은 지나치게 현학적이고 또 특정 세부주제에 집중함으로써 내가 원하던 답을 압축적으로 제공하지 못했다. 나는 이 근본적인 의문을 명쾌하게 대답하지 못하면서 재정학자로서 정부의 역할과 기능을 연구한다는 것이 과연 가능한 일인지, 점차 초조한 마음이 들기 시작했다. 나이는 많아지고 정치철학을 근본부터 공부할 만한 충분한 시간은 없다고 생각했기 때문이다.

그 초조한 마음은 이 책을 발견하며 사라졌다. 나는 한국어 문헌들로부터 주권에 대한 충분한 설명을 얻을 수 없었기에 'Sovereign'이란 단어를 검색하며 몇 종류의 책들을 해외에 주문했다. 역시나 많은 책들이 특정 쟁점에 집중하는 전문서적으로 내가 이해하기엔 여간 어려운 일이 아니었다. 그런데 폴라이트 출판사(Polity Press)의 '주요 개념 시리즈(Key Concepts Series)'에서 『주권체(Sovereignty)』를 읽으며, 내가 지금껏 갖고 있던 수많은 의문들이 마치 산봉우리를 싸고돌던 구름이 걷히는 것처럼 사라지기 시작했다. 이 책은 철학, 정치학, 역사학, 종교학, 법학, 외교학 등 다수 학문 분야의 문헌들을 두루 섭렵하고 일반인들이 이해할 수 있도록 주권을 설명하고 있기 때문이다. 나는 이 책의 문장 하나하나를 정독하며 행간의 의미를 파악하고자 노력했으며, 또 사실상 번역 수준으로 정리한 내용을 여러 번 읽어가며 이 내용을 100% 내재화(內在化)하고자 심혈을 기울였다.

나는 이 책을 통해 주권의 본질 그리고 이의 역사적 변천과 미래의 진화를 통찰할 수 있었다. 이 책은 학제적이고도 역사적인 관점에서 국가의 주권이 어떻게 형성되었으며, 또 그 주권체가 어떻게 변화하고 진화하는지를 명료하게 설명하고 있다. 여느 서적과 달리 이 책은 특정 학설에 치우치거나 또는 지나치게 사변적(思辨的)인 논의에서 벗어나 주권에 대한 통찰력을 제공한다. 나는 이 책을 통해 주권의 개념을 이해하게 되면서 서구 중심의 세계사를 이전보다 한층 더 잘 이해할 수 있게 되었다. 또한 현실정치에서 주권을 쟁취하기 위한 다양한 정치사회 세력들의 투쟁과 이를 뒷받침하는 제반 이론가들의 노력을 파악하면서 서구의 사상사에 대한 이해도 넓힐 수 있었다.

주권은 서구 역사 속에서 매우 중요한 개념이다. 종교개혁과 르네상스, 신대륙 발견과 산업혁명, 식민지 개척과 제국주의, 미국의 독립과 남북전쟁, 제1차 세계대전과 동유럽 국가, 제2차 세계대전과 식민지 독립, 분리독립 운동과 테러리즘, 국제인권법과 인도주의적 개입 등 세계사에서 매우 중요한 많은 사건들은 주권을 중심으로 조명할 때 그 의미가 보다 분명하고 용이하게 이해될 수 있었다. 또한 근대 세계의 이러한 역사 속에서 주권을 행사하는 실체, 즉 '주권체'의 형태는 끊임없이 변화했다는 것을 알 수 있었다. 신정체제, 군주체제, 공화제, 제국주의, 전체주의, 민주주의, 독재체제, 단일국가, 연방국가 등 다양한 정치체제는 모두 주권체의 형태와 관련이 있다. 또 주권체의 형태가 변화하는 역사적 과정 속에서 그 정당성을 합리적으로 설명하기 위해 다양한 사상들이 서구에서 등장했다고 할 수 있다.

나는 이 책을 통해 '국민주권'의 개념도 더 잘 이해할 수 있게 되었다. 그것은 국민이 '특정 지역을 지배하는 최고권력'으로 의제(擬制)된다는 것, 그 이상도 이하도 아니다. 다양한 정치체제는 주권이 부여되는 형태, 즉 주권체의 형태를 의미하는데 '국민주권'도 주권체의 한 가지 형태일 뿐이다. 신정체제는 종교 지도자에게, 왕정체제는 왕과 왕족에게, 제국체제는 외국인과 외국의 관직에게, 공화체제는 다수의 개인들에게, 그리고 민주체제는 국민 모두에게 주권을 부여하고 있다. '국민주권'은 민주체제를 의미하는데, 민주체제라고 해서 주권의 본질적 성격이 사라지는 것은 아니다. 현실정치에서 '국민주권'을 진정으로 구현하기 위해서는 우리가 먼저 주권에 대한 가치를 충분히 인식할 수 있어야 한다.

주권의 권위와 권력은 − '국민주권'하에서도 − 누군가의 손에 있어야 한다. 그래야만 국가는 '다수로부터 하나(E Pluribus Unum)'를 의미하고, 그 의지를 분명하게 확인하고 구현할 수 있기 때문이다. 현실정치에서는 국민 그 자체가 스스로 존재하지 않는다. 직접민주주의는 많은 한계가 있기 때문에 국민들 자신이 직접 국가를 형성할 수 없고 또 국가를 지배할 수도 없다. 주권은 마냥 모든 사람들의 손에 주어져 있는 것이 아니다. 국민이 주권체가 되기 위해서는 어떤 사람들에 의해 −정치엘리트들− 그 국민의 목소리가 추정되고 인식되어야 한다. 바로 여기에서 '국민주권'에 대한 딜레마가 존재한다.

정치엘리트들이 국민의 이름으로 권력을 장악하고 전체적인 명령과 가차 없는 결정을 지시하고 강제하기도 한다. '국민주권'을 내세우지만 실상은 일부 사람들이 전 국민의 상전(上典)으로 등장해 전체주의적 이념으로 국민을 개조하는 독재자가 되는 것이다. 전근대에 신의 이름으로 자행한 것처럼 국민의 이름으로 잔악무도한 행위를 수행하는 것이다. 이들은 자신들의 의지가 곧 국민의 이름으로 행사되는 주권이라고 주장한다. 국민들이 이에 저항하면 그들의 분노를 사면서 감옥 속의 수감자와 같은 생활을 하게 된다. 결국 '국민주권'은 주권체의 역사에서 모든 사람들이 동의하는 최종적인 형태이지만, 파시스트와 공산주의 그리고 각종 독재체제가 작동하는 원리가 되기도 한다.

그러면 정치엘리트들이 국민의 종복(從僕)으로 직무에 충실하도록 만드는, 진정한 의미의 '국민주권'을 구현하는 방법은 무엇인가? 그것은 국민들이 정치엘리트들에 대해 해명책임(Accountability)과 설명책임(Answerability)을 효과적으로 추궁하는 것이다. 이 방법 역시 주권체의 변천과 같이 오랜 기간에 걸쳐 진화하고 발전했는데, 현재까지 밝혀진 가장 효과적인 방법은 서구의 대의민주주의 형태이다. 이것은 자유로운 공론의 장이 형성되어 있고 의회, 대통령, 대법원 등의 절차와 규칙에 따라 국민의 목소리가 추정되도록 하는 것이다. 이 과정에서 사상과 생각의 불일치는 폭력과 무질서가 아니라 토론과 논쟁 그리고 투표에 의해 해결된다. 결국 대의민주주의하에서는 해명책임을 위한 각종의 절차와 관행 그리고 국민의 공감대를 얻는 사회사상, 이들의 조합이 곧 주권체의 의지가 되는 것이다.

'국민주권'을 구현하는 형태로서 서구의 대의민주주의를 가장 효과적인 방법이라고 주장하는 근거는 무엇인가? 그것은 국가와 주권이 갖는 본연의 임무에 가장 충실하기 때문이다. 개인의 안전, 자유, 존엄을 보장할 수 있도록 인간의 권리와 풍요를 중시하고, 국가 간의 주권평등 원칙하에서 국제평화를 유지하는 데 많은 성과를 낳았기 때문이다. 물론 주권은 양날의 칼이다. '국민주권'의 원칙은 정치권력의 남용을 숨기는 데에도 효과적으로 활용되기 때문에 인권과 풍요, 평화의 관점에서 어떠한 정치체제가 바람직한지 우리는 끊임없이 고민해야 할 것이다. 이러한 의미에서 나는 이 책이 번역되어 우리나라에서 널리 읽힐 수 있다면, 우리가 주권에 대한 많은 오해를 벗어나 그 현실적 소중함을 더 깊이 느끼고 또 대의민주주의의 발전에 기여할 수 있다고 생각했다.

주권은 우리의 국가관을 정립하는 데에도 매우 중요한 개념이다. 2015년 봄, 나는 중앙공무원교육원(현 국가공무원인재개발원) 원장으로 부임하며 대한민국의 국가관을 −비전과 가치로 연결되는− 더욱더 철저하게 고민해야 할 처지에 놓였다. 나는 이 책이 우리의 국가관을 정립하는 데 많은 도움을 줄 것으로 확신한다. 근대 국가로서 대한민국의 가치는 국민 개개인에게 안전, 자유, 존엄을 보장하고 국제평화와 인류번영에 얼마나 이바지하느냐에 달려 있다. 이와 같은 대한민국의 비전과 가치를 세우고 공감대를 형성하는 데 있어 나는 이 책이 많은 도움이 될 것이라 생각한다. 비록 서구에서 시작해 전 세계에 파급되었지만, 우리가 주권체의 관점에서 근대 세계의 역사와 사상 그리고 국제법 질서를 이해한다면 전 세계에서 우리의 가치를 발현할 기회는 더 많이 열릴 것이다. 나는 이 책이 우리 사회의 이러한 기회에 많은 도움이 되기를 희망한다.

주권은 우리의 근대사를 이해하고 해석하는 데에도 매우 중요하다. 우리가 주권체의 진화에 대한 전 세계의 역사를 잘 이해하고 있을 때, 비로소 우리의 근대사에 대해 한층 수준 높은 해석을 할 수 있다. 근대사란 근대 국가의 형성사라고도 할 수 있는데, 서구에서 주권의 개념이 등장하며 국가 간의 전쟁을 방지하고 평화를 모색하는 과정을 충분히 이해한다면 동아시아 각국의 근대 국가 형성과정 그리고 평화를 위한 노력에 대해 더 많은 시사점을 얻을 수 있기 때문이다. 근대 국가를 형성하는 과정에서 있었던 동아시아의 역사를 서구의 역사와 대비하고, 또 서구의 경험과 사례들을 이용해 동아시아의 근대사를 설명할 때 우리의 근대사는 전 세계적인 보편성을 얻을 수 있다. 물론 이 책의 일부에서는 서구 중심의 세계관을 강하게 느낄 수도 있지만 우리가 그것을 극복하기 위해서라도 이를 충분히 이해할 필요가 있다.

또한 주권의 개념은 현실정치의 포퓰리즘을 극복하는 데에도 매우 유용하다. 일반적으로 포퓰리즘은 특정한 정책과 사업이 특정한 집단에 부여하는 이익과 손실을 과도하게 강조하는 데에서 비롯한다. 이러한 포퓰리즘을 극복하기 위해서는 특정한 집단에 영향을 미치는 정책과 사업들이 무수히 많다는 사실, 그리고 또 모든 정책과 사업들은 이들이 국민 전체에 미치는 총합적 영향을 기준으로 판단되어야 한다는 사실을 인식해야 한다. 주권의 개념은 바로 국민 전체가 누리는 총합적 가치를 전제한다. 다시 말해 주권은 주권체를 통해 결합되는 국민 전체를 염두에 두고 국가이익을 강조하고 있다. 이러한 국가의 이익은 곧 국민 전체의 안전, 자유, 존엄을 보호하는 것이어야 한다. 주권의 개념은 국가 전체의 이익을 강조함으로써, 특정한 정책과 특정한 집단에 집중하는 편향된 시각을 교정하는 유용한 치료제가 될 수 있다.

많은 사회현상들은 주권을 통해 손쉽게 이해되고 탐구될 수 있다. 그래서 나는 이 책이 독자에게 체계적이고도 명료하게 전달되어 그 같은 탐구가 가능해지길 바란다. 그러한 마음으로 번역을 시작했고, 의역(意譯)과 직역(直譯)의 적정 조화점에 대해 힘겨운 판단의 과정을 겪었다. 이 책의 영어 원본을 읽고 이해하는 데에는 한 달여 이상이 소요되지만, 한글로 번역된 책을 읽고 이해하는 데에는 휴가철 2~3일을 넘기지 않도록 하겠다는 나름의 목표를 세웠다. 우리가 서구의 사상을 받아들이고 새로운 사상을 열기 위해서는 언어상의 장벽을 극복하는 것이 매우 중요한데, 많은 후학들이 이러한 장벽에 막혀 시간을 허비하지 않도록 하고 싶었기 때문이다. 물론 이번 번역에서 이 목표가 충분히 달성되었는지 확신할 수는 없지만, 내게 많은 고민의 시간이 있었음을 독자들이 이해해 인내를 갖고 읽어주길 바랄 뿐이다.

이 책은 사회과학 분야에서 학술 전문서적 출판사로서 전 세계적인 명성을 얻고 있는 폴라이트 출판사의 '주요 개념 시리즈' 중 한 권으로 발간됐다. 사회과학 분야의 대학생들을 위해, 그리고 사회문제에 관심을 갖는 일반 교양인들을 위해 논쟁의 여지가 있는 핵심 개념들을 체계적으로 정리해 발간한 것이다. 그리고 이 책의 저자인 로버트 잭슨 (Robert Jackson)은 미국 보스턴 대학교에서 국제관계 및 정치학과 교수로 재직 중인데, 탁월한 학자로서의 명성에 걸맞게 국제이론, 국제윤리, 국제법, 제3세계의 국제관계 등에서 많은 업적을 쌓고 있다. 그의 저술은 여러 나라에서 번역 발간되고 있는데, 2003년 우리나라에서도 『현대 국제관계론(Introduction to International Relation)』이 발간된 적이 있다.

이번 번역에서는 가능한 한 모든 용어를 한글로 표현하고자 했으나 잘 알려진, 또는 문맥상에서 그 뜻을 알 수 있는 경우에는 영어를 그대로 사용했다(EU, IRA, NATO 등). 각종 용어와 고유명사들은 따로 병기했는데, 이탤릭체는 라틴어 또는 책의 제목을 표시하고 있다. 번역에 있어 가능한 한 일관성을 유지하고자 했다. 'Sovereign'은 주권으로,

'Sovereignty'는 주권체로 번역했고, 'People'은 문맥에 따라 '인민', '사람들' 또는 '국민'으로 번역했다. 노동자 계급의 사람들과 (계급의식이 내포되지 않는) 근대 국가 이전의 사람들 또는 다수 국가의 사람들을 의미할 때에는 '인민'으로, 근대 국가 형성 이후의 또는 개별 국가의 사람들에 대해서는 주로 '국민'으로 번역했다. 또한 'Humanity'는 인본주의(人本主義)로 번역하되 어색한 느낌이 들면 인도주의(人道主義)로 번역하기도 했다.

이 책을 번역하면서 나는 새로운 지식을 발견하고 몰입하는 즐거움을 마음껏 누렸다. 비록 번역 과정에서 수시로 긴장과 피로를 느꼈지만 곧이어 이를 극복하는 희열과 성취감을 맛보았다. 번역을 진행하면서 일부 내용들을 공직가치의 국가관 강의에서 활용해본 적이 있는데, 많은 공무원 교육생들이 근대 국가와 주권의 중요성을 공감하는 모습에서 큰 보람을 느꼈다. 이러한 즐거움과 보람을 위해 나는 수개월 동안 주말마다 번역작업에 매달렸다. 틈만 나면 책상에 앉았기에 함께하는 시간을 많이 가지지 못해 항상 아내에게 미안할 따름이었다. 내가 편안하게 독서에 몰입할 수 있도록 사랑과 격려를 아끼지 않았던 아내에게 깊은 감사의 말을 남기고 싶다.

머리말

    주권체(Sovereignty)란 우리가 '국가(States)' 또는 '민족(Nations)'으로 지칭하는 영토 조직에 내포되어 있는, 그리고 국내와 국외의 다양한 관계와 활동들을 맺고 있는 권위의 개념이다.[1] 21세기 초 전 세계에는 200여 개에 달하는 주권체들이 존재하는데, 이들은 각자의 관할 영토와 그곳에 거주하는 국민에 대해 책임을 진다. 주권체는 근대 세계의 정치체제와 법적 관행에서 핵심을 차지한다. 이 개념은 16~17세기의 유럽에서 종교적, 정치적 분쟁과 전쟁 속에서 등장했다. 이는 급속히 등장해 이후 전 세계로 확산되며 계속 진화하고 있다. 이 책에서는 이 개념을 간단하지만 종합적으로 설명하고자 한다.

    국가 주권체는 아마도 근대 시대의 권위에 대한 가장 근본적인 개념일 것이다. 이는 다른 시대의 권위 개념과 상당히 대비되는데, 특히 유럽 역사의 중세 시대에서 그 중심이 되었던 라틴 기독교정(Latin Christendom)의 신정주의적 그리고 초국가적 개념과 대비된다. 또한 주권체는 서구 이외의 여타 지역에서 존재했던, 즉 서방의 제국주의가

---

1 'state'는 이들 조직에 대한 국제법상으로 적절한 용어이다. 대부분의 세계에서는 이러한 방법으로 이 용어를 사용한다. 미국인들은 미합중국의 '주(states)'와 주권 '국가(states)'를 구분하기 위해 'nations'란 용어를 선호한다. 그러나 'nation(민족)'은 더 모호하다. 물론 퀘벡, 스코틀랜드, 체첸 등 다수의 민족들이 독립을 열망하고 있지만, 대부분의 'nation'은 주권을 보유하지 않고 있다.

간섭하며 서구를 중심으로 구축한 글로벌한 —더 이상 유럽 또는 서방이 아닌— 권위의 시스템 이전(以前)에 존재했던 권위의 개념과 상당한 차이를 보인다. 이 주권체의 세계적인 확산은 19세기와 20세기에 겨우 완성됐다. 유럽과 미국이 침입하기 이전인 비(非)서구 세계에서는 현저히 다른 개념의 권위가 작동하고 있었다. 주권 국체의 체제와 현상은 모든 지역에서 동시에, 또 동일한 효과를 갖고 수용된 것은 아니지만 수 세기에 걸쳐 모든 대륙으로 전파됐다.

오늘날 주권체는 권위에 대한 글로벌한 시스템이다. 이는 종교, 문명, 언어, 문화, 민족 및 인종집단, 그리고 인류를 구분 짓는 또 다른 형태의 사회와 집단을 초월해 모두에게 적용된다. 다시 말해 주권국가의 체제는 이전에 단 한 번도 존재하지 않았던 글로벌한 권위의 시스템이다. 한때는 많은 사람들이 —사실 수백만의 사람들이— 주권국가의 관할 범위 밖에서 살 수 있었다. 하지만 이제는 지구 상 그 어디에도 주권국가를 벗어나 있는 거주자 지역이 없다. 세계의 모든 인구는 —60억 이상의 인구는— 주권국가의 내부에서 살고 있다. 이들은 자신이 어느 국가에서 살 것인지 부분적으로 선택할 수 있다. 그러나 그 외에는 어떠한 선택권도 없기 때문에 각국에서 감내해야 할 위험과 의무, 또 활용가능한 이점과 기회를 보며 그 선택에 최선을 다한다. 이처럼 보편화되어 있는 이 주권체라는 인간사에 대해 우리는 그 중요성을 충분히 인정하고 있지는 않다.

주권체는 정치와 법률에 있어 근본적인 개념이다. 또한 주권체는 국가의 최상위 권위를 나타내는 개념이다. 이는 지리적으로 분리된 국가의 정치적·법률적 독립이라는 개념을 동시에 수용할 때에만 적절하게 이해할 수 있다. 국가 주권체에 대한 이 두 가지 측면은 분리되어 있는 개념이 아니다. 이것은 하나의 보편적 개념에 대해 서로 다른 측면을 보여주고 있다. 주권체란 특정한 국가에서 정부, 시민 또는 신민의 권리와 의무에 대한 헌법적 개념이다. 또한 이는 서로 관계를 맺고 있는 다수 국가들 사이에 존재하는 국제적 개념이다. 각국은 자신의 영토를 보유하며, 다른 국가와 적대적이고 가끔은 전쟁을 수행할 뿐만 아니라 평화적이고 협조적인 관계까지 포함한 대외적인 관계와 거래를 맺는다.

'주권체'의 핵심적 의미는 온라인 옥스퍼드 영어사전(OED, *Oxford English Dictionary Online*)에 기록된 통상적인 용도에서 파악할 수 있다. 이 사전은 본 연구에서 중요한 의미를 가진다. 중세 말기와 근대 초기에 영어 저술가들(아마도 영어 사용자들)이 사용했던 가장 초기의 용도에서부터 이 단어의 역사적인 진화를 설명하고 있기 때문이다. 단어의 역사는 개념의 역사를 종합적으로 반영하고 있다. 우리는 이 사실을 유의해야 한다. 현재 시점에서 주권체라는 단어, 'Sovereignty'는 역사적인 용도에서 파악되지 않는 많은 다른 의미, 또 상반되는 의미를 갖고 있기 때문이다. 다시 말해 현대의 전문가들이 제시하는 여러 가지 이론, 방법, 이데올로기 등에 의해 이 주제에 대한 의미가 좌우되고 있는 것이다. 어린이 동화 주인공 "험티 덤티(Humpty Dumpty)는 다소 냉소적인 톤으로 '내가 이 단어를 말할 땐 내가 생각하는 의미만을 뜻하지 그 이상도 그 이하도 아니야.'라고 말했다(Carroll 1991: 제6장)." 특히 최근에 사회과학자들은 이런 방식으로 용어에 대한 정의를 분명하게 내리고 있다. 그들이 내린 고유한 정의를 살펴보면 '주권체'라는 단어는 통상적인 영어의 역사적 의미를 크게 벗어나 전문가적 개념에 사로잡혀 있다. 이것은 이 주제를 역사적으로 이해하는 데 방해가 될 것이다.

주권체란 철학자와 이론가들이 좋아하는 추상적인 개념이 아니라 원래 현실에서 주로 사용됐다. 이는 16~17세기 유럽의 독특한 상황에서 국왕과 여타 통치자들 그리고 이들의 대표자와 대리인이 생각해낸 유용한 개념이었다. 주권체에 대해 정치적 제도와 법적 관행이 먼저 나타났고, 학문적 이론은 그 이후에 나타났다. 근대 초기 유럽의 통치자들은 당시에 그들을 짓누르고 있었던 라틴 기독교정의 신정 지도자인 교황의 권위를 거부하고자 이 개념을 활용했다. 주권체에 대한 그들의 주장이 성공했기에 교황의 권위를 벗어나 탈피하는 길이 열렸던 것이다. 또한 그들은 라이벌이 되는 권위들에 대항하며 자신들이 주장하는 관할 내에서, 그리고 자신의 신민들에 대해 주권의 권위를 주장했다. 그들은 서로 간의 관계와 투쟁 속에서 －전쟁을 포함해서－ 이 개념을 활용해 초기의 국제법 형성에 기여했다. 주권체에 대한 초기의 고전적 이론들은 이 유용한 제도와 관행을 종합적이고도 체계적으로 이해하기 위해 등장했다. 본 저술은 이 고전적인 접근을 설명할 것이다.

주권체의 개념은 위대한 사상이다. 우리는 이 개념을 고정시켜 분석의 틀에 끼워 맞추는 그러한 학문적 시도를 하지 않아야 한다. 그럼으로써 우리는 이 주제에 대해 미처 생각하지 못했던 또 다른 시각과 측면을 발견할 것이다. 이러한 경험은 탐구의 과정에서 반복적으로 나타나는데, 이 탐구는 기약 없이 계속될 것이지만 우리는 어떤 지점에서 멈춰야 한다. 이 책이 바로 그 지점이다. 주권 국체는 학제간의 탐구를 요하는 다방면의 광범위한 개념이다. 이 주제를 역사학, 법학 또는 정치학 등 어떤 하나의 학문분야에 집어넣는 것은 불가능하다. 어떠한 학문이건 독자적인 접근만으로는 이 개념의 다양한 측면과 진화의 과정, 즉 정치적, 법적, 대내적, 대외적, 현재, 과거 그리고 가까운 미래 등을 파악할 수 없다. 만약 디지털 학술지 수록 및 검색 서비스인 'JSTOR'과 'Project Muse'가 없었더라면, 본 연구의 기반이 되는 학제적 연구를 수행하기란 훨씬 더 어려웠을 것이다. 나는 이 같은 전자자료를 통해 주권체를 다루는 많은 학술지들을 파악할 수 있었고, 또 그 내용에 대해 훨씬 더 수월하게 접근할 수 있었다. 「정치학 연구(*Political Studies*)」, 「국제관계(*International Affairs*)」, 「미국의 국제법 학술지(*American Journal of International Law*)」, 「사상사 학술지(*Journal of the History of Ideas*)」, 「과거와 현재(*Past and Present*)」, 「미국 종교학회 학술지(*Journal of the American Academy of Religion*), 「교회사(*Church History*)」 등은 내게 특히 중요한 자료였다. 이 자료들의 도움으로 나는 이전에 파악하지 못했던 책들을 금방 읽어볼 수 있었다. 또 주권체의 연구와 관련된 다양한 학문분야들을 보다 많이 찾을 수 있었다. 이를 통해 나는 학제적인 접근을 통해서만 이 주제에 대한 파악이 가능하다고 깊이 확신했다.

이 책을 저술하면서 나는 개인과 기관들에 신세를 졌는데 그들에게 감사를 표하고 싶다. 이 주제에 대한 초기 연구에 연구비를 일부 지원해준 캐나다 사회과학 및 인본주의 연구회(The Social Science and Humanities Research Council of Canada)에 감사를 표한다. 또한 내 연구를 계속해서 지원해준 보스턴 대학교 국제관계학과(Department of International Relations at Boston University)에 감사드린다. 제6장의 내용은 아러스 대학교 정치학과(Department of Political Science at Aarhus University)와 협조해 덴마크 사회과학 연구회(The Danish Social Science Research Council)에서 연구비를 지원받아 작성됐다. 이를 주선해준 내 친구이자 동료인 조지 소렌슨(Georg Sørensen)에게 감사를 표한다. 제5장의 초고는 로날드 틴너벨트(Ronald Tinnevelt)와 게르트 베르쉬래건(Gert Verschraegen)이 편집한 『범세계적 이상과 국가 주권체(*Between Cosmopolitan Ideals and State Sovereignty, Palgrave Publishers*)』로 발간됐다. 제6장은 홉슨(J.M. Hobson)이 편집한 『정치학 연구(*Political Studies, Blackwell Publishers*)』에 수록되어 있다. 이들을 개정해 이 책에 수록할 수 있도록 허락해준 것에 대해 감사드린다.

학자들이 연구하는 주제는 종종 자신의 삶에서 힌트를 얻기도 한다. 나는 캐나다에서 태어나 오랫동안 거주했다. 캐나다는 민족적 동일성이 확실하지 않은 나라로, 특히 퀘벡의 경우 많은 거주자들이 독립을 요구했다. 자신을 '주권주의자(Sovereigntists)'로 부르며 이 새로운 단어를 영어사전에 추가하기도 했다. 나의 초기 학문적 경력은 영국으로부터 주권체를 이양받은 독립 직후의 케냐에서 시작했다. 나는 때때로 미국에서 살기도 했는데, 미국은 '독립선언'과 시민권 원칙에서 천명한 바와 같이 대중 주권체의 요람이었다. 또한 이 민족은 주권체의 권리를 주장하며 분리를 추진했던 남부연합과 거대한 시민전쟁을 치렀다. 나는 수년에 걸쳐 주기적으로 영국을 방문하며 북아일랜드의 무장 테러리스트, 특히 공화국의 영토회복론자에 대한 정부의 진압을 볼 수 있었다. 이들은 영국 정부가 영토 주권체를 포기하도록 압박하고 북아일랜드를 아일랜드 공화국의 영토로 해방시키는 목표를 추구했다. 또한 나는 많은 영국인들이 유럽연합이 특정 분야의 권위를 행사함으로써 자신들의 삶에 영향을 줄지 모른다고 우려한다는 사실을 알 수 있었다. 그들은 영국 정부가 권위를 배타적으로 보유해야 한다고 믿었다. 덴마크에서도 이와 동일한 우려가 일부 나타났었는데, 나는 여름에 덴마크 아러스 대학교를 방문해 행복한 시간을 가질 수 있었다.

학문적 몰두는 가족들에게도 영향을 미칠 수밖에 없다. 나는 복잡하고 종종 좌절을 안겨다주지만 항상 매혹적인 이 연구의 주제를 놓지 않으려고 애썼다. 그렇게 지적으로 방황하는 남편을 사랑으로 참고 견뎌준 나의 아내 마가렛에게 감사를 전한다. 나의 사위, 스티븐 프리스(Steven Preece)가 명랑하게 선물한 멋진 와인이 이 책을 완성할 수 있도록 내 긴장감을 완화시켰다. 또한 폴라이트(Polity)의 출판 시리즈에서 내게 귀감이 된 책을 이미 출간한 나의 딸, 제니퍼 잭슨 프리스(Jennifer Jackson Preece)에게 애정 어린 감사를 표한다. 나는 이 책을 나의 손자, 베네딕트 잭슨 - 프리스(Benedict Jackson - Preece)와 모든 어린이들에게 헌정하고자 한다. 그들이 살아가게 될 그 어떤 형태의 주권국가에서도 안전, 자유, 존엄을 누리며 어른으로 성장할 수 있기를 희망한다.

보스턴에서 저자

차례

주권체와 근대성

주권체의 등장

주권체는 중세 이후에 전 세계적으로 등장한 헌법사상 중 하나인데, 이는 정치와 법률의 형식을 띠며 근대와 그 이전의 시대를 명확하게 구분 짓고 있다. 당트레브(A.P. d'Entrèves, 1970: p.67)는 이러한 사실을 적절하게 지적했다. "주권체 원칙의 중요성은 아무리 강조해도 지나치지 않는다. 이는 법률가와 정치인들이 보유하는 엄청난 도구로서 근대의 유럽을 형성한 핵심적 요소이다." 유럽뿐만 아니라 전 세계적으로도, 주권체는 정치와 법률의 기본적인 사상이 되었다. 이 책에서 언급하는 '주권체'란 따로 명기하지 않는 한, 당연히 한 국가의 주권체를 의미할 것이다.

이 책은 사상사적 관점에서 기술됐다. 주권체 개념은 16~17세기에 유럽의 통치자들이 서로 종교적, 세속적으로 대항하며 투쟁하는 과정 속에서 등장한 유용한 도구였다. 정치 사상가와 법률 사상가들은 관련 주제에 대해 논쟁을 벌이면서 그 사상과 작동원리(*Modus Operandi*), 기본원칙 등을 제시했다. 이들의 논쟁은 학제 간에 이뤄졌는데, 이 개념은 종교사, 헌법, 국제법뿐만 아니라 정치학, 법학, 외교의 핵심이 되었다. 주권체는 상당히 오랫동안 지속되고 있다. 그러나 이는 고정되고 불변인 것은 아니다. 오히려 진화하고 있기에 시대에 따라 서로 다른 모습을 띠며, 특정한 역사적 시기와 사건과 관련하여 그 필요와 사정에 따라 그때그때 변화해 왔다(Philpott, 2001). 그러나 이것이 근본적으로, 또 몰라볼 정도로 변화하는 것은 결코 아니다. 20세기와 21세기의 주권체는 16세기와 17세기에 인식됐던 기본적인 개념과 여전히 동일하다.

주권체란 권위에 대한 일종의 장치라고 할 수 있다. 이는 그 권위에 종속되고, 또 권위로부터 영향을 받는 과거와 현재의 수많은 일반인들에게 중대한 영향을 미친다. 우리가 그 개념의 진화에 눈을 뜨고 그 작동 방법을 이해하기 위해서는 아래에 압축적으로 열거한 역사적 사건들을 살펴봐야 한다. 이들은 16세기에 시작해 현 세기에 이르기까지 오랜 기간에 걸쳐 계속되고 있는데, 주권체가 근대 세계의 형성과 다양하게 얽혀 있는 수많은 과정들 중 극히 일부를 보여주고 있다.

- 1534년 영국 국왕 헨리 8세(King Henry Ⅷ)는 의회에 대해 최상위법(首長法, Act of Supremacy)을 요구하고 이를 획득했는데, 이는 국왕과 그 승계자에게 영국 교회의 최고 수장(최상위자) 자격을 부여하고 또 국외의 법률과 당국자, 특히 라틴 기독교정의 수장인 교황의 법률과 권위로부터 벗어나는 것을 인정했다.
- 1649년 영국 국왕 찰스 1세(King Charles 1)는 '국민의 권리와 자유를

방기하고, 자신의 의지에 따라 지배하는 무제한적이고도 포학한 권력'을 행사한 범죄로 의회에 의해 재판에 회부되어 처형됐다.

- 교황의 근위대와 프랑스 대사의 충돌이 있었던 프랑스 국왕 루이 14세(King Louis XIV)와 교황 알렉산더 7세(Pope Alexander Ⅶ) 사이의 1662년 분쟁은, 교황이 파리에 특사를 파견하며 국왕의 존엄과 명예를 훼손한 데 대해 유감을 표명하는 치욕적인 항복으로 1664년에 종결됐다.

- 영국이 프랑스를 굴복시킨 7년 전쟁의 결과로 개최된 1763년 파리 평화회의(Peace of Paris)에서, 영국이 정복한 프랑스의 식민지 퀘벡(Quebec)은 북아메리카의 영국 식민지로 인정됐다.

- 1776년 미국의 독립선언문은 다음을 천명했다. "연합한 제 식민지들은 권리에 의거하여 자유롭고 독립된 국가들이어야 하며, 이들은 영국 국왕에 대한 모든 충성으로부터 벗어나며, 이들과 영국제국과의 모든 정치적 관계는 완전히 결별되고 또 결별되어야 한다; 자유롭고 독립된 국가들로서 전쟁을 개시하고 평화를 확정하며, 동맹을 체결하고 통상을 수립하는, 독립국가가 권리로서 할 수 있는 모든 행동과 사무들을 수행하는 완전한 권리를 갖는 바이다."

- 1860년과 1861년에 노예제를 유지하는 미국 남부의 13개 주들은 그들 각자의 주권체를 주장했다. 미합중국(The United States of America)으로부터 탈퇴를 선언하며, 남부연합국(Confederate States of America)을 형성했다(사우스캐롤라이나, 미시시피, 플로리다, 알라바마, 조지아, 루이지애나, 텍사스, 버지니아, 아칸사스, 노스캐롤라이나, 테네시, 미주리, 켄터키). 이들의 탈퇴는 1865년 남부군이 북부군에 패하며 종말을 고했다.

- 1885년 베를린 회의에서 서아프리카 분할원칙에 서명한 권력 국가들은(영국, 오스트리아-헝가리, 프랑스, 독일, 러시아, 미국, 기타 소규모 국가들) '아프리카 대륙 서해안의 이들 점령 지역에 대해 권위를 확정하고 보장하는 의무'를 인정했다. 아프리카 대륙의 대부분 지역은 영국, 프랑스, 유럽의 여타 권력 국가들에 의해 식민지화가 진행됐다.

- 1918년 미국 상하원 합동회의 연설에서 우드로 윌슨 대통령은 다음과 같이 천명했다. "우리가 이 전쟁에서 요구하는 것은 (중략) 온당하고 안전하게 살아갈 수 있는 세계를 만드는 것입니다. 특히 모든 평화-애호 국가들이 안전하도록 만드는 것인데, 그들은 우리의 생명처럼 국가가 자신의 생명을 보호하며 스스로의 제도를 결정할 수 있길 희망합니다. 또 그들은 폭력과 이기적 침략에 반대하기 때문에 세계의 다른 인민들로부터 정의와 공정한 대접을 보장받아야 합니다." 그는 '크고 작은 국가들이 모두 동일하게 정치적 독립성과 영토보전을 상호 보장하는 특별한 협약을 체결하여 국가들로 구성된 회합체'를 요구했다. 이는 윌슨 대통령이 주도적으로 창설한 국제연맹(League of Nations)의 중요한 목적이었다.

- 1941년 미국 대통령 프랭클린 D. 루스벨트(Franklin Delano Roosevelt)와 영국 수상 윈스턴 처칠(Winston Churchill)은 뉴펀들랜드(Newfoundland)의 해안가에 정박 중인 영국 전투함 선상에서 만나 대서양 선언(Atlantic Charter)에 서명했다. 여기서 그들은 '공동원칙'을 약속하고 선언했는데, 그것은 '모든 인민들이 그들이 살아가는 정부의 형태를 선택하는 권리', '자신들로부터 강제적으로 박탈해간 주권과 자주정부를 회복하고자 하는 사람들의 소원', 그리고 '자신들의 강역 내에

서 안전하게 거주할 수단을 모든 국가들이 확보할 수 있도록 평화를 확립하고자 하는 사람들의 희망'을 천명했다.

- 1947년 영국령 인도의 영토는 구분되는 두 개의 독립국가, 인도와 파키스탄으로 분할됐다. 그 결과, 이들 사이에 새롭게 설정된 국경선 때문에 자신의 거주지가 잘못 결정된 1,500만 명의 망명인들이 발생했다. 또 인도와 파키스탄 사이에 전쟁이 빈번히 발생해 분쟁지역, 특히 캐시미르 지역에서는 국경선이 변경됐다.

- 1960년 영국 수상 해럴드 맥밀런(Harold Macmillan)은 남아프리카 공화국 의회에서 연설을 했는데, 여기서 그는 완전한 탈식민지화를 초래하는 '변화의 바람'이 아프리카 대륙을 휩쓸고 있다고 선언했다. "로마제국이 붕괴한 이후 유럽의 정치에서 변함없는 사실 중 하나는 독립국가의 등장입니다. (중략) 20세기에 (중략) 유럽의 민족국가(Nation States)를 탄생시킨 과정은 전 세계에 걸쳐 반복됐습니다. (중략) 오늘날 동일한 일이 아프리카에서 벌어지고 있습니다."

- 1990년 이라크는 이웃 국가 쿠웨이트를 침입해 점령하고 복속시켰다. 이러한 침략에 반대하는 반격 전쟁이 UN 승인하에 미국, 영국, 프랑스, 사우디아라비아 및 여타 국가들에 의해 성공적으로 수행됨으로써, 불법적으로 점령한 이라크 군대를 축출하고 쿠웨이트의 주권 정부를 회복했다.

- 1991년 소비에트 연맹(Soviet Union)은 새로운, 또는 재구성된 15개의 독립국가인 에스토니아, 라트비아, 리투아니아, 러시아, 우크라이나, 벨라루스, 몰도바, 조지아, 아제르바이잔, 아르메니아, 카자흐스탄, 우즈베키스탄, 투르크메니스탄, 타지키스탄, 키르기스탄으로

해체됐다.

- 1991~1992년 유고슬라비아 사회주의 연방공화국은 전쟁을 겪으며 세르비아 - 몬테네그로, 크로아티아, 슬로베니아, 보스니아 - 헤르체고비나, 마케도니아로 해체되어 각각 독립했다. 2006년 몬테네그로는 세르비아에서 분리됨으로써 이전의 유고슬라비아에서 또 하나의 독립국가가 탄생했다.

- 1993년 체코와 슬로바키아의 국가 지도자들은 '이혼식'을 거행했다. 이로써 체코슬로바키아는 2개의 독립국가인 체코공화국과 슬로바키아로 분할됐다.

- 1995년 캐나다의 퀘벡 주에서 다음과 같은 국민투표를 시행했다. "퀘벡이 주권을 가지고 캐나다와 새로운 정치경제적 파트너십을 공식 수립하는 데 대해 당신은 동의하십니까? (중략) 예 혹은 아니오로 답하시오." 투표 결과, 반대는 51%, 찬성은 49%였다.

- 2005년 유럽연합의 '헌법 조약' 제안에 대해 프랑스와 네덜란드에서 국민투표가 시행됐는데, 모두 기각됐다.

이 사건들 외에도 추가로 많은 사건들을 열거할 수 있는데, 이들은 중요한 내용에서는 서로 다르지만 모두 어떤 형태로든 주권이라는 개념과 연관되어 있다. 이들의 역사적 의미와 그 중요성은 주권이라는 개념 없이 이해하기란 어려운 일이다. 각각의 사건에 대해 깊이 알지 못해도, 사려 깊은 독자들은 이들이 결정적인 사건임을 이해할 수 있을 것이다. 비록 주권체에 대해 충분히 알지 못하더라도, 우리가 상식적인 수준에서 정치와 법률을 파악하고 있다면 주권체 역시 부분적으로 이해할 수 있기 때문이다. 본 연구의 목적은 이 개념에 대한 우리의 지식을 보다 날카롭게, 깊이 있게 발전시키기 위함이다. 그리하여 주권체가 작동하는 방법과 그것이 우리 생활에 미치는 영향을 보다 정확하게 이해할 수 있을 것이다.

본 장에서는 이 개념의 기본적인 요소들과 그 작동 방법을 설명한다. 이후의 장에서는 앞에 열거한 사건들의 일부를 포함해 역사적인 단계를 서술한다. 이는 반복적이고 때로 심오한 역사적 변천 속에서 이 개념이 보여주는 역동성과 복원성을 전달하는 데 특히 중요하기 때문이다.

주권체와 근대성

주권체란 국가 권위의 분별적 형성이다. 여기서 '국가'란 전통적으로 정부의 권위가 미치는, 상주하는 인구를 가진, 그 경계가 명시된 영토를 의미한다. 제국의 식민지나 미합중국의 '주' 형태도 국가가 될 수 있다. 그러나 이들은 모두 '주권' 국가가 아니다. 정부의 최상위성(Supremacy)과 독립성(Independence)이 우리가 '주권체'로 지칭하는 국가 권위의 분별적 형성(A distinctive configuration of state authority)인 것이다. 이는 헌법에 규정된 국가의 최상위 관직과 제도인 국왕, 대통령, 의회, 대법원 등에 부여된다. 또한 국가의 독립성, 국제법에서 인정되는 국외 정부로부터의 정치적·법률적 분리에 대해서도 부여된다. 특정 국가의 정부가 주권을 가진다고 말할 때, 그 정부는 국내적으로는 최상위 권위를, 국제적으로는 독립적 권위를 동시에 보유하는 것이다.

주권체란 중세 유럽에서 교황과 제국주의적 권위에 대한 복종을 탈피하고, 서로에 대해서뿐만 아니라 다른 모든 권위들로부터 독립성을 확립하기 위해 유럽의 정치지도자와 종교지도자들이 만들어낸 역사적 창조물이다. 이는 중세 이후의, 사실은 지배적 권위에 대한 반(反)중세적 제도이며, 근대 세계를 규정하는 특징 중 하나이다.[2] 찰스 맥일와인 (Charles McIlwain, 1932: p.392)은 고대와 중세의 정치사상에 대한 그의 기념비적 연구에서 다음과 같이 결론을 내렸다.

> 주권체 개념은 중세가 아닌 근대 정치사상을 연구하는 역사학자에 의해 완성되어 (중략) 주권체 이론으로 연결되며, 점차 민족적 단일성이라는 정서가 발전하여 민족체(Nationality) 개념이 등장한다. 16세기 이전에는 이러한 정서의 완벽한 표현이 발견되지 않는다.

이 당시에 이러한 정서가 등장했는지, 그리고 주권체가 이러한 정서를 필요로 하는지, 아니면 이러한 정서가 없어도 지속될 수 있는지 여부는 다음 장들에서 살펴볼 것이다. 그렇지만 주권체라는 이 참신하고도 급진적인 개념은 유럽 중세시대에 대한 반발로서, 보편적 기독교 신정에 반하는 사상에 기초하는 것임을 이해해야 한다. 당시의 민족, 또는 국가는 – 레그나(Regna)로 알려진 – 주권을 갖고 있지 않았는데, 이

---

2 훨씬 더 오래된 개념으로서의 주권체에 대해서는 Hinsley, 1966: p.27~45 참조.

들의 정치적·법률적 상황은 곧 설명할 것이다. 중세의 '레그나'는 독립적인 권위가 아니었고, 또 이들은 최상위 당국자도 아니었다. 적어도 이들은 원칙적으로, 또 실질적으로 항상 그런 것은 아니었지만 상위의 당국자에게 복종했다. 국가 주권체가 최초에 형성될 때 이들이 대항했던 기존의 중세 사상에 대한 내용을 파악하지 않고서는, 우리가 그 개념을 이해할 수 없다. 이와 관련된 내용을 다음 장에서 살펴볼 것이다.

주권체는 근대시대의 헌법적 개념이다. 다른 시대에는 권위에 대해 다른 내용의 분별적이고도 차별적인 제도가 있었다. 라틴 기독교정의 중세시대는 국가 주권체에 대한 인식이 없이 운영됐다. 로마 제국도 마찬가지였다. 근대의 국제법 또는 '국가들의 법'은 종종 로마 법률가들이 유스겐튬(Jus Gentium)으로 불렀던, 모든 인간에게 적용되던 '만민법'에서 유래된 것으로 생각된다. 이는 로마 도시(Civitas)의 시민 또는 신민에 적용되는 시민법(Civil Law)을 의미하는, 유스시빌리(Jus Civile)와 대비된다. 로마의 제국 내부에 존재하는 '부족(Gens)'은 제국의 권위에 복종하며 더 이상 독립적이지 않았다. 반면 제국 외부에서 직면한, 로마의 법률과 관할에서 벗어나 있던 '야만족'들은 군사 권력으로 다스려져야 할 정치적 대상이었다. 이들은 로마의 권위 내부에 있지 않았다. 더 이상 제어할 수 없었던 이들 '국외', 그리고 '거친' 인민들은 제국을 침입해 결국 로마를 멸망시켰다.

중국의 제국 왕조, 이슬람의 오토만 제국(중동지역, 동남유럽 및 북아프리카 지역)과 모굴(Mogul) 제국(남아시아 지역)은 주권체가 아닌 영주권의 개념으로 작동했다. 이들은 통상 공물을 받을 목적으로 다양한 영토와 인구를 지배하기 위해 노력했다. 이들과 로마의 세계관은 위계적이었는데, 제국은 최고의 지위를 차지했다. 북아메리카와 남아메리카, 아시아의 미개지역, 사하라 이남의 아프리카, 태평양 제도 등 식민지 이전의 인구들은 본 연구에서 지적하는 내용의 주권체에 대해 거의 아무것도 알지 못했다. 이들은 유럽의 정복자와 식민주의자들에게 복속되었는데, 자신들을 위한 주권체 개념을 그 정복자들에게 요구하고 얻어냈다. 즉, 자주적 결정의 원칙에 기초한 반식민주의는 식민주의로부터 초래됐던 것이다.

국가 주권체는 16세기 초부터 현재에 이르는 기간 동안에 확립됐던 근대의 정치적·법률적 권위를 보편적으로 표현하는 개념이다. 주권체는 "국왕은 자신의 영토에서 황제이다(Rex est imperator in regno suo)."처럼 독립성이라는 매우 중요한 내용을 포함하며 근대성의 핵심 개념을 표현하고 있다. 라틴어의 이러한 표현은 주권체의 표어로 사용될 수 있다. 주권체란 원래 외부자의 명령과 지시를 회피하는 방법이었는데, 오늘날에는 일국의 영토 내에서 국외의 부당한 간섭을 금지하는 제도로 간주된다. UN헌장의 기본 규범(제2조)에서는 주권평등(Equal Sovereignty), 영토보전(Territorial Integrity), 불간섭(Non-intervention)의 원칙을 존중하고 있다. 반식민지 민족주의자들은 국외의 권위로부터 조국의 독립을 요구했는데, 거의 대부분 제국주의로부터 주권체를 이전 받아 획득했다. 주권체는 분리주의자들과 영토회복론자들이 끊임없이 요구하는 것인데, 전 세계적으로 여러 국가의 내부에서 종종 투쟁의 대상이 되기도 한다.

주권체는 다원적인 권위의 체제이다. 세상에는 다수의 주권국들이 있는데, 이들의 독립성은 상호 간의 독립성이다. 또 이들의 최상위성은 그들의 신민 또는 시민들에 대한 최상위성이다. 주권체란 원래 중세의 교황과 황제에 대항하여, 그리고 경쟁 군주와 독립을 추구하는 여타 지배자들에 대항하여 국왕이 주장했다. 그리고 그 이후에는 점차 국가의 최상위 권위를 놓고 군주와 정치적인 경쟁을 하는 의회에 의해, 미성숙한 의회에 대항하여 권력을 쟁취한 절대적 지배자와 독재자에 의해, 국외의 제국주의에 대항하여 반란과 전쟁을 주도한 반식민지 민족주의자에 의해, 연방으로부터 독립을 쟁취하고자 하는 연방내 국가 또는 주에 의해, 연방내 국가 또는 지역당국에 대항하여 자신의 우위를 주장하는 연방 당국에 의해, 그리고 국가의 정당성과 적법성을 요구하는 인민들 또는 국민의 이름으로 무언가를 주장하는 사람들에 의해 이러한 주권체가 주장됐다.

당해 정부가 주권적 권위를 행사하는 국가, 그리고 오직 이들만이 전 세계의 정치 지형도에서 자신의 자리를 차지하고 있다. 국가 주권체에 기반을 둔 세계는 상호배타적인 영토관할(Territorial Jurisdiction)의 세계, 즉 중복 관할이 없는 세계이다. 영토 주권체는 영국 – 이집트의 공동통치국인 수단(1899~1956)의 사례처럼 공동으로 존재할 수도 있다. 그러나 이는 역사적으로 볼 때 보편적이지 않다. 그 변화의 성향과 방향은 관할의 배타성에 기초한다. 물론 주권체는 공유되거나 통합될 수 있는데, 유럽연합(EU)의 정치적·법률적 권위가 갖는 성격에서 확인할 수 있다. 그러나 여기에는 다소 오해의 소지가 있는데, 유럽연합은 적어도 아직까지는 최상위적이고 독립적인 실체가 아니기 때문이다. 독일, 프랑스, 영국, 이탈리아, 스페인, 폴란드 및 EU를 형성하는 여타 국가들은 평화와 안전 등 대부분의 중요한 이슈에서 영토 주권체를 유지하고 있다.

정치 지도상의 경계(국경선)는 이러한 주권국가들 상호 간의 정치적·
법률적 독립성을 나타낸다. 이는 국제정치와 법률에 있어 '침입불가',
또는 '출입금지'의 표시이다. 아울러 국제정치에서 가장 기본적인 내
용으로 '우리'와 '그들', '우리 것'과 '당신 것'을 표시하고 구분하고 있
다. 그 경계선의 이쪽은 우리의 장소이고 저쪽은 당신의 장소이다. 우
리는 이웃들이고, 이웃들은 서로를 방해하지 않는다. 불간섭의 원칙은
오랫동안, 그리고 여전히 계속하여 국가의 독립성과 영토보전에 대한
개념의 핵심이다. 말하자면, 주권체는 근대 세계에서 국제적인 부동산
시스템이다(Mayall, 1990: p.20). 이 세계는 물론 점차적으로 - 제5장과 제
6장에서 설명하겠지만 - 범세계적이고 초국가적인 세상이 되고 있지만,
여전히 울타리와 장벽의 세계이다.

영토가 인접한 주권국가들 사이의 국경선은 권력 관계가 아니고 권
위의 차별을 표시하는 것이다. 비록 그 경계가 프랑스와 스페인 사이
의 피레네 산맥 등과 같이 호수, 강, 산맥을 따라 일치한다고 할지라도,
그것이 벽, 울타리 또는 여타의 물리적 칸막이가 되는 것은 아니다. 그
경계는 군사력에 의해 지탱되고 있는데, 적어도 일정 부분에서는 사실
그러하다. 그러나 이 역시 상황에 따라 나타나는 특징으로 본질적인
성격은 아니다. 일부 경계선은 엄중하게 방어되는데, 이웃 독일의 침입
을 막기 위해 구축한 프랑스 요새의 마지노(Maginot) 선은 극단적인 사
례이다. 미국과 캐나다의 경계와 같이 대개의 경우는 방어하지 않는
데, 경우에 따라서는 유럽연합 회원국 사이의 경계처럼 거의 개방되기
도 한다. 이들이 방어되건 무방비로 있건, 개방되건 폐쇄되건 그것은

관련 주권체 국가들에 의해 결정된다. 그러나 모든 국경선은 동일한 정치적·법률적 의미를 가진다. 즉, 이들은 주권 관할의 영토적 한계를 나타내는데, 경계의 안쪽은 우리의 소관이고 그 바깥쪽은 외국의 소관이다.

국가는 주권체를 항상 빈틈없이 지키고 있는데, 주권이 없는 일부 정치인, 특히 혁명가들, 민족주의자들, 선동주의자들, 분리주의자들, 영토회복론자들은 이 주권체를 보유하고 행사하고자 끊임없이 추구한다. 21세기에는 주권체를 넘어서는 세상, 또는 주권체가 불필요하게 되는 세상이 펼쳐질지, 그 여부는 마지막 장에서 살펴볼 것이다. 물론 이 제도가 포기되고 폐지되어 그 개념이 잊히는 시대가 도래할 수도 있을 것이다. 우리가 아주 먼 미래를 생각한다면 이러한 상황은 거의 확실하게 나타날 것이다. 인류의 어떠한 제도도 영원히 지속되지는 않았기 때문이다. 그런데 만약 근대의 역사에서 국가 주권체에 대해 무언가 변화가 나타난다면, 그것은 새로운 환경에 대한 적응으로서 주권체의 전 세계적인 호평은 지속될 것이다.

독립성과 최상위성

주권국가는 동일한 관할 영토 내에서 여타 권위들보다 더 높은 최상위의 권위로 정의될 수 있다. '최상위성(Supremacy)'은 더 이상의 항의가 불가능한, 가장 높은 최종적인 권위를 의미한다. 주권이란 어느 누구에게도 종속적이지 않다. '독립성(Independence)'은 국헌(國憲)의 분리(James,

1986)와 자율 통치를 의미한다. 주권은 다른 사람에 대한 의존이 아니다. '주권체는 최종 명령의 권위'이다(Barker, 1956: p.60). 주권을 행사하는 정치가들은 어느 누구에게도 해명책임을 지지 않는다. 이들의 권위에 복종하는 사람들은 이들에게 해명책임을 진다. 이들이 최상위적이고도 독립적일 때에만 국가의 권위로서 마지막 명령을 내릴 수 있다. 이것이 바로 주권국가가 된다. 주권은 국가의 법률 그리고 국가의 권위에 의한 공포(公布)와 행위 일체에 대한 무간섭적이고 최종적인 근원이다. 주권 정부는 통상 '자유' 정부로 불리는데, 조약처럼 정부가 동의한 것, 또는 스스로 종속시킨 것을 제외하고는 모든 국외 권위와 법률로부터 자유롭다는 의미를 담고 있다. 어떤 국가의 정부가 주권을 갖고 있는 국외 정부에 법률적으로 종속된다면, 그 국가는 미합중국 방식의 '주', 또는 보다 더 큰 주권국가의 식민지, 또는 일부의 구성 부분, 또는 종속적 지위에 있을 것이다.

이러한 설명은 본 저술에서 사용하는 주권에 대한 전통적 정의이다. 이 정의는 군주국에 적용되는 것처럼 공화국에도, 민주국뿐만 아니라 독재국에도, 그리고 기독교 왕국뿐만 아니라 이슬람 공화국에도 적용될 수 있다. 이들은 일국 내에서 국가의 권위를 체계화하거나 헌장화(憲章化)하는 서로 다른 방법들이다. 이들은 주권체의 성격이 서로 다른 것이 아니다. 주권국가는 군주국, 공화국, 민주국 등 특정한 국헌 형태에 한정되지 않는다. 더구나 특정한 형태의 통치방식도 아니다. 주권체란 다양한 형태의 국헌이 성립하고, 그 통치방식이 성립하는 정치적·법률적 기반이다. 만약 국가가 주권을 갖고 있다면 그의 지배적인 권위는, 그들의 헌장과 통치방식이 무엇이건 관계없이, 최상위성과 독립성이라는 기본 성격을 마찬가지로 갖고 있을 것이다. 주권은 근대의 정치와 법률에서 기본적으로 가정되는 권위, 또는 그 기반이 되는 전제이다. 따라서 우리는 근본적인 개념을 탐구하고 있다.

주권국가들은 야누스의 얼굴을 하고 있다. 이들은 자국의 인구를 향한 내향적 모습과 다른 나라를 향한 외향적 모습을 동시에 갖고 있다. 그 조직과 목표에서 주권 정부는 그들의 책임을 수행하고자 국내 정책뿐만 아니라 대외 정책을 수립해야 하는 양 방향의 얼굴을 가져야만 한다. 최상위성과 독립성은 두 개로 분리되는 성격이 아니기 때문인데, 이들은 동일한 하나의 특성, 즉 주권체의 양면적 관점을 반영한다. 내향적으로 보면, 주권은 일국의 최상위 권위이다. 비록 그 권위가 국헌에 의해 연방국가에서와 같이 두 개의 수준으로 구분될지라도, 일국 내에는 오직 한 개의 주권만이 존재할 수 있다. 연방 헌장은 어떤 특정한 이슈에서 최상위성이 어디에 부여되는지, 즉 연방정부인지 또는 '주' 혹은 지역정부인지를 간단히 명시하고 있다.

외향적 측면에서 주권은 전 세계에 존재하는 많은 권위들 중 오직 하나일 뿐이다. 주권을 외향적으로 조명하면, 국가는 결코 최상위성의 지위에 있지 않다. 이들은 독립성의 지위에 있다. 만약 한 국가의 권위가 다른 국가에 비해 우위에 있다면, 후자의 국가는 주권을 갖지 않고 대신 전자의 행정구역, 식민지, 다른 종류의 부속 또는 종속적 단위가 된다. 보다 정확하게는 연방 내 국가 또는 제국 내 국가로 지칭될 수 있을 것이다. 모든 주권들은, 가장 강력한 주권도 이러한 여러 가지 단위들과 관계를 맺어야 한다. 주권들은 주권에서 파생되는 다양한 수단과 도구들을 통해 주권을 행사한다. 주권은 외교를 포함하는데, 외교는 주권국들의 대표자들 또는 대리인들 사이에서 상호 인정되는 의사전달, 협상 그리고 여타 형태의 상호관계를 실행하는 것이다. 또한 주권은 국제법을 포함하는데, 쌍무적이건 다자간이건 주권국가들의 상호관계에서 나타나는 법적 규칙으로(대부분은 관행과 조약) 구성된다. 그리고 각국은 통상관계, 운송제도, 관련 국제조직과 교류 등의 수단들을 통해 주권을 행사하기도 한다. 최종적으로는 전쟁이라는 수단을 통해 주권을 행사하는데, 전쟁은 국가 간 분쟁해결에서 독립적인 국가들보다 더 높은 권위가 없다는 사실 때문에 나타난다.

주권체란 선체의 안과 밖이라는 양면처럼, 두 가지 측면을 가진 한 개의 통일적 개념이다. 국가라는 선박이 대내적으로는 주권이 되는데, 선원과 승객들은 선장의 최상위 권위에 복종해야 한다. 또한 대외적으로도 주권이 되는데, 각각의 선박은 각자의 선장, 선원, 승객을 싣고 세계 정치라는 대양을 항해한다. 그 독립성은 다른 독립적인 선박에 의해 인정되고 최소한 용인되며 또 소멸되지 않는다. 최상위성과 독립성은 분리하여 존재할 수 없다. 이들은 분석상 구분될 뿐이다. 쉽게 말해 이들은 정치적·법률적으로 동일한 동전의 양면이다.

식민지 정부는 대외적 주권을 갖지 않고 대내적 주권을 보유한다고 설명할 수도 있다. 그러나 이는 주권 정부와 식민지 정부를 구분하는 매우 중요한 정치적·법률적 사실, 즉 대내적 권위가 독립적으로 유지되지 않는다는 사실을 무시하고 있는 것이다. 그 대내적 권위는 제국 정부에 의해 위임된 것으로, 제국 정부는 최종 명령을 내리기 때문에 당해 식민지에 주권을 행사하는 것이다. 식민지 정부는 세계 정치의 대양을 독립적으로 항해하는 권위를 실질적으로 갖고 있지 않다. 유럽령(영국, 프랑스, 벨기에, 포르투갈 등) 아프리카의 다양한 식민지들은 외교권을 행사하고, 국제법을 제정하거나 활용하고, 통상관계를 맺으며, 전쟁을 선포하거나 수행할 독립적인 권위 또는 역량을 보유하고 있지 않았다. 이러한 권위와 역량은 런던, 파리, 브뤼셀, 리스본 등 제국 정부에 귀속되어 있었다.

국가 주권체의 가장 핵심적인 요소는 앞의 사례에서 명확하게 지적한 것처럼 독립성이다. 독립적인 관할이 없다면 일국 내에서 최종적인 담화(談話)와 명령의 권위도 없는 것이다. 정부가 외부의 권위에 대해 해명책임을 지게 될 것이며, 국외의 권위가 주권이 될 수 있는 것이다. 외국의 법과 규정이 최종 담화가 될 것이다. 이러한 사실은, 18세기말 독립전쟁에서 승리하여 영국제국으로부터 탈퇴를 앞둔 미국 식민지들이 직면한 헌정상의 핵심 문제였다. 그들은 런던에 있는 영국제국 정부의 침탈적인 법률과 정책에 흥분하여 자신들의 독립을 선언했는데, 이를 확정하기 위해 영국에 대항하는 전쟁을 수행하고 승리했다. 곧이어 19세기 초, 라틴 아메리카의 스페인 식민지들도 이러한 사례를 좇았다.

거의 200년 후 아시아와 아프리카의 식민지 인민들도 이와 동일한 문제에 직면했다. 이러한 문제에 직면했을 때, 결국 주권은 제국의 권위로부터 식민지 인민에게로 이전됐다. 유럽의 식민지들이 독립국가가 된 것이다. 제2차 세계대전이 끝난 시기에 세계정치의 대양을 항해하는 주권국가의 수는 50개에서 150개 이상으로 3배 증가했다. 오늘날에는 거의 200여 개가 존재한다. 전 세계적 현상으로 확산되며, 지구 상의 모든 영토와 인구는 각 지역의 주권국이라는 보편적인 하나의 체계 내에 조직되고 통합됐다. 최초에는 오직 서유럽의 정치적·법률적 영역에 한정됐던 주권국가의 체제가 이후 세계화되는 현상은 제3장에서 설명할 것이다.

국가 주권체가 없었다면 세계적인 문제의 형태와 전개는 상당히 달라졌을 것이며, 또 거의 확실하게 근본적인 차이가 나타났을 것이다. 예를 들면 세계연방이 구성되어 개별 국가들은 자신이 주권을 배타적으로 행사하지 않는, 마치 미국의 헌법하에서 연방정부와 주(州)가 주권체를 공유하는 현상과 유사할 수도 있었을 것이다. 각각의 주가 주권체를 배타적으로 보유한다는 주장은 미국의 남부연합(1861~1865)을 구성했던 주들이 탈퇴하기 위한 법적 명분이었다. 만약 영국, 프랑스, 독일이 주권국가가 아니었다면, 그들은 정치적·법률적으로 서로 다른 모습이 되었을 것이다. 만약 유럽연합이 일종의 연방이 된다면, 영국, 프랑스, 독일은 뉴욕주, 플로리다주, 캘리포니아주를 닮게 될 것이다. 만약 EU가 헌정체제를 더욱 강화한다면, 이들 세 개의 국가는 - 그리고 EU에 포함되어 있는 여타의 모든 국가들도 - 전통적 의미의 주권을 더 이상 보유하지 않는 그런 시기가 도래할 것이다. 그때 EU는 미합중국처럼 될 것이다.

권력, 권위, 책임

주권체는 권위의 한 형태로서 일종의 권력은 아니다(Oakeshott, 1975). 그런데도 주권체는 저항할 수 없는, 강제하는 권력으로 종종 설명되고 해석된다. 국가 주권체에 대한 검증 또는 감정(鑑定)은 법률을 집행하고 정책을 실행하는 능력에 달려 있다고 생각할 수 있다. 또는 외국의 도전자와 경쟁자, 예컨대 군사적 분쟁과 경제적 갈등에 대처하는 능력에 달려 있다고 할 수도 있다. 그런데 이는 권력과 권위를 혼합함으로써 주권체 개념을 오해하는 것인데, 본 주제에 대한 사회과학적 연구에서도 드물지 않게 나타난다(Krasner, 1999).

권력과 권위는 긴밀하게 연결되는 개념이지만, 그 관계는 의존적 또는 조건적 관계이다. 이를테면 권력은 차량의 후드 혹은 보닛 아래에 위치하고, 권위는 그 운전석에 자리한다. 즉, 권위는 명령하고 권력은 집행한다. 권위는 수색영장, 운전면허, 여권, 비자와 같이 권력을 행사하는 데 대한 면허(권한의 승인) 또는 허가이다. 일반적으로 권위는 특정인이 차지하는 직무에 의해 규정된다. 이러한 사실은 국가 권위의 경우에 명확한데, 이는 관료들이 차지하는 직무들로 거의 대부분 구성되어 있기 때문이다. 국가 권력은 이들 관료들이 통제하는 그 도구적 수단(권력장치)에 의해 규정된다. 이들이 얼마나 세련되게 잘 갖추어져 있는지, 또 이들이 공식적인 책임을 얼마나 효율적이고 효과적으로 수행하는지, 이러한 의문들은 권력에 대한 것이지 권위에 대한 것은 아니다. 권력이 없다면 권위는 공허한 것이다. 그러나 항상 그러한 것은 아닌데, 그와 무관하게 권위에 복종하는지 여부에 달려 있다. 일반적으로 런던의 순경은 경찰이나 순사로 볼 수 있는데, 경찰봉 외에는 실질적인 무장이 없는데도 사람들은 복종한다. 그런데 주권체와 관련된 대부분의 이슈 또는 문제에서, 법률을 집행하고 대내외적 공공정책을 수행하기 위해서는 일반적으로 국가의 권위를 보유하고 그 방향을 제시하는 권력장치가 필요하다. 국가의 관직은 그 자리를 차지하는 사람에게 권력을 보장하는데, 많은 주권국가들에서 그들은 매우 영향력이 있고 신뢰할 수 있다.

권위는 이것 아니면 저것, 예 또는 아니오, 초록색 신호등 또는 빨간색 신호등과 같이 단정적이다. 우리는 권위를 갖고 있거나 아니면 그렇지 않다. 권위는 어떤 것에 접근하거나, 어떤 행동을 하거나, 또는 어떤 거래를 수행할 수 있는 권리 또는 자유 또는 면허이다. 우리에게 어떤 필지의 소유권이 있거나 또는 없을 것이고, 차를 운전할 면허가 있거나 또는 없을 것이고, 투표권이 있거나 또는 없을 것이고, 입국할 비자가 있거나 또는 없을 것이다. 권위는 분별 가능한 상태, 위치 또는 직위로서 그러함과 그러하지 아니함의 형태로 표현된다. 우리가 권위를 가진 직위에 있거나 또는 그러하지 않을 것이다. 남자 또는 여자는 결혼했거나 또는 안했을 것이고, 프랑스의 시민권이 있거나 또는 없을 것이며, 영국 하원의 의원이거나 또는 아닐 것이고, 또 미국 대통령이거나 또는 아닐 것이다. 동일한 논리를 적용하자면, 일국은 독립적이거나 또는 아닐 것이다. 마찬가지로 정부는 최상위에 있거나 또는 아닐 것이다.

반면 권력은 가부간의 형태가 아니고 상대적인데, 많고 적음과 같은 정도의 문제이다. 권력은 정부 또는 어떤 주체가 수행하는 정책 및 활동의 능력과 역량으로서, 다른 유사한 주체들의 그것과 비교하여 강하다 또는 약하다고 표현된다. 주권 정부를 포함해 어떠한 정부도, 그 결정과 정책을 수행하기 위해서는 특정한 부류의 권력장치를 필요로 하고 또 일반적으로 보유하고 있다. 여기에는 시민행정, 군사력, 경찰과 여타 법집행 기관, 정보기관 또는 정보의 획득 및 활용을 위한 여러 장치들, 언론 수단과 홍보장치, 세입산정과 징수, 통화운용, 국민경제·인구기록·인구통계 등의 관리를 위한 기관과 수단들, 교육, 복지 및 의료서비스 제공 장치들, 그리고 기타 법집행 또는 공공정책 실행을 위한 유용한 수단들이 포함된다. 이들은 인력, 자금, 지식, 기술, 조직, 시설, 장비, 인프라 등을 포함한다.

정부의 능력과 역량이 정부에 권위를 부여할 수는 없다. 주권국가가 영토를 정복하고 인구를 식민화하기 위해 군사력을 행사하던 시기가 있었다. 이는 권력이 주권체를 좌우한다고 주장할 때 활용될 수 있었다. 그러나 이제는 그렇지 않다. 당시에는 군대를 활용하던 행위가 불법으로 간주되지는 않았다. 주권국가들은 정복과 식민화의 권리를 서로 인정했다. 확장을 위한 주권체의 이러한 권리와 자유는 오랜 기간 유효하지는 않았는데, 제1차 세계대전 이후에 시작해 제2차 세계대전 이후에 종결됨으로써 규범상의 변화가 있었다. 침략 행위가 멈췄다고 말하는 것은 아니다. 이러한 군사행동이 취해질 때 일반적으로 그것은 정당하지 않고 불법으로 간주된다는 것이다. 이러한 인식은 1940년대 초반 독일이 유럽 대부분을 정복하고 점령한 데 대한 루스벨트와 처칠의 시각으로 대서양 선언(Atlantic Charter)에 반영되어 있다.

동일한 논리로 국가 권력의 저하가 −그 자체가− 권위를 감소시킬 수는 없다. 주권을 보유하는 정부가 강력한 권력을 보유하지 않을 수도 있다. 주권국가들의 능력과 역량에는 항상 상당한 편차가 있다. 국내 및 국제적인 중요한 현상들은 종종 어떤 국가가 강한지 약한지, 권력이 강력한지 무력한지, 그 정부가 유능한지 무능한지 등등에 따라 좌우된다. 권력이 상대적이고 변동한다는 사실은 국가 주권과는 개념적으로 아무런 관계가 없다. 국가 주권은 권력에 대한 문제가 아니라 여타 권위에 대한 법적 종속에서 벗어나는 자유의 문제이다.

캐나다는 주권국가이다. 하지만 캐나다는 가까운 이웃 국가인 미국에 비해 군사적으로나 경제적으로나 매우 약소한 권력을 갖고 있다. 이러한 사실은 두 국가의 국제관계에 상당한 영향을 미친다. 그러나 이런 권력상의 차이가 캐나다의 주권을 조금이라도 감소시키지는 않는다. 주권체는 정도의 문제가 아니다. 앞서 말했듯, 이는 이것 또는 저것과 같이 단정적이다. 오타와는 워싱턴에 대해 해명책임을 지지 않고, 워싱턴은 캐나다의 영토와 거주민에 대해 어떠한 법적 권위도 갖지 않는다. 권력은 주권체 그 자체에 아무런 영향을 주지 않지만, 주권 정부가 갖고 있는 능력과 역량은 당해 정부가 달성 가능한 것과 외국 정부와의 관계에 상당한 영향을 미칠 수 있다. 솔직히 미국과 캐나다와의 국제 관계에서 미국은 매우 큰 존재로 영향을 미치는데, 이는 두 국가 사이에 존재하는 권력의 격차에서 비롯된다. 일반적으로 캐나다 정부는 미국의 이익과 정책을 합리적으로 무시할 수는 없을 것이다.

권위와 권력의 이런 의존적이고도 조건적인 관계는 유명한 영국의 철학자 토마스 홉스(Thomas Hobbes, 1946: p.109)에 의해 이미 17세기 중반에 명확하게 밝혀졌다. 그는 규약 또는 사회계약에 의거한 주권 정부에 대한 '승인'과 이렇게 형성된 정부가 보유하는 권력의 차이를 사려 깊게 구분했다. 이렇게 승인된 정부는 국내의 '평화'를 유지하고 '보편적 방어'를 제공하기에 적절한 '힘과 수단'을 구비한다. 만약 정부가 이 같은 권력을 보유하지 못한다면, 홉스는 그 권위가 공허할 것으로 믿었다. '규약'은 '칼'과 당연히 다르지만, "칼이 없는 규약은 개인의 안전을 보장할 아무런 힘도 갖추지 못한 담화에 불과하다(Thomas Hobbes, 1946: p.109)." 주권국가는 그의 국민에게 안전을 제공할 무거운 책임을 부담하는데, 그 목적을 위해 대내적인 위협에 대항하는 '정의의 칼'과 대외적인 위협에 대항하는 '전쟁의 칼'이라는 두 개의 칼을 독점적으로 보유하고 사용해야 한다(Thomas Hobbes, 1993: p.176~178). 홉스는 국가의 고압적 지위와 국가의 능력(역량)을 주권체와 권력으로 함께 파악했는데, 그는 권력이 없는 주권체의 무용성과 무익함을 인식했기 때문이다.

주권체는 주권 관할 내의 어떠한 곳에서도 승인된 국가 권력을 행사하는 데 아무런 제한을 받지 않는다는 사실을 전제로 한다. 만약 제한이 있다면 이들 제한의 원천은 주권일 것이다. 주권의 상위에는 아무것도 없다. 또한 주권은 어느 누구에게도 해명하지 않는다. 사우디아라비아와 미국의 관계에 대한 보스턴의 한 세미나에서 사우디의 학자는 미국 청중에게, 사우디 국왕은 사우디 국민에게 정책을 설명하고 그 당위성에 대한 설득을 하지 않는다는 것을 강조했다. 국왕은 신을 제외한 어느 누구에게도 해명하지 않는다. 이 원칙은 근대 초기 유럽에서 주권체에 대해 보편적으로 나타났던 '국왕 신성권(神聖權)' 이론을 현대적으로 설명한 것이다. 이는 제3장에서 설명할 것이다. 미국 대통령 해리 트루먼(Harry Truman)은 백악관 집무실 책상 위에 "여기가 책임의 종착지이다(The buck stops here)."라는 유명한 문구를 붙여 두었다. 그는 헌법에서 정한대로 미합중국의 대통령 책임을 부담했다. 그러나 트루먼은 미국의 주권이 아니었다. 그는 국왕도 황제도 아니었다. 트루먼은 다른 대통령과 마찬가지로 미국 헌법에 따라 국민들에게 해명책임을 졌다. 미국식 민주주의에서 적어도 이론적으로는 다른 누군가에게 해명책임을 지지 않는 사람은 그 국민이다. 대통령과 의회는 국민들에게 해명책임을 진다.

권력은 책임과 함께 온다는 말이 있다. 만약 우리가 어떤 것을 하거나 초래할 권력을 갖고 있지 않다면, 우리는 그것에 대해 해명책임 또는 설명책임을 질 수 없다. 책임은 분명 우리가 권력으로 수행하거나 억제할 수 있는 그러한 것에 한정된다. 국가 주권체가 권력을 보유하고 행사하는 책임에 대해 항상 근본적인 의문이 제기된다. 캐나다, 덴마크, 또는 여타의 약소 권력을 가진 정부들은 분명 국제적인 평화와 안전을 유지하는 책임을 지지 않는다. 이들은 세계의 평화를 방해하거나 회복할 권력을 갖고 있지 않기 때문이다. 미국과 일부 주요 권력들은 이러한 힘을 갖고 있기 때문에 분명히 책임을 진다. 이는 UN 헌장에서 밝히고 있는데, 5개의 강대 권력에 안전보장이사회 상임이사직을 부여한 이유는 이들이 국제평화와 안전을 수호할 수 있기 때문이다. 이는 UN의 근본적인 가치이다. 옥스퍼드 영어사전은 연방논집 제63번(*The Federalist*, No.63)의 알렉산더 해밀턴(Alexander Hamilton)을 다음과 같이 인용하고 있다. "책임이 합리적이기 위해서는 책임의 당국자가 권력으로 추구하는 목적에 한정되어야 한다."

대부분의 주권국가들은 그 관리들에게 광범위한 권력, 그리고 독점적인 군사력('전쟁의 칼')과 경찰력('정의의 칼')을 부여하기 때문에 해명책임과 설명책임이라는 근본적인 문제가 제기된다. 주권체는 일국의 최상위 권위로 최종적인 의지처가 된다는 헌법적 사실 때문에, 이들 문제는 어렵고 복잡하다. 정부 관리에 의한 국가 권력의 남용은 일반적으로 사람이 생각할 수 있는 최악의 권력남용이다. 남용되는 권력이 국가의 군사력이라면 특히 그러하다. 이는 존재하는 가장 파괴적이고 압도적인 힘이기 때문이다. 그리고 이는 정확히 주권국가의 관리들 손에 주어진, 일종의 권력 독점이다. 여기서 우리는 국가 주권체가 제기하는 권력의 딜레마에 직면한다. 군사력과 경찰력은 주권 정부를 유지하는 데 필요하지만, 그 권력이 책임성 있게 행사되지 않는다면 그 결과는 매우 부정적일 것이다.

주권체는 권력의 이러한 문제를 해결하는 방법을 제공하지 않는데, 물론 권위에 대한 어떠한 제도도 이를 제공하지 않고 있다. 우리가 바라는 것은 국가의 권력장치에 접근하는 사람들이 이를 책임감 있게, 또 사려 깊게 행사하는 것이다. 어떠한 헌법도 이들이 그렇게 하는 것을 보장할 수 없다. 우리는 인간사(事)에 내재된 극복하기 어려운 권력 문제에 직면하는데, 여기에 대해서는 헌법적이건 아니건 완벽한 해답이 존재하지 않는다. 권력을 행사하는 사람들에게서는 그 권력을 남용할 유혹이 끊임없이 존재하는 것이다.

주권체에 대한 담론

지금까지 근대 세계의 헌법적 개념인 주권체의 본질을 파악하기 위해 논의했다. 이 주제에 접근하는 중요한 방법은 주권체에 대한 담론을 펴는 것이다. 담론이란 어휘와 문법을 모두 포함한다. 여기서 '담론

(Discourse)'을 언급할 때는 학문적 개념에 입각한 특수한 용어를 말하는 것이 아니다. 학문적 개념들은 전문가들의 기술적 언어인데, 많은 개념들의 유효기간은 오히려 짧다. 영어 연설가들이 사용하는 것처럼, 여기서는 보통의 용어를 지칭하고자 한다. 학문적 용어와 달리 보통의 언어는 깊은 역사를 가진 사회적 존재이다. 이들은 살아 있고 또 인간사에서 활용되는 언어인데, 일반적으로 그 생존율은 매우 높다. 이들은 정치와 법률을 포함해 인간사를 이해하는 데 중요한 정보를 제공한다.

옥스퍼드 영어사전(OED)은 주권체와 그 관련 용어들을 포함하여 정치적·법률적 어휘들에 대한 정보의 보고(寶庫)이다. '주권체'라는 단어는 그것이 오늘날 의미하는 바를 항상 정확하게 표현하고 있지는 않다. OED는 주권체를 '다른 사람보다 높은 지위나 계급, 또는 다른 사람에 대해 권위를 보유하는; 지배자, 통치자, 영주, 주인 등의' 사람으로 정의하고 있다. 분명 이는 광범위한 개념이다. OED에 의하면 중세시대에는 '주권'이라는 용어가 오늘날보다 더 다양한 용도를 가졌다고 기록하고 있다. 당시에 '주권'은 '아내와의 관계에서 지아비', '마을의 장 또는 지도자', '수도원장' 등이 될 수도 있었다. 이러한 용법은 다음 장에서 간단히 살펴보겠지만, 중세 말 유럽의 이데올로기와 사회적 구조를 반영한다. 여기서는 종교적 권위의 상부구조로서 교회와 국가가 혼연일체로 존재했으며, 물론 이후에는 변화했지만 그 당시에는 공공의 영역이 민간의 영역과 엄격하게 구분되지 않았다. 그러나 그 핵심적인 용도는 분명 정치적인 것으로 '인민 또는 국가에 대해 인정되는 최상위 지배자; 군주; 왕 또는 여왕'이었다. '최상위, 또는 최고위 계급, 또는 권력을 가진…… 지배자, 또는 군주의 지위를 가진' 그런 것이었다.

국가의 최상위성과 독립성으로 이해되는 '주권체'는 16세기에 명확해졌다. 우리의 논의에서 흥미로운 점은 국가 주권이라는 용도가(군주라는 의미가 없이) 생존했고, 앞에서 언급한 것과 같은 다른 용도들은 역사에서 사라져 유물이 되었다는 것이다. '국가(State)'라는 용어도 역사적으로 유사한 길을 밟았다. 처음에는 '마을이나 도시의 통치기구', ─ 독일어 슈타트(Stadt)는 함부르크 슈타트와 같이 여전히 이런 의미를 담고 있다 ─ '정치체제의 일부로서 간주되는 인간에 대한 질서 또는 계급', '어떤 영역의 지배자, 귀족 또는 위대한 사람, 즉 정부' 등 다양한 의미를 가졌다. 이러한 의미는 15세기와 16세기로 거슬러 올라간다. 그러나 '국가'로서 우리가 통상 의미하는 바는 16세기 말에 완벽하게 분명해졌는데, '일정한 영토를 점유하고 주권 정부를 조직한 사람들의 집합', 즉 주권국가가 되었다. 이러한 용도의 전환은 중세에서 근대로의 정치적 변화에 대한 중요한 표식이었다. 퀜틴 스키너(Quentin Skinner, 1978: p.352)는 이러한 사실을 지적했다. "한 사회가 새로운 개념을 안전하게 채택한다는 분명한 징후는 새로운 어휘가 발전하는 것인데, 그에 따라 그 개념이 공개적으로 분명하게 구분되며 토의될 수 있다." 이러한 현상은 '국가'의 개념에서 나타났고, 또 이와 밀접하게 관련된 '주권체'의 개념에서도 나타났다.

　따라서 '주권체'는 국가라는 특별한 권위에 대해 거의 배타적으로 사용됐고, 이는 정치적·법률적 용어가 되었다. 이 용어는 근대시대의 명확한 특징이 된, 다음과 같은 의미를 가지게 되었다. '최상위의 지배, 권위 또는 규칙', '주권의 규칙이 적용되는, 또는 독립국가로서 존재하는 영토'. '주권체'는 '국가'라는 용어의 자격조건이 되었는데, 말하자면 일부 국가는 식민국가, 보호국가, 종주국에 예속된 국가, 미합중국의 '주' 등과 같이 주권을 갖고 있지 않다는 것을 의미한다. 따라서 주권체는 특정 국가에서 최상위 권위의 원천 또는 지위로서의 의미를 가지게 되었다. 최초에는 그 지위가 지배자(자신의 왕국에서), 즉 군주였다. 이후에는 그것이 의회가 되었고, 또 그 이후에는 국민 또는 민족이 되었다. OED는 이 용어의 근대적 의미를 나타내는 대표적인 사례로 대의 정부에 대한 밀(J.S. Mill)의 정의를 인용하고 있다. "주권체, 또는 최상위 통제권력의 최종적인 정부 형태는 사회 전체의 총합에 귀속된다." 다시 말해 제4장에서 설명할 대중 주권체가 된다.

이는 우리에게 주권체에 대한 문법을 제공한다. 문법은 이해 가능한 문장구조와 구문에 대한 기본 규칙, 즉 정보를 전달하기 위한 '단어들의 결합 방법'을 구성한다(Webster, 1967: p.894). 우리는 말을 하거나 글을 쓸 때 문법을 생각하진 않지만, 그럼에도 문법은 조용하게 우리의 모든 말과 글이라는 행위를 구성한다. 문법이 없이 우리는 구두나 작문으로 많은 의미를 담고 있는 의사를 정확하게 전달할 수 없다.

주권체에서는 일종의 '문법' 또는 '구문체'가 있다. 그것은 이러한 주권체들이 서로 간에, 또 자신의 시민과 신민들과의 관계에서 기본적인 구조가 있다는 것을 의미한다. 앞의 절에서 이들을 보여주었지만, 여기서는 이를 명확하게 설명하고자 한다. 주권체는 기본적인 구조로서, 만약 이것이 없었다면 공공의 생활은 다른 기본적인 규칙이나 다른 권위구조에 따라야 했을 것이다. 그에 따라 공공의 생활은 달리 형성되었을 것이다. 그리고 주권체는 문법처럼 항상 명시적으로 인식되지는 않으며, 빙산과도 같이 그 대부분이 시야에 잡히지 않을 것이다. 비록 우리가 이를 인식하지 못하더라도 이는 존재하고 있으며, 근대 정치의 많은 행위들을 조용하게 형성하고 있다. 주권체는 근대 정치생활의 전제 또는 작동조건이다. 즉 일부의 권위들은 최상위이지만 다른 권위들은 최상위가 아니며, 일부의 권위들은 독립적이지만 다른 권위들은 독립적이지 않다. 최상위성과 독립성을 모두 가진 사람들이 근대 세계를 주도하는 권위들이다. 여기서 가장 중요한 사실은 다음과 같다. 바로 이들이 권위를 가진 지위에서 얘기할 때, 즉 권위로서(*Ex Cathedra*) 말을 하면 그 말이 가장 잘 들릴 수 있는 정치인들이다. 또한 이들은 완전히 동일한 이유로, 대부분의 다른 정치인들의 얘기를 잘 듣고자 하는 그러한 정치인들이다. 그렇기 때문에 주권이란 가장 강력한 혀와 가장 넓은 귀를 가진 사람들이다.

덴마크 남부의 레고랜드를 방문해본 사람은 알 것이다. 그곳의 레고 구조물들은 제각기 다르고 다양하지만 그것을 조립한 조각들은 모두 동일하다. 주권체는 이 레고에 비유할 수 있다. 사람들은 규칙을 따르면서 크고 작은 서로 다른 것들을 조립할 수 있다. 앞에서 언급한 것처럼 다양한 형태의 국가체제가 -군주제, 공화제, 독재제, 민주제, 전체제 등등- 주권국가를 기초로 형성될 수 있다. 주권체는 서로 다른 -가끔은 매우 다른- 정치현상을 추구하는 데에도 사용될 수 있다. 영국의 -'잉글랜드(England)'로서, 이후에 통일하여 '브리튼(Britain)'이 되지만- 통치자들은 라틴 기독교정으로부터 자신들을 분리하기 위해 주권체를 활용했다. 그리고 그들은 이를 사용해 결국 전 세계를 휘두르는 제국을 건설했다. 또 그들은 자신의 제국을 탈식민화하는 데에도 사용함으로써 아시아, 아프리카, 그리고 그 외의 수많은 지역에서 새로운 주권국가들을 만들어냈다. 그리고 이후 반전됐는데, 그들은 유럽연합의 일부가 되어 공동의 관심에 참여하고자 주권체를 활용했다.

16세기 초부터 현재에 이르기까지, 오랜 기간에 걸쳐 이와 같은 주권체의 다양한 용도가 －언급하지 않은 다른 용도를 포함해－ 나타났다. 이 긴 기간 동안 주권의 주도자들은 변화했으며 그들의 관할 영역은 확대되거나 축소되기도 했다. 과거의 어떤 영토는 소멸됐고 또 새로운 어떤 영토는 만들어졌는데, 현재에 이르기까지 그 변화의 과정은 계속되고 있다. 많은 곳에서 주권체의 중심은 지배자와 왕족으로부터 의회와 신분 및 사회계급으로, 또는 민족이나 국민 전체로 재편됐다. 주권체에 대한 용도는 장소나 시대에 따라 변경됐다. 그러나 이 긴 기간을 통틀어 기본적인 요소는 동일했다. 정치생활은 주권을 중심으로 서로 연관되며 반복됐고, 지구 대륙의 표면은 경계로 형성되어 있는 수많은 영역들로 분리됐다. 또 어떤 총합적인 권위는 각 영역의 개별적인 권위보다 우위에 있는데, 이들 최상위 권위들은 외국의 모든 권위들로부터 독립적이다. 이러한 전제들은 오늘날까지 변함없이 지속되고 있다.

본 탐구의 과정에서는 주권체가 정치생활의 연속성과 변동성을 어떻게 수용하는지, 그 방법에 주안점을 두고 말하고자 한다. 주권체는 일부 측면에서는 일정하고, 또 다른 측면에서는 변화하고 있다. 다시 말해 주권체는 한편으로는 시간에 따라 동일한 개념으로 표출되지만, 다른 한편으로는 역사적 조류에 따라 상당한 변화를 보이고 있다. 전체 역사에서 변함없이 지속되는 주권체의 개념은, 주권 정부가 동일한 관할 영역 내에 존재하는 다른 모든 권위들에 비해 최상위의 권위이고, 또 모든 외국의 권위들로부터 독립되어 있다는 것이다. 이 개념이 변화할 수 있고 가변적인 것은 다음 질문들에 대한 대답에서 나타난다. 누가 주권체를 보유하고 행사할 자격이 있는가? 주권체의 용도는 무엇인가? 이에 대한 각자의 다른 답변들은, 서로 다른 역사적 시기에서 그리고 동일한 시기의 서로 다른 장소에서 팽배하고 있는 서로 다른 원리와 이데올로기를 반영한다.

본 서술의 목적은 역사적인 관점에서 주권체라는 진화하는 사상을 탐구하는 것이다. 지면의 제약으로 본 책자는 거대한 주제의 요약에 불과할 것이다. 주권체에 대해 제기될 수 있는, 그리고 제기되어야 할 핵심 질문들은 다음과 같다. 그 성격과 작동원리는 무엇인가? 근대 세계에서 권위의 핵심적인 제도인 주권체의 등장과 전 세계적인 확산은 무엇과 관련이 있는가? 많은 곳에서 그 중심이 지배자로부터 피지배자로 이전되는 것은 무엇과 관련이 있는가? 남자와 여자의 개인적 권리와 비교할 때 국가주권의 권리는 무엇인가? 국가의 주권체가 없이 세계화된 세계가 가능한가? 정치와 법률에서 주권체를 벗어나 나타나는 현상들은 무엇을 의미하고 있는가? 국가 주권체의 기본 가정들은 어느 정도로 깊게 뿌리내려 있는가?

충격적인 개념

주권체 이전의 유럽

정치와 종교가 하나의 신정(神政) 질서 내에 통합되어 있었던 기존의 중세 유럽 세계를 살펴보지 않고서는, 주권체 국가로 구성된 근대 세계를 전반적으로 이해할 수 없다. 정부에 대한 근대인의 생각은 현실적이고 학문적인 측면에서 큰 어려움 없이 받아들여진다. 중세인의 생각도 종교적이고 신학적인 측면에서 큰 어려움 없이 받아들여져야 한다. 어떤 역사학자는 청교도 혁명 이전의 영국을 조명하며 다음과 같이 언급했다. "종교적 진리가 너무 오랫동안 받아들여졌기에, 그것은 마치 하늘처럼 둘러싸고 있어 피할 수 없는 것처럼 마음에 자리 잡았다(Mathew, 1948: p.5)." 만약 근대 이전의 세계가 어떠한 모양이었고 또 중세에서 근대로의 정치적 변화가 무엇을 내포하는지 간단하게라도 이해할 수 있다면, 우리는 주권체라는 개념이 언제, 어디에서, 어떻게 나타났는지 이해할 수 있기 때문에 주권체의 진화를 더 잘 평가할 수 있을 것이다. 아마도 우리는 다음의 주제부터 시작해야 할 것이다. 왜 우리는 주권체를 가졌는지, 그리고 왜 지난 300~400년간 주권체의 본질은 변화하지 않고 그 형태가 변화하며 우리와 함께 했는지……

이제 우리는 중세에서 근대로의 역사적 변천은 정치뿐만 아니라 종교의 이슈도 함께 한다는 것을 명심해야 한다. 중세의 라틴 기독교정에서 교회와 국가는 거의 분리되지 않은 채 혼재되어 있었다. 이 당시 세계에서 '공공'의 담론은 정치적일뿐만 아니라 종교적이었다. 종교적 담론과 완전히 분리되어 있는 정치적 담론이란 없었다. 그 이유는 정신적 측면뿐만 아니라 세속적 측면에서 종교가 모든 권위의 정당성을 부여했기 때문이다. 왕은 부분적으로 종교적 권위였다. 또한 교황도 부분적으로 정치적 권위였다. 왕국 행정의 최상위에는 추기경, 대주교, 주교 그리고 기타 성직자들이 있었다. 아직은 '국가'라는 명확한 개념이 없었으며, 특히 민족국가(Nation-state) 또는 국민 주권체의 개념은 더더욱 없었다. 이는 이후에 나타났다. 당시에 유럽인들은 국내와 국제에 대한 명확한 구분도 하지 않았다. 이 역시 이후에 나타났다. 근대의 시기에 익숙한 이 개념들은 중세 기독교인들의 마음에는 없었던 것이다. 이들은 자신이 하나의 통합된 기독교정에 속한다고 인식했다. 물론 그 통합체는 사실 느슨하고 불안정했지만……

기독교 통합체는 오랜 희망이었으나 매번 달성되지는 않았던 역사적 사실이었다. 중세시대에는 로마를 중심으로 하는 서구의 라틴 기독교정과 콘스탄티노플(현 이스탄불)을 중심으로 한 동구의 그리스 비잔틴 제국, 이 두 개의 기독교 제국이 있었다. 동구의 기독교적 권위는 교황의 최상위성을 인정하지 않았다. 근대의 주권국가 시스템은 결국 라틴 기독교정만을 -중세 유럽- 구축(驅逐)했을 뿐이다. 비잔틴 제국은

15세기 중반 오토만 튀르크(Ottoman Turks)에 의해 정복되고 파괴됐다. 그 영토와 인구는 오토만 튀르크의 이슬람 제국에 편입됐다. 이 때문에 유럽의 오토만 지역에서는 주권국가의 등장이 크게 지연됐는데, 여기서는 19세기와 20세기 초까지 주권국들이 등장하지 않았다.

중세 유럽은 다양한 레그나들로 구성되어 있었는데, 이들은 이전 로마제국 서부에서 지역단위의 정치적 권위들이 섬들처럼 흩어져 있었다. 대부분의 레그나는 로마가 쇠퇴하고 붕괴한 이후에도 무계획적으로 다양한 장소에 남겨져 있었는데, 소위 야만족으로 불렸던 서고트족, 훈족, 동고트족, 수에비족, 반달족, 롬바르드족, 프랑크족, 색슨족 등 많은 이주자들이 정착하고 있었다(Bury, 1967). 이들 종족의 지도자들은 정복하고 점령한 영토 내에서 지역 지배권을 행사했는데, 이들은 그들 자신의 종족뿐만 아니라 팍스 로마(*Pax Romana*: 로마의 평화)라는 이름하에 오랫동안 이들 지역에 정착했던 로마화된 기독교인들도 지배했다. 교황통치를 포함해 기독교적 신앙과 제도 및 그 권위들은 로마제국이 멸망한 뒤에도 존속했다. 종족의 지도자와 그 승계자들 하에서도 기독교 주교들은 그 지위를 유지하며 그들을 기독교인으로 개종시켰다(Fletcher, 1998). 결국 각각의 레그나들은 그 토지와 인구에 의해 인식됐는데, 여기서 레그넘 앵글리카나(*Regnum Anglicana*: 잉글랜드), 레그넘 골리쿰(*Regnum Gallicum*: 프랑스) 등과 같은 민족체(Nationality) 개념이 태동했다.

이러한 변화는 4세기부터 14세기에 이르기까지 아주 오랜 기간에 걸쳐 지속됐다. 이 기간에 라틴 기독교 문명의 경계는 점차 서유럽, 동유럽 및 북유럽의 내륙 깊숙이 거침없이 확대됐다(Fletcher, 1998; Bartlett,

1993). 다음에 설명할 유럽의 기독교연방(Christian Commonwealth), 즉 실질적으로 기독교 공화정(Respublica Christiana)이라 부를 수 있는 체제는 9세기와 10세기까지 아직 등장하지 않았다(Morrall, 1958: p.12~27; Mayr-Harting, 1993: p.101~130). 야만인들을 기독교인으로 개종시키는 것은 쉽게 말해 이들을 문명화시키는 행동이기도 했다. 이들이 일단 기독교인이 되면 더 이상 이교도, 이방인 또는 야만인이 아니었다. 또한 그 지배자를 개종시키는 것은 이들이 지배하는 영토에 살고 있는 사람들을 개종시키는 것이었다. 주교(Bishop)로 대표되는 기독교 교회의 전초기지는 기독교 왕국을 새롭게 확장하는 것이었다. 일종의 '국가'와 교회였던, 레그나와 에클레시아(Ecclesia)는 단일 신정체제의 두 가지 요소였다. 이 신정체제는 비록 느슨하고 간헐적인 지역적 혼란이 있었지만, 천년 동안 그 영역을 확산하며 점차 유럽 지역을 장악했다.

레그나는 우리가 그것을 이해하고 있는 것처럼 독립적이지는 않았다. 그러나 또한 로마 제국처럼 모두를 덮고 있던 제국의 지방행정도 아니었다. 이들은 그 중간 어딘가에 위치했다. 레그나는 기독교인 지배자가 보호해야 할 의무를 가진 교회 또는 에클레시아의 안식처였다. 선교 임무를 지닌 이 초기의 전초기지들은 점차 에클레시움 앵글리카나(Ecclesium Anglicana), 에클레시움 골리쿰(Ecclesium Gallicum) 등과 같이 기독교정의 지부가 되었다. 콘스탄틴 황제 시대 이래로 로마 제국이 기독교를 보호한 것처럼, 이제는 로마제국을 멸망시킨 새로운 지배자들이 ─처음에는 아주 무계획적이었으나─ 보호하기 시작했다. 가끔은 이들 지배자들 중 한 사람이 최상위의 지위를 부여받았는데, AD 800년 교황 레오(Leo) 3세가 프랑크(Frank) 왕에게 로마 황제 샤를마뉴

(Roman Emperor Charlemagne)의 지위를 수여한 사례가 있었다. 레그나가 보호하는 에클레시아가 이들 지배자의 관할에 있는지 아니면 교황의 관할에 있는지, 일시적인 지배자가 주교와 수도원장들을 임명할 수 있는지 등의 문제는 이후 여러 대에 걸쳐 황제와 그를 반대하는 교황 사이에 있었던 대관식 논쟁(Investiture Contest)으로 발전했다(Morrall, 1958: p.28~40). 이후 교황들은 그리스도의 대리인으로 자신들이 이 권위를 배타적으로 보유한다고 주장했다.

중세 유럽에는 로마의 주교인 교황이 대표하는 중앙집중식 교회 (Sacerdotium: 사케르도티움)가 있었는데, 교황은 일종의 황제(Regnum: 레그넘)가 되었다. 이 황제가 어떤 시기에는 중요했고 또 어떤 시기에는 그렇지 않았다. 따라서 이러한 이중적 기독교 공화정은 종교-정치 제국을 형성하는 것으로 이해할 수 있다. 이는 -비록 훨씬 약하고 상당히 느슨했지만- 콘스탄틴 황제의 개종 이후 기독교인 황제가 있었던 고대 로마제국의 부활로 인식될 수 있었다(Knowles, 1967: p.5). 레그나의 기독교인 지배자들은 내부와 외부의 적과 위협으로부터 신앙을 보호할 의무를 지녔다. 이들이 이 의무를 수행하는 중요한 방법 중 하나는 주교와 여타 성직자들 그리고 교회, 수도원, 수녀원 등을 보호하는 것이었다. 또 다른 방법은 십자군을 이끌고 근동(近東) 지역의 성지와 무슬림이 점령했던 남부 이베리아 반도를 해방시키는 것이었다.

수세기가 흐른 뒤 등장한 중세 후기의 라틴 기독교정의 정치 지도를 살펴보면, 국민들이 분명한 민족적 일체감으로 주권 정부를 형성하는 독립국들이 서로 다른 색깔의 영토 조각으로 분리된 모습이 아니었다. 대신 그것은 다양한 색조와 명조를 가진 색깔과 선들이 복잡하고 혼란스럽게 연결된 것이었다. 물론 인구 집단의 명확한 영토로 '유럽'이라는 것은 존재했다. 그러나 그 구성 부분은 -레그나- 주권국가로 간주될 수 없었다. "유럽은 배타적인 주권체로 분할되지 않았고, 서로 중복되며 끊임없이 변화하는 영주제로 운영되고 있었다(Clark, 1960: p.28)." 왕의 영역이 특정 지역에 집중되어 통합되는 것이 비정상적이었다. 지배자의 영토는 다도해의 섬들과 비슷했는데, 주변부 지역은 다른 지배자들의 영토 사이에서 섬처럼 흩어져 있었고, 중심부 지역은 다른 권위의 관할지역이 침투해 호수처럼 구멍이 나 있거나 가로 막혀 있었다. 일부 지배자들은 다른 지배자의 관할 지역 내에서 농노들을 보유했는데, 여기서는 이들이 준독립적인 봉신(封臣, Vassal)의 지위를 누리고 있었다.

결론적으로 말해, 중세의 많은 레그나들은 이질적인 인구와 가끔은 근접하지 않은 영토들로 구성되어 있었다. 이는 중세 후기와 근대 초기에 이르러서야 충격적인 특징으로 인식됐다. 지배자들은 서로 다른 영토에서 서로 다른 관직을 차지했는데, 이는 이들이 지배하는 방법에 영향을 주었다. 예컨대 1460년 이후에야 덴마크의 지배자는 코펜하겐과 그 주변 토지와 바다에 대한 세습적인 국왕이 되었는데, 그는 독일과의 경계에 있는 유틀란드 반도 남부의 슐레스비히-홀슈타인(Schleswig-Holstein) 영지의 공작으로 선출된 자였다. 프러시아의 독일 왕은 쾨니히스베르크(Königsberg: Kaliningrad의 옛 독일어명)의 절대 군주였으나 베를린에서는 신성로마황제(Holy Roman Emperor)의 제국 봉신이었다. 스웨덴 왕들은 스웨덴에서 절대 군주였으나, 베스트팔리아 평화조약(Peace of Westphalia, 1648) 이후 북부 독일의 새로 정복한 영토에서 신성로마 황제의 신하가 되었다. 심지어 가장 위대한 군주로 불렸던 프랑스의 왕도 알사스(Alsace)에서는 한때 신성로마 황제의 봉신이었다. 중세의 마지막 제국왕조, 합스부르크의 황제들은 비엔나와 프라그(Prague)에서 독재자였으나 브뤼셀에서는 입헌군주였을 뿐이다. 이 같은 현상은 중세 후기 유럽 대부분에서 보편적으로 나타났다.

레그나는 최상위도 아니고 독립적이지도 않았으며, 우리가 이해하는 바와 같은 '국가'와 '민족'도 아니었다. 물론 왕국과 함께, 크고 작은 여러 영토적 영주제는 존재했다. 왕, 공작, 도시정부, 종교질서의 수장은 영주권을 행사할 수 있었는데, 이는 왕족이나 귀족들에게 한정되지 않았다. 물론 대부분의 영주권은 이런 가족의 세습 봉토에서 이뤄졌다. 왕은 중간적 지위의 권위였는데, 이들은 세속적으로나 정신적으로나 대부분 다른 권위들보다 높았으나 신의 아래에 있었으며 또 특정한 문제에서는 교황의 아래에 있었다. 그리고 지역의 지배자는 많은 시간 동안 왕의 지배로부터 상당히 격리되어 있었다. 그들은 준(準)자치적이었으나 완전히 독립적이지도 않았다. '영주격(Lordship)'은 영토에 대한 소유권을 포함했다(Keen, 1991: p.262). 그러나 이는 최상위성과 독립성을 확보하지는 않았다.

왕은 그들 영역의 내외부에서 도전적인 권위, 권력들과 경쟁했다. 가장 강력한 첫 번째 도전자는 교회에서 나타났는데, 로마의 교황과 그의 행정가들뿐만 아니라 에클레시움 앵글리카나, 에클레시움 골리쿰 등에서 고위직을 차지하던 교황의 대리인들이(추기경, 대주교, 주교 등) 바로 그들이었다. 이들 성직자들 중 일부는 종종 그 왕국에서 왕의 가장 중요한 관리들이었다. 물론 교회는 종교질서를 주재했는데, 이들 중 일부는 가장 강력한 지주들이기도 했다. 두 번째 도전자는 지역 농노의 지배자였던 장원의 귀족들이었는데, 이들은 집단적으로 지배계층 또는 계급을 형성하며 가끔은 왕의 권위에 의문을 제기하고 저항했다. 세 번째 도전자는 도시와 길드 등 지역적 권위(Communitates)로서 이들 중 일부는 준(準)독립적인 권위를 행사했다. 그 예로 중세의 도시 런던을 들 수 있다. 왕들은 자신의 영역을 넘어가면 서로 대면하게 된다. 그러나 이러한 준(準)국제적 관계는 중세 말기와 근대 초기에 나타난 것과 같이 명확하게 규정되지는 않았다. 다른 왕에 대항해 전쟁을 일으켰으나, 교황과 강력한 귀족에 대항해 전쟁을 일으키기도 했다. 또한 전쟁은 병역 의무를 지고 있던 중세의 기사들 사이에서도, 그리고 주인이 누구이건 관계없이 용병들(민간의 군대) 사이에서도 일어났다. 16세기와 17세기에 주권국가가 등장하며 비로소 전쟁결정의 권위와 전쟁 수행의 권력은 국왕의 손에 집중되고 독점됐다. 이때부터 전쟁은 지금도 그러한 것처럼 국제관계의 가장 분명한 성격 중 하나가 되었다.

중세 유럽에서 정치생활은 종교생활, 가족생활, 경제생활 또는 사회적 존재로서의 여타 생활과 정확하게 구분되지 않았다. 정부의 권위가 명확하게 '공적(Public)'이지 않았다. 왕은 군주처럼 영역을 지배하지만, 왕 역시 광범위한 '사적(Private)' 부동산을 가지며 그곳의 영주와 주인이었다. 대체로 정부는 특정 왕족의 업무를 처리했다. 다시 말해 왕족정치라 할 수 있다. 그 외에 정부는 종교조직과 상업조직에 대해 공동의 업무를 처리했다. 대부분의 사람들이 살았던 시골에서 사실상의 권위는 장원의 지역 영주, 교회의 주교, 수도원과 대성당의 장, 교구의 성직자들이었다. '그 국민(The People)' 또는 '민족(Nation)'은 그 자체로서 전혀 존재하지 않았다. 사람들은 서로 간에, 또 주로 라틴어를 사용하는 교회 및 정부관리로부터 분리되어 있었으며 서로 다른 방언과 사투리를 사용하는 인구들이었다. 민족국가에 속한다는 생각, 국민적인 일체성을 가진다는 인식은 사람들의 마음속에 아직 나타나지 않았다. 그들은 자신들을 매우 다른 방식으로 생각했다. 그들은 기독교인들이었다. 그들은 지역사회를 넘어서는 다른 형태의 공통적인 이름을 갖지 않았다. 사람들은 수직적인 사회계급 구조에서 지정된 위치에 따라 사회적 지위를 누렸는데, 최상층에는 신이 있었고 그 다음 사회적 단계로서 교황, 황제, 왕, 귀족, 주교, 기사, 성직자, 상인, 장인, 교구민, 농부, 노예 등이 있었다.

이러한 체제는 통상 봉건제도로 불리는데, 봉신관계(封臣關係, Vassalage)로 알려진 강력한 인적요소, 즉 보호와 헌신이라는 상호 간의 약정에 따라 주인과 신하의 계약관계를 맺고 있었다. 중세 유럽사회는 수많은 단계의 주인 – 신하라는 연결관계로 구성되어 있었다. 실질적으로 모든 사람은 다른 사람의 봉신이었다(Ganshof, 1964: p.69~105). 일부 사람들은 한 명 이상의 주인을 가졌다. 성직자는 두 명의 주인으로 왕과 교황을 모셨다. 왕과 귀족, 주교와 신부, 영주와 기사, 주인과 노예 등과 같은 주인 신하의 연결관계는 아주 강력했으나 지역적 의미의 권위는 약했다. 이러한 연결관계는 속인적(屬人的)으로서 속지적(屬地的)이지 않았는데, 가끔은 이들 연결관계가 지역적 경계를 뛰어넘기도 했다(Bloch, 1964: p.367). 대부분의 보통 사람들, 시골의 농민집단은 군주 또는 황제의 신민이라기보다는 사실상 지주의 – 지역 유지, 종교조직(수도원, 성당) – 소유였다. 다시 말해, 이들은 농노제로 규정된 사회에서 노예라 – 영주와 주인에 영구히 귀속되는 농업 노동자들 - 할 수 있다. "따라서 중세의 '국가'를 말하는 것은 사실상 용어의 오용이다. 중세의 사회조직은 국가라는 조직의 대체물이며, 또 완벽한 중세 사회에 대한 조건은 국가가 미약한 것이 아니라 모든 국가들이 부정되는 것이기 때문이다"(Brierly, 1936: p.3). 브리얼리(Brierly)의 설명에서 '국가'란 '주권국가'를 의미한다. 어니스트 바케트(Ernest Barket, 1956: p.13)는 동일한 맥락에서 다음과 같이 언급했다. "중세시대의 영토 왕국 또는 '사유지 - 국가'에서 '사회'는 풍부했으나 '국가'는 없었다."

일부 사람들, 일반적으로 아주 적은 소수의 사람들은 도시(Civitas)의 구성원이라는 의미에서 최초의 '시민(Cives)'이었다. 시민격(Citizenship)은 특정한 도시 거주자의 - 상인, 은행가, 변호사, 제조업자, 수공업자 등 - 자격이었는데, 이들은 도시의 시민생활을 지배하는 길드(Guild)와 여타 지배기관들을 통제했다. 중세의 도시는 얼마간 자유도시라 할 수 있지만 독립적인 민족국가는 아니었다. 이러한 대부분의 도시들은 독일 중부와 남부 그리고 북부 이탈리아에 위치했다. 일부 도시들은 왕으로부터 자치권을 획득함으로써 별도의 정치적 기구를 스스로 조직하고, 이 자치정부를 통해 공동의 사무를 처리할 수 있는 준(準)독립적 지위가 되었다. 이들은 스스로의 법률을 가졌다. 길드의 대표자들로 구성된 런던의 중세 자치기구는 상당한 정도의 자치 정부권을 누렸다. 중세 전성기(A.D. 1200~1500) 이탈리아 중부와 북부에서는 베니스(Venice)와 플로렌스(Florence)와 같은 도시들이 정치적으로 상당히 발전하여 이미 실질적으로 독립적인 정부를 구성하고 있었다. 여기서 근대적 주권국가들이 처음으로 인식될 수 있었는데, 이 도시들은 지역단위의 국가 제도를 함께 형성했다.

이제 세 번째 1000년이 시작하는 시대에 살고 있는 우리의 관점에서 회고할 때, 유럽의 중세시대가 우리에게 주는 중요한 시사점은 법률적 권위가 복잡하고 혼란스러웠다는 것이다. 마크 블로흐(Marc Bloch, 1964: p.359)는 세 가지 '압도적 특징'을 구분했는데, 그것은 법적 권위의 광범위한 '분산', 법원과 여타 사법기관들의 '얽힘'과 난해한 연결, 그리고 이들의 '비효과성'이다. 병행적이고 중복적인 관할권을 행사하는 서로 다른 법원들에서 법적 소송이 진행될 수 있었다. 그 때문에 서로 다른 법원에 소송을 제기한 사람들뿐만 아니라 법원과 법률가들 사이에서도 종종 법적 분쟁이 초래되고 야기됐다. 소송 당사자들이 어떤 법원에서 만족하지 못하면 다른 법원을 찾을 수 있었고, 심지어는 그렇게 하도록 요청받기도 했다. 이러한 갈등의 가장 중요한 원인은 교회법(Canon Law)과 시민법이라는 두 개의 법률체계가 병행하여 존재했기 때문이었다. 교회법은 교회에 관한 법률이었는데, 이는 라틴 기독교정의 법률로서 모든 기독교인들에게 적용됐다. 시민법은 그 지역의 법률로서 왕의 모든 신민들에게 적용됐다. 그러나 교회법과 시민법 사이에, 즉 에클레시아의 법원과 왕의 법원 사이에 명확한 구분이 항상 이뤄지지는 않았다. 두 개의 법률이 동일한 사람들에게 적용됐는데, 모든 사람들이 교회의 신자이기도 하고 동시에 왕의 신민이기도 했다. 이러한 제도 때문에 이를 악용하려는 사람들이 존재할 수밖에 없었다. 이 제도를 교묘히 이용할 가능성은 생각보다 심각한 수준으로 높았다.

레그나의 행정은 가장 고도로 교육 받은 인구집단인 대학에서 훈련된 관리들에 의해 처리됐다. 영국에서는 중세 말기에 '다수의 주교들'

이 정부 관리들이었다(Mathew, 1948: p.10). 그러나 이들의 이중적 지위가 문제를 일으켰고, 심지어는 불화를 낳는 씨앗이 되었다. 왕에 충성을 다하면 교황과 갈등을 일으키고, 교황에 충성을 다하면 왕과 갈등을 일으킨다는 것을 그들은 잘 알고 있었다. 한쪽 끝은 왕이, 또 다른 한쪽 끝은 교황이 잡고 있는 높은 줄 위에 그들은 위험하게 걷고 있는 처지였다. 일이 잘못되면 그들은 왕의 명령으로 감옥에 가거나 사형을 당할 수 있었고, 또는 교황의 명령에 따라 파문 또는 영원한 지옥살이에 처해질 수 있었다.

지금까지의 논의를 요약하자면, 중세시대의 정치세계는 다양하고 분할되고 또 흩어져 있었다. 비록 에클레시아와 레그나, 주교와 왕이 로마를 중심으로 하는 카톨릭 위계질서에 종속됨으로써 일정한 집중화가 있었지만. 그것이 가장 고조된 시기에서도 지배적인 권위는 미약했다. 우리가 '국가'로 부를 수 있는 권위의 덮개, 즉 왕의 관할 영역이 있었지만, 그 위와 아래에는 또 다른 중요한 권위가 존재하여 왕과 왕국을 강화시키기보다 오히려 약화시켰다. 왕의 위에는 라틴 기독교정의 종교 – 정치적 권위가 있었다. 왕의 아래에는 다양한 세속적, 정신적 권위들이 있었는데, 이들 중 일부는 사실상 독립적이었다. 그리고 왕과 거의 동등한 수준에서 추기경, 대주교, 주교 등 종교 – 정치적 거물들이 있었는데, 이들은 왕의 행정을 담당했으나 로마의 교황으로부터 종교적 지위를 부여받았다. 다수의 주교들은 일정한 영역에서 준독립적으로 영지를 지배했는데 –비숍교구(Bishoprics) – 이들은 유럽 전역에 흩어져 있었다. 이들은 중세 유럽에서 가장 큰 지주 중 일부로 볼 수 있다. 또한 시골지역에서도 지배적인 권위와 지주들 사이에 종교적인 질서가 자리 잡고 있었는데, 베네딕토회(Benedictines), 시토회(Cistercians), 아우구스티노회(Augustinians), 카르투시오회(Carthusians), 프란체스코회(Franciscans), 가르멜회(Carmelites), 도미니크회(Dominicans) 등이 그들이었다(Knowles, 1979).

만약 교회와 국가가 분리되어 정치적 영역과 종교적 영역이 독립적으로 운영된다고 전제한다면, 우리는 중세를 정확하게 이해할 수 없다. 이런 방식으로 생각한다면 현대의 사고방식에 빠지는 것이다. 라틴 기독교정에서 중세적 관계란, 교회와 국가의 분리 또는 교회의 국가에 대한 종속이 아니라, 모든 단계의 권위 수준에서 교회와 국가가 상호 의존하고 관여했다는 것이다(D'Entrèves, 1939: p.12). 종교적이고도 동시에 정치적이었던 이 모호한 세계에서 교회와 국가는 가끔은 파트너였고 또 가끔은 라이벌이었다.

기독교 공화정

중세 유럽은 ‒인간의 사상, 생각, 감정이 가장 원초적 단계에 있었던‒ 기독교 신자들의 사회집단이었다. 이 사회집단을 유지하고 보호하는 것은 교황, 황제, 국왕, 귀족, 주교, 성직자 그리고 사실은 모든 기독교인들의 신성한 의무였다. 서유럽 전체에 존재했던 유일한 통합적 제도 또는 중세시대의 가장 중요한 제도는 이 사회집단에 건설된 범세계적 '기독교연방' 또는 기독교 공화정인데, 이는 기독교적 구원을 위한 것이었다. 중세시대의 목적론을 얘기할 때 이러한 종교적 목적은 다른 무엇보다도 우선했다. 번영보다도, 자유보다도, 질서보다도, 정의보다도, 심지어 평화보다도 ―물론 이들이 종교적 목적보다 더 중요하지만― 우선했다. 가렛 매팅리(Garrett Mattingly, 1988: p.16)는 다음과 같이 설명했다. "기독교 신정이라는 단일성에 대한 실질적 믿음은 비록 다양하게 느끼고 표출됐지만, 중세의 모든 정치사상과 행동의 근본 조건이었다." 단일성에 대한 실체가 종종 의문시됐고 또 종종 존재하지 않았지만, "단일성에 대한 믿음은 깊게 자리 잡았으며 확고했다(Keen, 1991: p.12)."

중세 유럽이 파편화되어 있는 상태에서는 이를 덮고 있던 권위의 개념이 모호할 것이다. 그러나 정책결정과 판단 그리고 권력에 의한 권위의 행사에서 기독교 공화정은 '해석의 전거(典據)'또는 준거였다는 것을 명심해야 한다. "기독교 공화정이란 개념은 중세 정치에 대한 학자들의 의견이 상당히 다름에도 불구하고 서로 근본적으로 하나가 되는 핵심 포인트를 파악하는 데 큰 도움이 되는 근사(近似)한 표현이다(D'Entrèves, 1939: p.12)." 기독교 공화정은 종교적이고 세속적인 권위들이 자신의 행위를 정당화하는 수단이었다. 이는 그들의 정신적인 도식(圖式)이었고 권위에 대한 그들의 담론이었다. 또한 그들이 자신들에 대해 생각하고 그들의 세계를 말할 때 사용하는 종교-정치적 구조였다.

만약 우리가 용어의 범위를 확장하여 중세시대의 '주권체'에 대해 말한다면, 그 주권은 신이라고 우선 말할 수 있다. 기독교인들은 신의 명령을 인지하고 복종했기 때문이다. 두 번째로는 로마의 주교이고 그리스도의 대리인이며 지상에서 신을 대표하는 교황이라 할 수 있다. 그는 라틴 기독교정을 주재했다. "교황은 두 개의 칼, 세속적인 것과 정신적인 것을 신탁(神託)받았다. (중략) 그는 전자의 사용을 세속적 지배자에게 부여했으나, 그 지배자는 자신에게 황제의 지위를 부여한 교황의 목적을 위해서만 봉사해야 할 뿐이다(Knowles, 1967: p.10)." 이것이 '두 개의 칼에 대한 은유'로서(Gierke, 1987: p.13) 신앙을 지키기 위해 세속의 칼을 사용하는데, 이는 기독교인의 의무를 지고 있던 레그나의 지도자들에게도 마찬가지로 적용됐다. 여기서 핵심적인 사상은, 세속적 권위들도 정신적 권위들 못지않게 그리스도의 신하와 종이라는 생각이다. 로마인에 대한 성 바울(St. Paul)의 서간(書簡)에 따르면:

> 각 사람은 위에 있는 권세들에게 굴복하라, 권세는 하나님께로 나지 않음이 없나니 (중략) 그가 공연히 칼을 가지지 아니했으니 곧 하나님의 사자가 되어 악을 행하는 자에게 진노하심을 위하여 보응하는 자니라. 그러므로 굴복하지 아니할 수 없으니 노(怒)를 인하여만 할 것이 아니요 또한 양심을 인하여 할 것이라 (로마서 13장).

결국 기독교 신앙의 원리와 가르침에 기반을 뒀기 때문에, 카톨릭의 정통성에 의문을 품고 교황의 권위를 부정하는 사람들에게는 어떠한 여지도 없었다. 따라서 중세의 기독교인들은 그들의 '진정한 신앙' 세계와 이교도와 야만인의 비기독교 세계, 즉 그릇된 기독교 이단세계와 무슬림의 반(反)기독교 세계를 차별하는 분명한 구분선을 그었다. 이후 문명에 대해서도 유사한 경계선이 주권국가의 유럽세계('문명' 세계의 연장으로 이해되는)와 비(非)유럽 세계(비문명적이기에 주권체의 가치가 없고 따라서 유럽의 정복과 식민화의 정당한 대상이 되는)를 구분하여 그어졌다.

그리고 이미 설명한 바와 같이 라틴 기독교정 내에서는 우리가 주권국가로 이해할 수 있는, 별도의 영토관할로 구분되는 분명하고도 확정적인 정치적 경계가 존재하지 않았다. 유럽은 에클레시아 법(교회법), 시민 또는 보통법(Common Law), 기사도(騎士道)의 법, 도시 또는 지방의 조례, 지역의 관습 등 각종의 법률과 규정이 중복적으로 적용되는 범세계적인 기독교 세계, 기독교인의 사회였다. 외교의 측면에서도 분명했다. 근대 세계에서 외교란, 국제연합(United Nations)과 같은 다수의 국가들이 형성하고 통제하는 국제기구 또는 주권국가의 대표자와 대리인들이 수행하는 활동과 관계로서 분명하게 인식된다. 그러나 중세 유럽에서는 가장 중요한 외교관이 교회의 대표자와 대리인들이었다. 기독교인 특사들은 기독교 공화정의 모든 문제에서 교회법과 교리를 일관성 있게 적용하는 데 관심을 가졌다. 또한 그들은 기독교정의 통합, 평화 그리고 안전을 제고하는 책임을 졌다.

평화는 기독교적 목적론과 가르침의 핵심으로 그리스도의 복음에 따라 살아가는 것이었다. 평화란 지배자들 사이의 무(無)적개심의 관계나 조건만을 의미하는 것은 아니었다. 그것은 모든 기독교인들, 특히 평화를 조성하거나 방해하는 권력을 가진 사람들인 지배자와 전사들이 자신의 의무로서 달성하고 분투해야 할 적극적인 업무의 상태, 즉 기독교적 평화였다. 전쟁은 오직 기독교적 의미의 정의 또는 신성함을 이유로 선포될 뿐이었다. 순전히 세속적인 이유로 발발한 기독교 지배자들 사이의 전쟁은 불법이고 불경스러운 것이었다. 하지만 그리스도를 위한 것이라면 전쟁은 정당화될 수 있었다. "기독교인들 사이의 평화에 대한 관심 때문에 교회는 기독교정 내부의 불화를 덜 수 있도록 정당한 전쟁과 부당한 전쟁을 구분했으며, 또 평화의 부당한 파괴자에 대한 응징을 정당화하는 전쟁 법률을 정교하게 만들었다(Mattingly, 1988: p.19~20)." 따라서 기독교인들 사이의 전쟁은 항상 내전 또는 시민전쟁으로, 결코 국제전이 될 수 없다고 이해할 수 있다.

기독교 공화정으로 특징 지워지는 이러한 이중적 권위제도로 인해, 중세의 긴 역사 동안 황제와 교황 사이에서는 최상위성에 대한 경쟁이 간헐적이고도 끈질기게 나타났다(Figgis, 1965: p.38~65). 그들 각자는 자신이 지상에서 신의 유일한 대표직에 있음을 주장했다. 또한 과거 로마제국에서 황제가 신이면서도 동시에 인간이었던 사실을 교묘하게 활용하며 주장했다. 신성로마제국의 황제는 교황에 대항하여 사케르도티움의 지위를 주장했다. 그리고 로마의 주교는 교황직이 황제의 레그넘보다 우위에 있는 레그넘이라고 주장했다. 종종 투쟁이 일어났는데, 교황과 황제 사이에서만 나타난 것은 아니었다. 지역 교회(예컨대, 에클레시움 앵글리카나)의 지도자와 이들이 위치한 레그나(예컨대, 영국이라는 왕국)의 지배자들 사이에서도 유사한 분쟁이 발생했다. 지역 교회는 로마로부터 멀리 떨어져 당해 왕국과 긴밀하게 연관되어 있었다. 14세기에 왕권을 옹호하는 어떤 법률가가 "각 영역의 왕은 그 왕국의 황제였다(Rex in regno suo est imperator regni sui)."라고 주장했는데, 어니스트 바커(Ernest Barker, 1956: p.12)는 이를 '제국적 주권체에 대한 반박'이라고 지적했다. 군주가 교회직 임명에 큰 영향력을 행사하고, 심지어 자신을 왕국교회의 수장으로 확정해 교회를 통제해야 한다는 주장으로까지 발전했다. 새로운 프로테스탄트의 영국, 덴마크, 스웨덴에서는 결국 이 주장이 실현됐다.

교회와 레그나의 대살륙적 분쟁으로 인해 한편을 지지하고 다른 편을 반대하는 일련의 정치적·법률적 이론들이 발전했는데, 이들은 지식인들의 세상에 대한 사고방식을 변경해 마침내 유럽에서 주권국가의 세계에 대한 개념을 발전시켰다. 단테 알레기에리(Dante Alighieri)는 계속되는 레그나 사이의 전쟁을 억제하고 세상을 평화롭게 할 수 있는 범세계적 군주제를 주장했는데, 그는 이를 인간의 문명(*Umana Civiltà*)이라고 불렀다. 그는 초기의 범세계적 사상가였다. 또 다른 이태리 사람, 파두아(Padua)의 마르시글리오(Marsiglio) 역시 인간에 초점을 맞춘 정치적 권위를 주장했는데, 그는 실증법에 입각하여 레그넘은 세속적 권위가 완전히 분리되어 있는 최고의 장치라고 주장했다(D'Entrèves, 1939: p.64; Morrall, 1958: p.106). 따라서 마르시글리오는 국가 주권체의 원리를 처음으로 시사했는데, 이는 르네상스와 종교개혁의 시기에 세속적 지배자의 권위를 정당화하는 데 매우 중요한 것으로 밝혀졌다. 그는 초기의 국가주의에 대한 사상가였고, 또 '중세시대의 첫 번째 정치사회학자'라 할 수 있다(Morrall, 1958: p.107).

지금까지를 요약하자면, 중세시대의 왕과 여타의 영토 지배자들은 더 광대한 종교-정치적 질서의 파트너였는데, 이들은 관할영역 내에서 기독교 신앙을 지키고 기독교 교리에 따라 기독교적 평화를 보호해야 할 의무를 가졌다. 영국의 중세시대 법률가, 헨리 브랙톤(Henry Bracton)은 이를 명확하게 설명했다. "왕은 누구의 아래에도 있지 않기에 그는 신과 법률의 아래에 있다. 법률은 왕을 만든다. 왕은 법률을 준수해야 한다. 만약 그가 이를 위배한다면 그에 대한 처벌은 신에게 맡

겨야 한다(Maitland, 1979: p.100~101)." 선구적인 법역사학자는 다음과 같이 언급했다.

> 우리의 근대적 이론들은 중세시대의 확고한 신념에 반한다는 것을 기억할 필요가 있다. 교회와 국가의 관계에 대한 전반적인 방식에서 (중략) 우리는 13세기의 사람들이 주권체에 대해 아무런 인식도 하지 않았고, 법률을 도덕적이고 종교적인 의무와 명확하게 구분하지 않았고, 따라서 모든 국가에서 어떤 사람 또는 어떤 사람들의 집단이 모든 법률의 위에 존재해야 한다는 것을 인식하지 않았다는 사실들을 기억할 필요가 있다(Maitland, 1979: p.100~101).

그러므로 중세시대에는 "이 나라에서 누가 주권을 보유하는가?"라는 의문을 제기하기 어려울 것이다. 어떤 영역 내에서 다른 모든 권위에 우선하는, 또 기독교 공화정을 주재하는 대외의 모든 권위로부터 독립적인, 그러한 권위가 있다고 주장하는 것은 수치스러운 일이었다. 이 주장은 사람의 가장 근본적인 의무를 모욕하는 것으로, 왕이건 여왕이건 관계없이 기독교인은 모두 근본적인 의무를 실질적으로 부담해야 한다. 그런데 이 수치스러운 주장은 국가 주권체의 핵심 전제이다. 영국의 국왕 헨리 8세와 다른 일부의 왕족 지배자들은 이 주장을 수용했을 뿐만 아니라, 이에 근거해 단호하게 행동하며 강제적으로 전례(典例)들을 만들어나갔다. 니콜로 마키아벨리(Niccolò Machiavelli), 마틴 루터(Martin Luther), 장 보댕(Jean Bodin), 토마스 홉스(Thomas Hobbes) 등은 이러한 의문들을 -또는 아주 유사한 의문들을- 제기했을 뿐만 아니라, 그 답변 역시 급진적인 새로운 사상을 공언하는 방식으로 제시했다. 이는 곧 중세시대의 종말과 근대의 시작을 알리는 신호가 되었다.

주권체의 혁명

사실상 오랜 기간에 걸쳐 진행되면서 복잡하고 종종은 모순적이면서 또 가끔은 모호하게 나타난 이 전면적이고도 근본적인 변화를 몇 마디로 요약하자면, 중세에서 근대로의 정치적 변화는 기독교 공화정의 붕괴, 에클레시움의 국민교회 전환, 그리고 레그넘의 스타토(Stato)로의 전환이라고 말할 수 있다. 여기서 스타토란 마키아벨리가 지칭했는데, 이 당시 등장하던 근대 유럽의 국가와 국가시스템을 말한다.

북서 유럽의 많은 지역에서 나타난 종교개혁의 기간에 범세계적인 카톨릭 교회의 권위와 권력은 상당히 축소됐다. 사케르도티움은 훼손됐고 심지어 종식됐다. 국왕은 이들의 토지를 몰수해 보좌하는 귀족들에게 나누어 주었다. 성직자들은 독자성을 박탈당했으며 국민교회의 직원으로 전락했다. 교구민들은 로마에서 떨어져 나가며 지역의 신자집단인 콩레가티오 피델리움(Congregatio Fidelium)으로 전환됐다. 반면 레그넘은 그 권위와 권력이 상당히 확장되어 주권국가가 되었다. 그것은 이제 독립정부의 위치가 되었을 뿐만 아니라 정신적인 생활의 고향이 되기도 했다. 교회는 그 영역의 그리고 국왕의 교회인 국민교회가 되었는데, 국왕은 교황을 대체하여 국민교회의 수장이 되었다. 권위의 정당성을 부여하던 핵심적인 원천은 -즉, 종교는- 이제 그 지배자와 왕족의 통제하에 들어왔다. 카톨릭 교회를 유지하는 국가에서는 이러한 변화가 덜 극적으로 나타났는데, 교회의 외부 모습은 이전과 동일했다. 그러나 시간이 경과함에 따라 동일한 변화의 그림자가 드리워지며 범세계적인 성격은 사라졌다. 프랑스와 스페인의 국왕과 같은 카톨릭 지배자들도 실제로는 영국과 스웨덴의 프로테스탄트 교회에 못지않은 유사한 독립성과 자존을 확보했다. 특히 프랑스의 국왕들은 교황의 최상위적 권위에 대해 오랫동안 탐탁지 않게 생각했는데, 제3장에서 설명할 바와 같이 결국은 국왕의 지배권이 중시됐다. 카톨릭의 반종교개혁도 프로테스탄트 종교개혁의 이러한 내용을 본받았다 (Collinson, 1993: p.274~276).

이러한 변화는 새로운 또는 재발견한 권위의 개념에 기초해 나타났다. 국가는 모든 법적 권한을 독점했는데, 국내외를 불문하고 황제, 귀족, 교황, 여타 수도원장의 간섭 없이 그 신민에게 명령하는 법적 권리를 주권으로 통합했다. 많은 부분에서 국왕은 이제 신성(神聖)한 권리에 의한 지배를 천명했다(Figgis, 1965). "국왕은 신민들이 준종교적으로 복종을 하는 유일한 권위, 즉 신의 대리인으로 간주됐다(Knowles, 1967: p.12)." 국왕의 신민들은 여전히 기독교인이었는데, 특히 프로테스탄트 국가들에서는 교회와 성직자들이 이제는 국왕을 보좌했다. 지배자는 영토 내의 종교, 그 신민들의 종교를 '영토에 속한 자, 영주의 종교로 (*Cujus regio, ejus religio*)' 원칙에 따라 결정했다. 예컨대 영국에서는 기독교인들이 자동적으로 성공회교도(Anglican)가 되었고, 덴마크와 스웨덴에서는 루터교도(Lutheran)가 되었는데, 그 신민들에게는 선택권이 없었기에 이는 개인적인 선택이 아니었다. 그들은 독재자와 국왕의 요구에 따라 새로운 신앙을 갖게 되었다. 많은 국가에서 교회는 점차 그 정당성의 원천으로뿐만 아니라 종무의 집행기관으로서 국가와 깊은 관계를 맺었다. 즉 영국 성공회, 덴마크 루터회 등과 같이 국민교회가 되었다. 이후에는 일부 지역의 교회(예컨대 17세기의 영국)가 다국가에 걸쳐 있는 특정한 프로테스탄트 종파와 수도회들로 분화됐다. 영국의 어떤 프로테스탄트 교파는 카톨릭 주교에 대한 반대 그리고 지역통제에 대한 찬성을 표하기 위해 조합교회(Congregationalist)라는 이름을 사용했다. 이러한 많은 교파들은 대서양을 건너 식민지 미국에 이주해 정착했는데, 이후 미합중국 헌법 제1차 개정에서 교회와 국가는 분리됐다.

이러한 내용들은 나중에 살펴보기로 하고 다시 원점으로 돌아가자. 국가 주권체의 등장을 예고했던 중세 후기 유럽에서는 특별히 중요한 두 가지 역사적 과정이 있었다. 첫째는 교회 협의회(Church Council)와 교황 사이의 투쟁이었고, 둘째는 교황과 세속 지배자 사이의 협약, 정교협정(Concordats)이었다. 기독교 공화정하에서는 교황의 군주권뿐만 아니라 초기 기독교 시대부터 교리분쟁을 해결하기 위해 존재했던 정기적인 교회 협의회가 종교-정치적 사안들을 주재했다. 의회와 국왕 사이와 마찬가지로 협의회와 교황도 갈등에 휘말렸다. 사케르도티움에서는 교황이 유일한가? 교회 협의회가 유일한가? 또는 교황과 협의회가 공동으로 주재하는가? 중세시대 후기에는 일부 교황이 그리스도 대리인이라기보다 로마황제처럼 -신성왕(神聖王)- 행사하는 그러한 권력남용을 제한하기 위해 많은 반(反)교황적 논설가들이 교회 협의회를 요구했다. 일부 학자들은 교회 협의회가 '교회에 대한 최상위

관할 권력'을 배타적으로 보유했다고 주장하기까지 했다(Morrall, 1958: p.127~128). 이러한 관점에서 보면, 교회 협의회는 그 권위를 유일하게 보유했으며 교황을 포함해 다른 어떤 교회기구와도 그 권위를 공유하지 않았다.[3]

14세기 말과 15세기 초에는 교의회(敎議會, Conciliar) 운동이 거세졌다. 이는 두 명, 결국은 세 명의 서로 다른 교황이 동시에 등장하며 촉발됐다. 이들은 서로 그리스도의 대리인으로, 또 교황의 군주직이 완전하고도 최종적인 권위를 가진다고 주장했다. 주권체가 등장하는 과정에서 가장 중요한 회합 중 하나는 콘스탄트 교의회(Council of Constance)였는데, 여기서는 교황이라고 주장하는 사람들을 물러나게 하고 새로운 교황을 선출함으로써 '대분열(Great Schism, 1378~1414)'을 종식시켰다. 교의회가 교황직에 개입함으로써 기독교정의 정당한 권위에 대한 의문이 심각하게 확산됐다. 교황은 헌정(憲政)상의 군주인가? 교회가 교황보다 위대하고, 교황은 단순히 신민에 불과한가? 교황이 절대 군주처럼 교회의 지배자인가? 정치적 권력은 신의 선물로서 종교적 권위에 종속적인가, 아니면 그것은 세속적 정부가 필요로 하는, 다시 말해 세속적 지배자가 재량적으로 획득하고 사용할 수 있는 것인가? 이 마지막 의문은 성 바울(St. Paul)과 성 아우구스틴(St. Augustine)을 벗어나 마키아벨리와 근대정치학의 계기가 되었다.

중세 후반 성직 외교에서 가장 중요한 발전 중 하나는, 서유럽 각국

---

3   근대의 카톨릭 교회에서도 로마의 교황과 교황청, 그리고 국가별 카톨릭 성직자 총회(예컨대, 미국의 카톨릭 주교회의 등) 사이에 다소간의 유사한 긴장이 여전히 나타나고 있다.

의 군주와 교황 사이에 체결된 쌍무협정을 통해 미처리된 교회문제들을 해결하는 것이었다. 이러한 '정교협정'에서 세속적 지배자는 실질적으로 교황으로부터 독립된 지위를 스스로 확보했다. 이 협정은 조약과 거의 차이가 없는데, 조약은 평등성과 상호성에 입각하여 관계를 맺는 권한을 가진 독립조직을 전제로 하고 있다. 따라서 이 협정은 평등한 주권 권력 사이의 교섭, 즉 국제관계를 시사한다(Morrall, 1958: p.133). 맥일와인(Charles McIlwain, 1932: p.352)은 다음과 같이 논평했다. "곧이어 나타난 논리적인 귀결로, 교회는 모든 국가들을 망라하지 않고 국가 모두에 존재했다." 만약 교회가 국가 모두에 존재한다면, 교회는 새로이 등장하는 국가 내에서 규정되고 또 당연히 그들의 지배자에 의해 통제될 것이다.

이는 곧 유럽을 규정하고 통합하는 제도가 주권국가에 기초한다는 중세 후기의 정치세계를 이미 암시하고 있다. 이들의 관계는 외교를 통해 쌍무적으로, 또 다자간에 수행되기에 교황을 통한 중재가 이뤄지지 않을 것이다. 이들의 관계는 국가와 국가 사이라는 의미에서 국제적이 될 것이다. 지배자들은 서로에 대해 각자의 영토를 가진 독립된 정부로 간주할 것이다. 그들은 서로를 인정할 것이다. 그들은 그들의 정부가 보호해야 할 각자의 이익을 서로 이해할 것이다. 또한 그들은 서로 다른 이익들이 충돌할 것이라고 인식할 것이다. 그들은 만약 이 충돌이 외교로 해결되지 않으면 전쟁에 의해 타결된다는 사실을 받아들일 것이다. 그들은 그들의 이익을 방어하기 위해 세속적 주권의 자유로서 전쟁을 정당화할 것이다. 전쟁의 개념은 변화했다. "중세 역사는 옳고 그름의 역사였다. 중세와 비교할 때 근대 역사는 권력, 무력,

왕족의 역사다. (중략) 중세의 전쟁은 원칙적으로 권리에 대한 전쟁이었다. 그것은 결코 정당한 이유가 없는 전쟁, 절대적으로 부당한 침입의 전쟁이 아니었다(Hudson, 1947: p.3)." 간단히 말해 전쟁은 독립적인, 자기 이익을 위한, 자기를 정당화하는 국가들에 의해 독점되기 시작했다.

중세 후기의 몇몇 사상가들은 그들의 사상에서 국가 주권체의 개념을 발전시켰다. 앞에서 설명한 바와 같이, 파두아의 마르시글리오도 '그 자신의 업무에 대해 배타적인 지배'를 주장하는 세속적 통치자를 정당화하는, 당시로는 아주 급진적인 주장을 했다(Morrall, 1958: p.106). 정치는 신의 제재와 무관한 세속적 활동으로 간주됐다. 마르시글리오는 정치를 예술과 비교해, 국가는 치국의 기예(技藝)를 터득한 지도자들에 의해 만들어졌다고 했다. 기르케(Gierke, 1987: p.92)는 다음과 같이 논평했다. "공적 업무의 키잡기(Steering)는 선박의 키잡기와 유사했다. 이는 목표달성을 위해 의도적으로 이루어지는 자유로운 활동이다. 따라서 국정의 기예에 대한 개념이 나타나 사람들은 이를 자세히 가르치기 시작했다." 그 정의에 의하면 예술은 자유로운 활동이다. 예술가는 자신이 만들었기에 자신의 작업에 대해 소유권을 주장한다. 통치자들도 그들이 형성하는 데 중요한 역할을 수행했던 국가에 대해, 그리고 그들이 국가를 통치하기 위해 만든 법률과 정책에 대해 완전한 책임을 주장한다. 예술로서의 정치에 대한 관념이 중세 후기 이탈리아인으로부터 나온 것은 결코 놀랄 일이 아니다. 이들은 르네상스의 찬란한 예술을 만들었을 뿐만 아니라 베니스, 플로렌스, 밀라노, 시에나 등 도시국가들도 건설했는데, 이들 도시에는 개별적 정체성과 독창적 역사성를 기념하는 프레스코, 그림, 동상으로 장식된 아름다운 공공건물들이 있다. 이들의 정치적 발전은 14세기와 15세기에 이미 분명하게 나타났다.

이탈리아의 바깥쪽 유럽, 특히 북서유럽에서는 16세기까지 르네상스와 종교개혁 속에서도 중세적인 교회 – 정치질서가 분화되는 변화가 나타나지 않았다. 니콜로 마키아벨리는 1469년에, 마틴 루터는 1483년에 태어났다. 이들은 많은 사람들이 전환의 시기를 경험한 1500년대 초에 어른이 되었다. 마키아벨리는 1532년에 새로운 치국(治國)에 대한 유명한 정치 참고서, 「군주론(The Prince)」을 썼다. 그는 당시로서는 잘 알려지지 않았던 사실, 즉 정치인은 종종 기독교적 도덕적 가르침을 위배할 필요가 있다고 주장했다. 개인양심과 정치윤리는 분리되고 또 분리되어야만 한다(Machiavelli, 1961: ch.18). 이는 레종데타(Raison d'état, 국가이성)라는 정치적 원리로 알려졌는데, 선택의 여지가 없고 또 걸려 있는 가치가 큰 경우에는 바람직한 정치적 목표를 달성하기 위해 비종교적이고 비도덕적인 수단도 필요하다는 것이다. 예컨대 국가와 시민의 안전 또는 존속이 걸려 있는 경우, 특히 전쟁 또는 혁명과 같은 위험하고도 절체절명인 순간에서 그러할 것이다. 루터는 국왕의 독립적인 권위, 그리고 기독교인들이 국왕에 복종하는 의무를 정당화함으로써 종교개혁을 정치화하는 데 중요한 역할을 했다. 이는 단순히 라틴 기독교정의 개혁일 뿐만 아니라 기독교 공화정의 탈퇴를 의미했다.

자신의 정치노선과 목표 달성에 필요한 수단을 결정하는 통치자의 자유를 인정하라는 이 주장은, 당시 대부분의 기독교 권위자들에게는 불경스럽고 범죄적인 행위로 간주됐다. 그러므로 이는 분명 악마의 주장이었으며, 마키아벨리는 악마의 종이었다. 성 바울이 가르친 바와 같이, 기독교인들은 그들의 이웃을 사랑해야 하며 또 양심적으로 그들의 지배자에 순종해야 한다. 그러나 마키아벨리는 불완전한 인간의 세계에서 사람들은 최선의 행위를 확신할 수 없다고 믿었다. 통치자들도 다른 사람들처럼 인간의 불완전성에 직면하고 있다. 그러나 보호를 해야 하고 안정과 질서를 보장해야 할 이들의 책임은 사실상 다른 사람들보다 훨씬 더 크다. 서로를 맹목적으로, 심지어 무조건적으로 신뢰해야 한다는 정책은 만약 그 신뢰가 지켜지지 않는다면 결국 예상한 대로 파멸을 초래할 것이다. 군주는 "가능하다면 선함에서 벗어나지 않아야 하지만, 필요한 경우에는 악을 행하는 방법을 알아야만 한다(Machiavelli, 1961: ch.18)." 마키아벨리는 악 그 자체를 위해 악을 옹호하지 않았다. 그러나 그는 정치를 위해서는 악을 옹호했다.

유럽의 다른 통치자들은 이탈리아인으로부터 정치적 발전의 시사점을 얻었다. 그리고 독립적인 치국의 정치 예술을 포함해 르네상스의 예술과 과학은 서부 유럽의 모든 곳으로 확산됐다. 레종데타, 보다 협소하게는 현실정치(*Realpolitik*), 또 달리 말하면 국가이익은 치국의 첫 번째 정당성이 됐다. 이 '새로운 군주제'는 국왕의 관리들이 능숙했던 세속적인 정치기술에 의해 통치됐는데, 역설적이게도 그 관리들은 국왕을 보좌하던 성직자들이었다. "차분하고 신중하면서, 그들은 사무집행의 중요성을 인식하고 왕의 변덕스러운 심기를 살피며 관리로서의 경륜을 발휘했다(Mathew, 1948: p.10)." 16세기에 이르면 교황청 자신도 독립적인 영토의 국가가 되어 상당한 권력을 가져, 이탈리아 반도의 여러 경쟁적 권력자들 중 한 명이 되었다. 만약 교황이 이탈리아의 정치인이 되었다면, 그는 여전히 기독교 공화정을 주재하는 권위를 가질 수 있을 것인가? 이 질문에 대한 대답은 점차 '아니오'가 되었다.

종교개혁은 (카톨릭의) 종교적 정통성에 대항한 (프로테스탄트의) 종교의 자유를, 또한 동시에 종교적 사안으로부터 정치적 권위를 - 대외적 권위와 간섭으로부터, 특히 교황으로부터의 자유를- 쟁취하기 위한 투쟁을 포함한다. 마틴 루터의 정치신학은 기독교 공화정의 종교적 족쇄로부터 국가의 권위를 풀어냈다. 루터는 사케르도티움과 레그넘이라는 두 개의 칼을 보유해야 한다는 교황의 주장을 공격했다. 교회가 레그넘이 되어야 한다는 주장에 대해서는 악마의 작업이라고, 또 성직자 부패의 원천이라고 맹비난했다. 사케르도티움의 측면에서도 교회는 예배의 장소, 즉 콩레가티오 피델리움에 불과했다. 진정한 레그넘은 군주의 절대적 권위하에 있는 국가였고, 진정한 사케르도티움도 역시 대내외 적들에 대항해 왕국의 종교개혁을 보호할 책임이 있는 군주에 속하는 것이었다. "루터는 두 개의 칼이란 은유를 분쇄하며 '따라서 한 개의 칼만 존재해야 하는데, 올바르게 보좌되는 신성한 군주가 행사한다.'라고 말했다(Skinner, 1978: p.15)." 이는 혁명적인 생각이었다.

루터는 그가 개혁한 기독교와 그 지지자들이 국왕과 여타 세속적 지배자의 보호 없이는 안전하지도 않고, 또 진보할 수도 없다고 인식했다. 앞에서 인용한 세속적 통치자에 대한 복종을 언급한 성 바울의 서간에 -남녀 기독교인 모두의 정치적 의무로서 성경 전체에서 가장 중요한 구절로 생각한 내용- 근거해, 루터는 신이 이들을 임명했다는 사실로부터 세속적 통치자에 대한 복종과 순응의 메시지를 설교했다(Skinner, 1978: p.14~16; Grimm, 1948). 통치자들은 평화와 질서를 유지할 수 있고,

또 오직 이런 상태에서만 기독교 신의 말씀이 설교되고 들릴 수 있다 (Allen, 1977: p.22~23). 루터교(Lutheranism)는 국가, 사실은 완전한 왕국통치에 대한 국왕 신성권의 개념과 긴밀하게 연결됐다. 독일과 스위스의 여러 도시와 마을에서는 인구의 일부 집단들이 루터, 칼뱅(Calvin), 츠빙글리(Zwingli) 등 여러 프로테스탄트 개혁가들의 가르침에 따라 개종했다. 일부 지역에서는 사람들이 먼저 종교에 대해 의문을 제기했고, 통치자는 정치적 안정성을 위해 프로테스탄티즘을 묵인했다(Cameron, 1991: p.210~263). 그러나 대부분의 제후국(Principalities)과 왕국에서 종교개혁은 통치자들이 갖는 종교적 매력 이외에, 이의 정치적 이득을 계산해본 통치자의 지원 없이는 진행될 수 없었다(Cameron, 1991: p.267~291).

이는 덴마크와 스웨덴에서 명확하게 나타났는데, 여기서는 왕들이 법적으로 완전한 교회 통제권을 자신들에게 부여하도록 입법할 것을 의회에 지시했다. 즉 그들은 성직자의 법적 면책특권을 폐기하고, 교회 법원의 독립적 관할을 종식했으며, 성직자의 토지와 기타 교회 부동산을 몰수했고, 모든 성직자에 대해 임명권을 행사했다. 다시 말해, 성직자 임명에 대한 교황의 승인권을 거부했다. 1536년 덴마크에서는 교회의 헌금(Tithes)과 함께 교회의 부동산을 몰수하여 군주의 권력을 강화하는 데 사용했는데, 또한 군주는 교회가 전통적으로 수행했던 사회복지 서비스를 압취(押取)했다(Shennan, 1974: p.64). 중세 교회에 대항하는 국왕의 이와 같은 움직임은 거의 같은 시기에 스웨덴에서도 나타났다. 국왕은 교황을 대신하여 왕국 내 교회의 수장이 되었다. 교회는 이제 '순수한 정신적 실체로, 다른 어떠한 권력도 주장하지 않고 오직 유일한 의무는 신의 말씀을 설교하는 것'으로 이해됐다(Skinner, 1978: p.84).

기독교 공화정에서 극적으로 탈퇴한 영국의 헨리(Henry) 8세는 국왕 독립성의 원리인 "국왕은 자신의 영토에서 황제이다(Rex est imperator in regno suo).", "국왕은 자신보다 상위를 인정하지 않는다(Rex superiorem non recognoscens)."를 확인했다. 헨리 국왕은 이들 원리에 법적 효력을 부여하기 위해 의회의 동의를 구했다. 성직헌금법(Act of Annates, 1532)에 따라 영국 교회의 교황에 대한 자금 이전을 종식시켰다. 항소법(Act of Appeals, 1533)을 통해 영국 교회와 성직자에 대한 로마의 재판관할을 심각하게 제한했다. 수도원들은 ―이는 영국에서 기독교 공화정을 구성하는 모든 교회기관들 중에서 가장 범세계적인 성격의 기관― 해체되어 이들의 토지와 임대권은 국왕으로 이전됐고, 부분적으로는 귀족 지주들의 집권층에게로 분배됐다. 최상위법(Act of Supremacy, 1534)은 교황의 권위를 폐지하여 국왕을 교회의 최상위 수장으로 격상시켰다. 따라서 영국에서의 교회(The Church in England)는 영국의 교회(The Church of England)가 되었다. 이러한 결과는 '튜더의 신정(Tudor Theocracy)'으로 불렸다(Mathew, 1948: p.9). 최상위법의 일부는 다음과 같다.

현 의회의 권위에 따라 입법되는 것으로, (중략) 우리들의 주권 주(Sovereign Lord)이신 국왕, 그 상속자와 계승자, 이 영토의 모든 국왕은 에클레시아 앵글리카나(Ecclesia Anglicana)라 불리는 영국 교회의 지상 유일의 최상위 수장으로 해석되고 인정되고 또 간주되어야 한다. (중략) 우리의 주권 주, 그 상속자와 계승자는 (중략) 완전한 권력과 권위를 가져야 하는데 (중략) 어떤 종류이건 모

든 오류, 이단, 남용, 침해, 무시, 무도(無道) 등을 (중략) 검토하고,

진압하고, 바로잡고, 개혁하고, 명령하고, 교정하고, 억제하고,

수정하는 것이다(Viorst, 1994: p.97~98).

주권체에 대한 동일한 주장이 영국의 재무장관(Lord Chancellor)으로 국왕 헨리의 자문관이었던 토마스 모어(Thomas More) 경의 재판에서 확인됐다.

종교문제에서 새로이 획득한 국왕의 법적 권위를 인정하는 선서를 모어 경은 거부함으로써, 영국 교회의 최상위 수장인 국왕의 법적 지위를 거부했다는 반역죄로 기소돼 참수형이 집행됐다(Ackroyd, 1999: p.382~395). 만약 최상위 권위에 대한 국왕의 주장이 정당성과 신빙성을 가진다면, 교회와 국가의 관리들은 1534년의 선서를 맹세해야 했다. 하지만 토마스 모어는 순수한 양심에 의거해 그 선서를 받아들일 수 없었다. 그것은 기독교 신에 대한 신앙을 저버리는 행위이기에, 영원한 지옥으로 떨어질 것이라 믿었기 때문이다. 그런데 그는 전통적인 카톨릭 신앙을 고수했기에 이제 국내뿐만 아니라 교회의 수장이 된 국왕에 대해 배신자가 되었다. "배신자들은 비도덕적이라는 이유로 비난받지는 않았으나 위험천만했기에 비난받았다(Pollard, 1948: p.79)." 모어 그 자신은 국왕의 적이 되었다. 그러나 그가 그러지 않았다면, 그는 중세 라틴 신정(神政)의 종교적 의무를 이해하고 있었기 때문에 그리스도의 적이 되었을 것이다.

이전의 레그넘 앵글리카나는 그 자체의 국민교회를 가진 주권국가가 됨으로써, 에클레시움 앵글리카나는 영국의 교회가 되었다. 이전에

카톨릭 성직자 또는 교구민이었던 사람들은 이제 국왕 헨리의 교회 신자가 되었다. 지도적 성직자와 관리들을 제외한 영국 기독교인들 거의 대부분을 위한 결정이 국왕 헨리에 의해 이루어졌다. 달리 생각했던 사람들은 국왕 헨리의 진노에 직면했다. 반역죄에 대한 법률은 이제 국왕(보다 추상적으로는 국가)이 교회보다 상위에 있고, 또 국가이익은 정의에 대한 그 어떤 요구보다 앞선다는 정치적 핵심 이념을 담고 있었다. 세속의 당국자들이 국가뿐만 아니라 교회의 원리들을 집행하는 '기독교 판관'으로 이해됐다(Collinson, 1993: p.272). 이는 교회가 국가에 종속되어야 한다는 에라스티아니즘(Erastianism)의 원칙으로 근대 초기 정치 이론의 특징이었는데, 주권국가의 가장 뛰어난 이론가였던 토마스 홉스의 정치적 저술에서 분명하게 나타났다(Thomas Hobbes, 1946, 1993).

영국의 종교개혁 그 자체는 로마교회와 영국교회 사이뿐만 아니라 국왕 헨리와 교황 사이의 분쟁이라는 것을 증명했다. 이는 매우 근본적인 것으로서, 범세계적인 종교 – 정치적 기반에서 형성된 공공생활에 대한 인식과 국민국가를 모방한 개별 왕국의 기반에서 구축된 또 다른 인식 사이의 갈등이었다. 주권체와의 연관성은 명확했다. 종교개혁은 교회법과 규범에 따라 나타난 것이 아니라 국왕의 명령과 의회의 법률에 따라 나타난 것이었다. 폴라드(Pollard, 1948: p.87)는 다음과 같이 기술했다. "종교개혁은 (중략) 국가의 최종적이고도 가장 위대한 정복, 즉 교회보다 상위의 권위에 대한, 그리고 국경 내에서 절대적이고 논박할 수 없는 최상위성에 대한 확인이다."

주권체에 대한 정치 이론은 장 보댕(Jean Bodin)의 논문, 「국가에 관한 6권의 책(*Les six livres de la République*: 국가론, 1576)」에서 처음으로 깊이 있게 체계적인 탐구가 이루어졌다. 이는 기독교 공화정에 대한 담론이 아니었다. 이는 자유롭고 자주적인 정치 시스템으로서의 프랑스 군주 국가에 대한 의견을 자문(諮問)하는 논문과 책이었다. "주권체에 대한 권리를 신민, 더욱이 외국인에게 부여하지 않아야 한다는 지적은 국가의 보존에 매우 유용하다. 그렇게 하는 것은 그 외국인에게 주권이 되는 디딤돌을 제공하기 때문이다(Bodin, 1955: p.49)." 이러한 견해는 중세에 대한 거부였다.

지금까지의 논의는 다음과 같이 요약될 수 있다. 국가 주권체에 대한 개념은, 중세 후기에 나타난 권위와 법률에 대한 제반 의문을 둘러싸고 나타난 불확실성과 실질적 혼란을 해결했다. 통치자들은 교회와 국가에 대한 왕권을 성공적으로 확립함으로써 기독교 공화정이라는 범세계적 권위로부터 벗어났다. 국가는 자신의 영토를 국가의 재산으로 전환했다. 영토 내의 인구도 신민, 나아가 시민으로 변화시켰다. 대내적으로는 영토, 사람, 기관이 반(半)독립적이라는 인식이 없어졌다. 대외적으로는 교황, 황제라는 압도적인 권위를 더 이상 받아들이지 않았다. '국왕은 자신의 영토에서 황제'였다. 많은 지역에서 기독교 교회들은 국가의 직접 통제하에 놓였다. 비록 그 지역의 법률이 그들에게 깊게 자리 잡은 종교적 믿음과 충돌한다고 할지라도, 영토 내 사람들은 이제 그 주권에 대해 맹세를 함으로써 그 법률을 준수해야 할 법적 의무를 가지게 되었다. 다수의 프로테스탄트 국가에서 사람들은 그 통치자가 수장이 되는 국민교회의 신자가 되었다. 그런데 카톨릭 국가에서조차 카톨릭 신앙을 매우 중시했던 주권자가 승인하는 경우에서만 교회가 존재하고 또 교회의 사업들을 수행할 수 있었다.

유럽 주권국가의 군주와 여타 통치자들이 자신의 나라에서 종교적 소수자의 신앙을 인정하고 그 자유를 부여한 것은 오직 근대의 후기에서 나타났다(Jackson-Preece, 1998a). 유럽에서 가장 자유로운 국가, 영국에서조차 로마 카톨릭은 1829년까지 '해방'되지 않았다(Mathew, 1948). 이는 그때까지도 중세 신정이 종언을 고하지 못했다는, 유럽 주권 통치자들의 장기간에 걸친 일종의 두려움이라 할 것이다.

유럽의 주권과 전 세계

엄청난 변화

　중세에서 근대로의 결정적인 변화는 주권국가에 대한 사상과 제도
에 있다. 이제는 분리되어 지역별로 통치되는 영토단위의 정치체제에
주권이 부여되는 −그 대부분은 군주정으로서− 이러한 현상이 유럽의
카톨릭 지역과 프로테스탄트 지역 모두에서 증가했다. 오랫동안 확립
됐던 범세계적 기독교 공화정이 간헐적으로 해체되는 이러한 전환은
수 세기에 걸쳐 지속됐다. 기독교 공화정이 사라지며 이를 대신한 것
은 국제적인 유럽이었는데, 이는 여러 통치자와 정부들로 구성되며 그
각각은 대내적으로 최상위이며 대외적으로는 독립적이었다. 이 같은
역사적인 전환은 당시보다 그 이후에 더욱더 명확해졌다.

　이러한 중대한 변화가 일어난 시기는 역사학자들 사이에서 논쟁거
리이다. 초기의 변화는 14~15세기 르네상스 시절 이탈리아 반도에서
독립적인 도시국가와 여기서의 국가시스템이 등장한 것이었다.[4] 야콥
부르크하르트(Jacob Burckhardt, 1992: p.57~62)는 이러한 변화를 「외교정책

(Foreign Policy)」이라는 논문에서 설명했는데, 유럽 역사에서 외교라는 표현이 걸맞은 최초의 시기였을 것이다. 그는 태동하는 이들 도시국가들이 서로 국제적이라 할 수 있는 관계를 맺는 과정으로 인식했다. 사회를 짓누르고 있던 종교적 인식에서 벗어나 그들의 이익에 집중하고, 동등한 지위에서 협상하며, 심지어 비기독교 정부였던 오토만 튀르크(Ottoman Turks)와도 자신들의 이익에 기초해 정략적인 동맹을 맺었던 것이다. 여기서는 위계적인 권위를 인식한다는 의미의 장원제도가 없었다. 대신에 개별 국가의 상대적인 힘, 그리고 상황의 긴급성에 대처하는 지도자의 기민함에 따른 국제관계가 있었다.

르네상스가 북쪽으로 전파되고 프로테스탄트의 종교혁명이 독일에서 점차 북서유럽으로 확산되자, 유럽의 통치자들은 이탈리아의 이러한 국가제도를 모방했다. 아우크스부르크 종교 평화협정(Peace of Augsburg, 1555)에서 독일의 루터교도들과 카톨릭은 신앙고백이 군사개입의 정당한 이유가 될 수 없다는, 즉 '영토에 속한 자, 영주의 종교로'라는 원칙을 채택했다. 이는 전쟁 상황에서 주권국가를 종교보다 우위에 두는 것이었다. 또 다른 사건은 네덜란드 더취(Dutch) 신교도가 반란을 일으켜 스페인의 (카톨릭) 지배로부터 탈퇴(1585)한 것을 들 수 있다. 이는 '범세계적 군주정에 대한 저항권의 성공적 확립(Brierly, 1936: p.21)'으로 적절하게 표현될 수 있다. 더취의 반란은 곧이어(1588) 나타난 영국의 스페인 해군함대 격파로 연결되는데, 스페인 국왕은 네델란드

---

4 19세기 중반 이탈리아의 통일 국민국가가 최종적으로 등장하기까지 이탈리아는 거대한 권력에 의해 간헐적으로 정복되고 점령당하는 도시–국가들의 지역시스템으로 남아 있었다.

의 홀란드(Holland) 지역과 영국에 대한 범세계적 카톨릭 지배를 회복하고자 했다. 또 다른 중요한 전환의 사건들도 있었다. 한쪽에서는 마틴 와이트(Martin Wight, 1977: p.151)가 지적한 것처럼, 15세기 교회의 교의회 운동에서 교황의 지위를 재편하고 그 권위를 제한하려는 맹아(萌芽)가 태동하고 있었다. 또 다른 쪽에서는 힌슬리(F.H. Hinsley, 1967: p.285)가 1820년대 유럽협조(Concert of Europe)에서 완전히 발현한 것으로 정리했는데, 유럽의 주도적 국가들 사이에 힘의 균형과 불문권의 원칙(Doctrine of Prescription)을 확립한 것이었다(아래에서 설명).

그러나 대부분의 학자들은 17세기, 특히 30년 전쟁(1618~1648)을 종식한 베스트팔리아 평화조약을 유럽 역사의 중대한 전환점을 상징하는 최고의 역사적 분기점으로 파악한다. 이 사건은 국제관계에서 남아있던 교황 권위의 마지막 잔재를 실질적으로 제거했고, 카톨릭이건 프로테스탄트이건 유럽의 국가들을 독립된 실체로 인정했다. 이러한 전환은 위트레흐트 평화조약(The Peace of Utrecht, 1713)에 의해 완성되고 확정됐는데, 여기서는 스페인 계승전쟁(The War of the Spanish Succession)을 종식하고 국제관계에서 왕권보다 권력의 균형과 국가이익이 보편적이라는 것을 확인했다.

우리는 가능한 한 현재 시점이 아니라 당시의 관점에서 이 변화를 이해하도록 노력해야 한다. 뮌스터(Münster)와 오스나브뤽(Osnabrück)에 ─평화회의가 개최됐던 베스트팔리아(북서 독일)의 마을─ 모인 정치인들이 가졌던 사상과 담론은 중세 후기의 것들이었다. 그들은 자신들을 프로테스탄트와 카톨릭 그리고 이들의 대표자로서, 기독교 통치자들의 회합으로 이해했다. 그들은 더 큰 사회의 일원이라는 생각을 가졌는데, 그 기반은 기독교라는 종교였다. 뮌스터와 오스나브뤽의 조약 서문은 기독교 공화정에 대해 경의를 표했다. 뮌스터에서는 라틴어로(*Ad Christianae Reipublicae salutem*), 오스나브뤽에서는 프랑스어로(*Au salut de la Republique Chrestienne*) 표현했다. 그들은 이 평화회의를 '기독교 세계의 상원'이라고 말했다. 이 평화조약에서는, 베스트팔리아가 중세의 종말과 국가주권이라는 근대 세계의 시작을 알리는 중대한 전환점이라는 주장을 뒷받침하는 문헌상의 구체적인 증거들을 많이 포함하지는 않았다.

평화중재자들은 또 다른 비참한 전쟁을 피하기 위해 유럽의 정치질서를 재구성하려고 노력했다. 그들은 비록 그 일부가 그것을 원한다 할지라도 1618년의 세계로 돌아갈 수 없다는 것을 알았다. 그러나 그들은 1648년 이후 수십 년간 그리고 수세기에 걸쳐 도래할, 그들이 진입했고 또 부분적으로 그들이 만들고 있는 세계에 대해 아무것도 알지 못했다. 지금 우리는 그 오랜 변화를 통해 나타난 유럽의 주권국가 시스템과 사회에 대해 알고 있다. 그래서 베스트팔리아를 결정적인 역사적 전환점으로 우리가 인식하는 것은 사후적(*Ex Post Facto*)인 분석일 뿐이다. 우리는 베스트팔리아를 그 이후에 등장한 근대 세계의 관점에서 보고 있다. 근대의 관점에서 볼 때, 기독교 공화정이 수세기에 걸쳐 유럽의 신흥 국가들에게 점점 더 많은 권위를 넘겨주며 장기적으로 퇴조했기에 베스트팔리아는 중요한, 아마도 가장 중요한 사변(事變)이었을 것이다.

베스트팔리아는 단순히 문헌상의 전환점이 아니라 유럽의 근본적인 정치적 전환에 대한 상징으로 더 잘 이해될 수 있다. 초국가적인 정치 – 신정의 세계인 카톨릭 기독교 신정에서 주권국가의 시스템, 또는 사회에 기반을 둔 세속적 근대 세계로 전환한 것이다. 무엇보다도 이러한 변화는 개념과 사상의 변화, 그리고 유럽의 지도자들이 그들의 세계를 이해하는 방법에 대한 변화였다. 기독교 신정이라는 낡은 사상은 역사에서 사라졌다. 대신 독립국가들로 구성된 유럽에 대한 혁명적인 새로운 사상이 그 자리를 차지했다.

베스트팔리아 평화조약의 구체적인 관심사는 기독교 공화정의 최종적 화신이었던 거대한 정치체제, 신성로마제국(Holy Roman Empire)을 실질적으로 종식시킨 30년 전쟁을 끝내는 것이었다.[5] 30년 동안의 전쟁으로 현재의 독일, 북부 이탈리아, 체코 공화국, 벨기에, 룩셈부르크, 네덜란드, 동부 프랑스 등 매우 넓은 지역에서 대량 파괴가 일어났다. 베스트팔리아는 프로테스탄트 국가와 카톨릭 국가 상호 간의 국제적 인정(認定)과 교류에 기반을 둔, 종교개혁 이후의 유럽에 대한 상징이 되었다. 1648년 이후 옛 제국의 많은 정치적 실체들은 이전보다 더 많은 영역에서 자유롭고 자율적이며 이기적이 되었다. 이들의 통치자들은 그 자신의 영토에서 주권을 보유했다. 즉 '국왕은 자신의 영토에서 황제'였다. 이들은 서로 간에, 그리고 과거의 제국 이외의 외부 권력들과 조약을 체결해야 했다. 과거의 제국은 여전히 존속했으나 오직 그 잔영으로 독일 민족주의 사상을 함양하는 구심체가 되었는데, 19세기에 이르러 결국 과거 대부분의 국가들이 근대 독일을 형성하는 정치적 통합을 꽃피웠다.

---

5 신성로마제국은 공식적으로 나폴레옹 전쟁기에 해체됐던 1806년까지 존속했다.

교황 이노켄트(Innocent) 10세는 베스트팔리아 평화조약의 조문을 수용하지 않았다. 그는 카톨릭주의(Catholicism)와 특히 교황의 권위가 더 이상 최상위가 아니라는 사실에 충격을 받았다. 그의 회람서, 하나님의 성전(Zelus domus Dei, 1650)에서 그는 이 합의를 '언제까지나 무가치, 무효, 무근거, 부당, 불공평, 가증함, 배덕, 어리석음, 무의미'하다고 비방했다. 하지만 그의 무절제한 비난은 쉽게 무시되었다. 이때까지 교황은 종이호랑이였다. 이 같은 사실은 로마의 프랑스 대사와 교황 경호원 사이에 있었던 실랑이로 촉발된, 프랑스의 국왕 루이 14세와 교황 알렉산더 7세 사이의 1662년 분쟁에서 명확하게 밝혀졌다. 이때 루이 국왕은 외교관계를 단절하며 이탈리아를 공격하겠다고 위협했다. 이 분쟁은 1664년에 해결됐는데, 그때 교황은 파리로 특사를 보내 치욕적인 항복문서로 유감을 표시하고 절망적인 항복을 기록한 기념물을 로마에 설치했다(Pastor, 1901: XXXI, p.91).

위트레흐트 평화조약까지 유럽의 통치자와 정부들은 서로를 자주적으로 결정하는 각 주권국의 정치적 대리인으로 이해했다(Osiander, 1994: p.120). 베스트팔리아와 위트레흐트 조약은 여전히 기독교정을 언급하고 있으나 마지막에 포함시키고 있었다. 그 양 조약 사이의 기간에서 역사적으로 존재한 것은 세속적인 유럽시스템 또는 국가들의 사회였는데, 그들을 덮고 있던 종교-정치적 권위는 실질적으로 더 이상 존재하지 않았다. 기독교 공화정이라는 헌정의 덮개는 붕괴되어 그 조각들이 유럽 전체에 흩어져 있었다. 주권국가들의 무질서한 세계가 그 자리를 대신했다. 유럽은 외교를 통해, 또 주권국가들에 대한 법이라 할 수 있는 국제법에 의해, 상호 간의 정치적 업무들을 수행하는 공존하는 국가들로 구성됐다. 외교가 실패할 때 국가는 그들 분쟁을 해소하기 위해 전쟁의 선포 권리를 자주적이고도 배타적으로 보유했다. 교황은 더 이상 전쟁을 승인할 수 없었다. 위트레흐트 조약에서는 이러한 세속의 정치적·법률적 사상이 기독교정이라는 정치적 신정의 마지막 흔적을 대체했다.

정치 철학자와 법학자들은 이들 조약에서 주권국가에 대한 유럽의 사상을 파악했다. 스위스의 외교관이자 법 이론가, 바텔(Emerich de Vattel)은 1758년에 그 개념을 정리했는데, 다른 많은 관찰자와 논평자들이 여기에 동의했다.

> 유럽은 그 지역에 자리 잡고 있는 국가들이 상호관계와 다양한 이익에 의해 단일의 체계로 연결되는, 그러한 정치적 시스템을 형성했다. (중략) 많은 사안들에 대한 주권(체)의 끊임없는 관심, 외교관들의 관행, 끊임없이 이루어지는 협상 등이 근대의 유럽을 일종의 공화정으로 만들었다. 이는 그 회원들이 ─각자 독립적이지만 모두가 공동의 이익을 위해 결속한─ 질서의 유지와 자유의 보전을 위해 통합된 것이다. 이는 권력의 균형이라는 그 유명한 원리를 낳았는데, 어떠한 국가도 다른 국가에 대해 절대적인 지배를 행사하고 압도하는 위치에 있지 않도록 제반 문제에 대한 절차를 마련했다. (중략) 개별 독립국가는 다른 모든 국가로부터 독립을 주장할 수 있고 또 실제 그러했다(Hinsley 1967: 166~167에서 인용).

통치자, 외교관 그리고 전문가들은 이제 '유럽'을 국가시스템이라는 '공공재'가 확립되어 있는 지역으로 간주했다. '유럽의 자유'라는 표현이 이러한 보편적 개념을 포착하여 사용됐다. 유럽의 '공공재'는 국가와 국가시스템의 '안정(安靜, Repose)'으로 규정됐다. '안정'은 유럽 주권국가들 사이의 평화와 조화에 대한 조건을 나타내는데, 기독교의 범세계적 평화를 대체하는 세속적인 정치적 평화를 의미한다. 이러한 정치적 전환은 베스트팔리아가 상징하는 것이다.

유럽의 평화와 조화는 이제 '권력의 균형'에 기초하는 것으로 이해됐다. 이는 기계적인 힘이 자동적으로 이뤄내는 상태와 유사하지는 않다. 오히려 반대로, 이는 정치적 이익과 대외정책의 목표였다. 권력의 균형을 달성하고 유지하는 것은 유럽에서 외교와 치국의 최상위 목표였다. 유럽에서 18세기까지 권력의 균형은 주권국들 사이에서 평화를 보장하는 유일한 기반으로 이해될 수 있었다. 프랑스 국왕 루이(Louis) 14세(17세기 후반)와 나폴레옹(18세기 말과 19세기 초) 당시에는 오만하고도 확장적인 프랑스 때문에 '유럽의 자유'는 위협을 받았다. 1699년 루이는 그의 왕국이 힘을 쌓아가는 데 대해 경쟁 국가들이 우려하는 것을 파악하고 다음과 같은 아주 중요한 말을 남겼다. "나의 권력이 오스트리아 왕족보다 더 증가하는 것에 대해 유럽이 얼마나 놀랄지 나는 알고 있다. 그런데 안정의 기반이 되는 그 균형이 더 이상 나타나지 않을 것이다(Osiander, 1994: p.123에서 재인용)."

18세기까지 국가 주권체 제도는 대내적인 정치와 국제적인 정치 모두에서 폭넓게 인정되는 유일한 기초가 되었다. 이러한 혁명적인 정치적 사상은 다음과 같이 요약될 수 있다.

- 유럽은 주권국가들로 구성됐다. 각각의 주권국가는 헌정상으로 국가들 사이에 정리한 어떤 조약이나 국제기구보다 우선했다.
- 유럽의 주권들은 유럽의 다른 주권들에 의해 승인됨으로써 회원 자격을 보유했는데, 이는 유럽이라는 배타적 국제사회의 클럽 회원권을 의미했다.
- 모든 주권국가들은 법적 권리와 정당한 이익을 보유하는 것으로 간주됐다.
- 법적 권리는 주권국가의 의지와 동의에 기초하여 국가들에 대한 실증법(국제법)으로 표현됐다. 국제법은 국가의 상위 법률은 아니었다. 이는 국가들의 상호관계 과정 속에서 그들이 구축한 국가들의 법적 절차였다.
- 정당한 이익(Legitimate Interests)은 외교의 과정에서 인정됐고, 외교관은 가장 우선적이고 가장 중요한 국가의 대표자와 대리인이었다. 또한 외교관은 유럽의 국제사회를 지탱하는 핵심 요원들로서 일반적으로 인정되는 외교 관행을 존중하며 행동했다. 그렇지만 외교는 주로 주권국들의 관계를 가능하게 하고 또 원만하게 할 목적으로 존재했다.
- 주권국들은 국가마다 천차만별인 그들 자신의 권력수단을 ─ 군사적이건 경제적이건 ─ 통제했지만, 그들은 그 권력을 책임지고 행사할 것으로 기대됐다. 이는 그들이 국제법과 외교의 관행에 따라 행사해야 한다는 것을 의미한다.
- 매우 중요한 국가들인 강대국들은 권력의 균형을 유지하며 훼손하지 않도록 그들의 강력한 군사적 힘, 경제적 영향력, 정치적 위엄을

사용할 것으로 기대됐다. 그들은 유럽의 평화와 조화를 보증했다. 만약 어떤 강대국이 권력의 균형을 위협하거나 훼손하는 방식으로 행동한다면, 그 권력을 감축시키려는 여타 강대국들의 군사력에 직면하게 될 것이다.

설명의 편의를 위해 단순화했지만, 이들은 중세 기독교 제국의 파편들로부터 등장한 국가 주권체 사상의 기본 요소들이다. 이들은 지난 3세기 동안에 크게 변화하지 않았다. 그러나 이 기간에 걸쳐 새로운 주권체들이 등장하고 과거 주권체들이 사라지며 이들의 위치, 활용, 정당성, 그리고 다양성은 변화했다.

제1장에서 지적한 것처럼 주권체란 국가가 규칙을 따르기만 하면 크건 작건 그것이 어떤 형태가 되건 관계없이 사용될 수 있는 비교적 단순한 개념이다. 주권체는 왕과 왕족들(Dynastic Sovereignty: 왕족 주권체), 제국적 권력과 이들의 식민 대리자(Imperial Sovereignty: 제국 주권체), 국민의회와 회합(Parliamentary Sovereignty: 의회 주권체), 영토 내의 전체 시민집단(Popular Sovereignty: 대중 주권체)에 귀속됐다. 동일한 국가의 주권이 서로 다른 장소에서 서로 다른 방법으로 존재할 수도 있다. 20세기 초반, 영국의 하원은 영국 내의 의회 주권과 함께 전 세계 수많은 영국 식민지들의 제국 주권을 동시에 보유한 중앙기구였다. 주권체는 제국을 건설하고 식민지를 보유하는 데 활용되기도 했다. 또 이는 제국주의를 비난하고, 식민지 해체를 요구하며, 또 식민지를 대신해 새로운 국가를 건설하는 데 사용되기도 했다. 주권체의 정당성은 종교적 또는 세속적, 군주적 또는 공화적, 귀족적 또는 민주적으로 확립되기도 했다.

소규모의 주권국가들은 대규모의 주권국가(이탈리아, 독일)로 흡수되거나 통합되기도 했다. 대규모 주권국가들(서구 제국들)은 소규모로 분할되거나, 또는 대규모 국가(영국제국)의 권역 덩어리(미국 식민지들)가 분리해 독립된 국가를 형성하기도 했다. 주권체는 이들 이외에도 또 다른 과정들을 만들어내기도 했다.

국왕의 신성권

정부가 장기간에 걸쳐 안정적이고 효과적이기 위해서는 정당성과 합법성을 요구한다. 권력만으로는 충분하지 않다. 종교적인 신념이 지속적으로 흔들리던 세계가 이 문제에 직면하자, 국왕의 신성권이라는 원칙과 함께 유럽의 새로운 주권들이 등장했다. 이 원칙은 교황 또는 성직자의 확인이 없더라도 신의 관점에서 군주제 정부는 정당하고 합법적이라고 주장했다. 이는 렉스(Rex: 왕)와 레그나(Regna: 왕국)를 기독교 공화정으로부터 분리하는 것을 주장했다. 그러나 이는 통치자와 신의 결합으로, 국왕을 통한 신의 지배였다. 이러한 생각에서 볼 때, 국왕들은 지상에서 신의 직접적인 대리인이었고 그 역할 수행을 교회에 요청할 필요가 없었다. 신이 이들을 그렇게 만들었기 때문에 이들은 지상에서 주권을 보유했다. 국왕 헨리 8세는 신의 계획을 실행하고 신의 의지를 집행하기 때문에 주권이었다. 그러므로 헨리 국왕은 −교황 또는 여타 종교적 지도자의 명령과 무관하게− 절대적인 복종의 대상이 되는데, 만약 복종하지 않는다면 신에게 불복하는 것이었다. 따라서 이 원칙은 '종교적인 동기에 의한 복종' 중 하나였다(Figgis, 1965: p.51).

이 원칙은 독립심을 가진 중세 후기의 통치자들에게 강력하고도 유용한 것으로 입증됐다. 이는 그들 대부분의 신민들이 수긍하고 의미 있게 받아들였으며, 또 동시에 왕권의 정당성을 위해 매우 편리했기 때문이다. 이는 종교적인 믿음과 정치적인 편익의 편리하고도 적절한 결합이었다. 여기서 신학은 매우 효과적인 방법으로 정치에 기여했다. 당시의 국민들이 이 원칙을 이해하고 또 국가라는 새로운 선박에 승선했기에, 이 원칙은 주권체의 형성을 위해 채택됐다. 이 원칙이 효과적이었던 이유는 여전히 대다수가 자신들을 신의 창조물로 여겼고, 여전히 가정생활뿐만 아니라 정치적인 생활 그리고 개인적이고 사회적인 존재의 모든 측면들을 기독교적 시각으로 이해했기 때문이다. 만약 신의 처벌을 신뢰할 수 있고 확신할 수 있도록 권위를 갖고 주장한다면, 사람들은 그 정치적 권위에 복종하는 성향을 가질 것이다. 이 원칙은 이를 의도했으며 또 이 목적을 대체적으로 달성할 수 있었다. 영국의 국왕 제임스 1세(1603~1625)는 이 점을 1609년 의회 연설에서 기념비적으로 표현했다. "국왕은 지상에서 신 다음의 지위로 신의 자리에 있을 뿐만 아니라, 심지어 신에 의해 신으로 불린다. (중략) 이들은 생과 사의 여탈권을 가지고, 모든 신민과 소송들에 대해 판결하고, 신을 제외한 그 누구에게도 해명할 책임이 없다(James I, 1609)."

중세 후기의 국왕들은 중세의 교황을 모방했다. 기독교정의 신성한 통치권에 대한 교황의 주장은 국왕 신성권 원칙의 모든 핵심적인 요소들과 닮아 있었다. 이들은 교황 군주제의 형태를 띠는 주권국가라는 사상, 국가의 통일성은 한 개 권위의 절대적 최상위성에 의해서만 보전된다는 사상, 주권체는 신에 의해 단일의 인격에 부여되기에 복종해야만 한다는 주장, 그리고 주권에 대한 불복종과 그의 명령에 대한 저항은 치명적 범죄라는 주장 등을 말한다. 국왕과 교황의 결정적인 차이는, 이제 유럽에서 신성한 왕권이 더 이상 한 개가 아니고 많이 존재하며, 어쩌면 서로 전쟁을 선포할 때에도 이들 모두는 신의 부관(副官)들이라는 것이다.

프로테스탄트의 종교혁명으로 국왕들은 국가 주권체에 대해 이러한 이론과 실재를 인식할 수 있었고 또 그 기회를 활용했다. 만약 그들이 독립적인 통치를 위해 사람들이 이해할 수 있고 수긍할 수 있는 정당성과 합법성을 주장하고 싶다면, 통치자가 어떤 세속적인 근거만으로, 예컨대 관세권, 조약권, 상속권, 왕족 결혼권 등만으로 자신들의 권위를 주장하는 것은 충분하지 않았다. 이 모든 권리들은 중요했으나 여전히 종교적인 시대에 이들을 통해 새로운 군주권을 보장받기에는 충분하지 않았다. 신성권 원칙으로 국왕들은 가장 최고의 권위인 기독교 신이 인정한 권리에 의해 통치한다고 주장할 수 있었다. 하나 이상의 기독교 신이 존재할 수 없는 것처럼 하나의 정치적 통일체에 두 명의 신성한 통치자가 존재할 수 없었다. 이러한 통치자는 오직 하나만 존재할 수 있었고, 헨리 8세와 같은 국왕은 그 자신의 영역에서 유일한 신적인 통치자로 확정되었다. 국왕은 인간에 대한 신의 계획을 실현하기 때문에 복종되어야 한다. 교황은 신의 법칙을 방해하는 침입자이기 때문에 그에게는 불복종해야 한다.

그런데 국왕과 왕족의 권위에 대한 주장과 요구가 더 이상 종교적으로 수용되지 않을 때 이들의 정당성과 법적 권리를 보장하는, 세속적 정부의 주권적 권위에 대한 또 다른 근거를 찾아야 할 필요가 있었다. 여기서 '그 국민(The people)'은 국가 주권체의 기반으로 등장하기 시작했다. 국왕에게 저항하는, 적어도 국왕의 권위와 권력을 억제하는 데 필요한 확고한 도덕적 기반은 주권체가 국민으로부터의 신탁(信託)이라는 주장이었다. 초기의 사례로는 16세기 스페인 지배에 저항한 더치의 반란이었다. 네덜란드의 전국회의(Estates‐general)는 "국민을 압제와 폭력으로부터 보호하기 위해 군주는 신에 의해 국민의 통치자로 헌정된다."라고 선언했다. 만약 군주가 이들을 학대한다면 "그는 더 이상 군주가 아니고 폭군이며, 국민은 그의 권위를 인정하지 않을 뿐만 아니라 자신들의 안보를 위해 다른 군주를 선택하는 법적 절차를 진행할 수 있다(Wight, 1977: p.155)."

대중 주권체에 대한 동일한 주장이 영국의 시민전쟁(Civil War, 1642~1649)에서도 명확하게 나타났다. 1648년 후반 국왕 찰스(Charles) 1세는 의회주의자이자 반(反)왕당파인 올리브 크롬웰(Oliver Cromwell)의 군대에 체포되어 재판에 회부됐다. 1649년 1월의 공판은 정당하고 합법적인 국가 권위를 분명하게 표출한 논쟁의 장이었다. 국왕 제임스(James) 1세의 아들, 찰스가 한편에 서서 국왕의 신성권을 내세우며 자신을 변호했다. 다른 한편에서는 의회주의자인 적들이 서 있었는데, 이들은 국민의 승인을 이유로 그를 기소했다.

국왕의 주장을 간단히 설명하면 다음과 같다. 크롬웰과 그의 정치적·군사적 지지자들은 정부의 의지와 권위는 자신들이 대리하고 있는 국민에 근거한다고 주장했다. 그러나 찰스 국왕에게는 이것이 신과 국왕의 합법적 권위에 대한 기독교의 모든 교리와 신을 부정하는 오만하고 경멸스러운 주장이었다. 이 주장은 충격적이고 사실은 불경스러웠다. 이는 국왕에 대한 신민의 책임, 즉 합법적 왕권에 대한 절대적 복종을 요구하는 신의 가르침을 비웃었기 때문이다. 찰스 국왕은 자신을 체포하고 기소한 자들에게 합법적 국왕에 대한 신민들의 재판을 인정하는 영국의 법률이 존재하지 않는다고 강조했다. 찰스 국왕은 영국의 합법적인 왕이었던 것이다. 국왕만이 신성하고 신이 부여한 주권의 권위를 보유할 수 있었다. 진정한 주권체는 신에 의해 국왕에 귀속되어 있었다. "나는 당신의 왕 (중략) 당신의 합법적 왕으로 (중략) 나는 신에 의해 내게 부여된 신탁을 갖고 있음을 명심하라(Wedgwood, 1964: p.131)."

모든 법률과 정의는 신성(神聖)한 주권에서 비롯된다는 찰스 국왕의 논리는 프로테스탄트 기독교인들이 형성한 정치·사회적 세계에서 받아들여지기 어려웠다. 찰스 국왕을 체포해 재판에 회부한 의회와 의회파 군대는 국민 주권체를 주장하고 또 자신들이 국민의 대표자이고 대변자라는 주장을 함으로써 국왕의 논리를 극복하고자 기소를 했던 것이다. 국왕 찰스는 국민을 보호하고 유지해야 할 의무자인데, "법률의 부모 또는 저술자는 영국의 국민이다."라는 보다 근본적인 법률이 존재했던 것이다(Wedgwood, 1964: p.122). 찰스 국왕은 '이 민족의 오래되고 근본적인 법률과 자유'를 와해시켰다. 그는 '영국 민족을 노예로 만드는' 음모를 꾀했고, 또 그의 신민들에게 전쟁을 선포하는 '대역죄'를 범했다. 그는 '자신의 의지에 따라 지배하고 국민의 권리와 자유를 빼앗는, 무제한적이고 폭압적인 권력을 자신에게 부여하고 유지하는' 모의를 했다(Wedgwood, 1964: p.130).

국왕과 국민 사이에 체결된 계약과 합의가 있었고, 당신은 선서했습니다. 전하, 이 유대(紐帶)는 분명 상호적입니다. 당신은 군왕이기에 국민은 전하의 신민입니다. (중략) 지금 우리가 인지하는 것, 연결의 한 면, 유대의 한 면은 주권이기 때문에 부담해야 하는 보호의 의무입니다. 다른 면은 신민이기 때문에 부담해야 하는 복종의 유대입니다. 전하, 만약 이 유대가 파기되면 주권체도 사라집니다(Wedgwood, 1964: p.161)!

국왕 찰스 1세는 유죄로 인정되어 교수대에서 공개적으로 참수됐다. 이는 대중 주권체 원리, 그리고 통치자와 피통치자 사이의 사회적 계약에 대한 초기의 유혈적 사태였다. 이 원리는 철학자의 고요한 학문에서는 나타나지 않았다. 홉스(Hobbes), 로크(Locke), 루소(Rousseau)는 이 주제에 대한 그 유명한 저술들을 이제 발간하기 시작했다.[6] 대중 주권체의 원리는 오히려 잔혹한 시민전쟁의 기간에 강압적인 정치 환경의 격동 속에서 나타났다. 국왕 찰스의 왕당파 군대에 대한 올리브 크롬웰의 군사적 승리를 정당화하고, 군주의 폐지를 정당화하며, 영국 국민의 주권적 통치자로서 크롬웰의 옹립을 승인하기 위해, 국가 권위를 합법화하는 긴급한 문제를 해결하고자 했다. 세월이 흐른 후 회고해볼 때, 이는 앞으로의 일에 대한 신호탄이었다.

로버트 필머 경(Sir Robert Filmer)은 아주 뒤늦게 스튜어트(Stuart) 왕족의 신성하고 절대적인 권리를 확립하기 위한 역사적·철학적 정당성을

---

6 이 주제에 대한 토마스 홉스의 그 유명한 책, 『리바이어든(Leviathan)』은 1651년에 발간됐다.

제공한 것으로 유명하다. 그의 책 『가부장론(Patriarcha)』에서 영국의 군주들은 신성한 권리를 가진다고 주장했는데, 영국의 군주들은 아담과 구약성경의 유대 왕들에게로 거슬러 올라가는 직접적인 계보에 있기 때문이다. 이러한 주장은 존 로크의 유명한 시민정부 논문으로 연결되는데, 여기서는 주권체가 오직 사회계약에 근거하는 것으로 설명되었다. 그리고 사회계약에 의하면, 폭정에 대해 정당하고 합법적으로 반역할 수 있는 피통치자들로부터 정부가 등장한다(Locke, 1965). 그러나 이 새로운 원리는 유럽에서 훨씬 이후의 시기까지 기존의 원리를 대체하지 못했다. 역사적으로 볼 때 국왕의 신성권과 국민 주권체 사이의 시간 간격을 메웠던 것은 법규에 기초한 왕족 주권체였다. 이는 19세기까지 대부분의 유럽에서, 지역에 따라서는 심지어 제1차 세계대전 종전에 이르기까지 존재했다.

왕족 주권체

사람들 대부분이 자신들에게 명령하는 신의 힘과 권리 그리고 신에 복종하는 의무를 암묵적으로 믿는 그러한 사회에서만, 국왕의 신성권 원칙이 유용하다. 만약 이러한 믿음이 심각하게 훼손된다면 이 원칙에서 비롯되는 정치적 효율성은 모두 상실될 것이다. 이런 일은 17세기와 18세기에 나타났다. 이 당시 일부 유럽인들, 특히 네덜란드, 영국, 프랑스에서는 종교를 국가의 권위보다는 개인 양심의 문제로 인식하고 국가 주권체의 당위성에 대해 다른 근거를 주장하고 받아들이기 시작했다.

　제1장에서 주권체라는 용어는 무엇보다도 '주권의 지배하에 있는, 또는 독립국가로서 존재하는 영토'를 나타낸다고 지적했다. 이러한 인식에서는 통치자와 국가 사이에 중요한 구분이 있다. 브리얼리(Brierly, 1936: p.36)가 지적한 것처럼, "최초의 이론에서 주권 보유자는 국가가 아니고 국가 내에서 다른 사람들에게 '주권'을 행사하는 사람 또는 사람들이었다." 주권은 통치자, 일반적으로는 군주와 그의 왕족에 있었다. 이는 '상위자'를 의미하는 라틴어 슈퍼라너스(Superanus)로부터 이 단어가 파생됐다는 사실과 부합한다. 상위체(Superiority)의 의미는 이후 국가 내의 최상위(Supreme) 권위체가 되었는데, 이는 이미 설명한 바와 같이 '주권체'의 두 가지 속성 중 하나이다. 한때는 국가 자체가 정부의 한 가지 형태로서 군주제에 대한 대안으로 이해됐는데, 네덜란드에서는 '전국회의' 형태의, 스위스에서는 연방 형태의, 베니스에서는 공화정 형태의 존재를 시사했다. 이들의 국가 정체는 군주제가 아닌 '주권' 국가였다. 군주제가 아닌 국가가 마침내 표준적인 개념이 되었다.

　그런데 유럽의 정치에서 왕족 주권체는 오랜 기간에 걸쳐 지속되었다. 왕과 왕족 그리고 그 후손들이 최상위 권위 자체를 신 또는 그 이외의 어떤 것에도 의지하지 않고 일단 유효하게 주장할 수 있다면, 주권체는 왕족의 배타적이고도 관례적인 통치권을 인정하는 순수한 세속적 권위의 형태로 등장할 것이다. 여기서 '세속적'이란 종교적인 승인, 또는 신학적 간섭으로부터 자유롭다는 것을 의미한다. 왕족 주권체가 인정되던 시기에, 통치자와 그 왕족은 통치라는 칭호로 인해 왕국 내에서 다른 여타 가문 위로 떠받들어지는 '별개의 계급(A Caste Apart)'

이 되었다(Pollard, 1948: p.70). 유럽의 국가시스템에서 이 계급은 여타의 지배 왕족들과만 동등하게 간주됐다. 자신들의 권위에 대해 종교적이건 민주적이건 다른 어떤 근거도 없이 군주들이 세습, 계승, 결혼 등으로 정당하고도 합법적인 통치를 주장했던 것은 곧 왕족 주권체의 등장을 의미한다.

이러한 주장은 전통적으로 '불문권(Prescription)'으로 간주됐다(Wight, 1977: p.157). '불문권'은 오랜 기간의 사용 또는 향유에 기초해 나타나는 어떤 것에 대한 청구, 명의(Title), 권리로 이해되어야 한다. 또한 이는 '위법(違法)으로부터 법적 권리(Ex injuria jus oritur: 폭력적이고 불법적인 어떤 행동은 시간의 경과와 일정한 수용에 의해 권리를 낳을 수 있다)'라는 개념을 추가로 포함한다. 전쟁과 정복으로 획득하고 일정 기간 성공적으로 점유한 영토는 권리로 간주될 수 있다. 따라서 불문권은 보유와 전유권(專有權, Proprietary), 사실은 소유권에 대한 또 다른 용어가 되었다. 즉 영토 보유에 대한 합법적인 명의, 영토 보유 업무에 대한 통제권, 또 이들을 위해 국왕과 여왕의 신민인 -즉 주권 통치자의 신민- 사람들에게 명령을 내리는 권리를 말한다.

근대 초기의 시기에 주권체는 세습 왕조의 제도에 따라 통치자와 그 왕족들에게 부여됐다. 여왕 엘리자베스(Elizabeth) 1세는 영국의 주권(1558~1603)이었는데, 당시 영국을 지배하던 튜더(Tudor) 왕족의 분명한 지도자가 됨으로써 왕위 계승자가 됐다. 그녀가 미혼으로 어떠한 합법적 계승자도 없이 사망했을 때, 영국 주권의 명의는 스코틀랜드의 스튜어트 왕족으로 이관됐다. 그러나 16세기와 17세기에도 주권체가 완벽하게 개인적이었다거나 또는 배타적으로 왕족적이었던 것은 결코 아니었다. 영국의 국왕과 여왕은 당해 왕국 또는 영토, 즉 국가에서 주권을 보유했다. 만약 영토가 없다면 완전히 정치적인 의미의 이 단어에서 주권이 존재할 수 없었다. 통치자는 유한한 생명을 갖지만, 왕족은 수 세대 또는 수 세기에 걸쳐 가능한 오랫동안 존속했다. 말하자면 그 영토는 영원했다. 주권체에 대한 최초의 표현 그리고 가장 중요한 정치적 사상 중 하나는 렉스(왕)와 레그넘(왕국)을 구분한 것인데, 국왕은 그의 개인적인 신체와 정치적인 신체 두 가지를 가지고 있다 (Kantorowicz, 1957). 국왕은 유한한 생명으로 죽을 것이지만, 국가는 지속된다. 주권체란 근본적으로 정치적 신체에 관심을 가질 뿐 국왕 또는 여왕의 신체에 관심을 갖지 않는다.

왕족 주권체에 귀속되는 전유권은 루드비히 폰 미제스(Ludwig von Mises, 1983: p.31)에 의해 압축적으로 표현됐다. "군주 국가의 정치적 신념은 통치자의 이익이다." 마찬가지로 우리는 국가 이익의 보호가 통치자의 책임이라고 말할 수 있다. 이 순진하고도 단순한 주장이 19세기까지 유럽의 정치를 지배했고 지역에 따라서는 20세기 초까지 남아 있었던 전제주의와 절대주의의 이념을 압축적으로 표현했다. 사람들은 국가의 자원이자 도구이며, 국가 권력의 기반이고, 또 '어떠한 정치적 의미도 갖지 않는 신민들의 무리'였다(Ritter, 1976: p.47). 정복 또는 왕족의 결혼으로 영토를 획득하면 그 인구도 동시에 취득했다. 따라서 유럽의 왕족국가들에서는 종종 통치자와 피통치자가 완전히 서로 다른 인종적·언어적 집단이 되기도 했다. 통치자와 그 대표자, 대리인들은 일반적으로 프랑스어를 사용하지만 이들의 신민들은 지방의 방언으로 러시아어, 폴란드어, 플라망어, 헝가리어, 슬로바키아어, 슬로베니아어 등을 사용했다.

왕족 주권체 시대의 일반적 특징으로는 귀족 지주, 자치 도시, 자율 대학, 자주 길드(Guilds) 등 유럽 봉건제도의 유산이었던 이전의 준(準)독 립적 사회와 집단이 격하되고 심지어 해체되기까지 한 것이었다. 이는 중세적 개별주의(Particularisms)에 대한 왕족통치의 승리였다. 심지어 필 요한 경우, 관할 내의 모든 신민들을 압도하며 왕족의 권위와 국왕을 확립할 수 있도록 다양한 사회집단들을 제압하고 또 기존의 권위들을 굴복시켰다. 왕족 주권의 또 다른 특징으로는 국왕의 특권, 하사, 면허, 그리고 그들의 권위를 세우고 중요한 정치·사회적 분야들을 통제하 기 위해 개인 또는 집단에 발급하는 특별한 허가들이었다(Spengler, 1964: p.45~46). 유럽 절대주의의 가장 중요한 예시 중 하나는 17세기 프랑스 였다. 국왕 루이 14세(1643~1715)의 특별 보좌역, 장 꼴베르(Jean Colbert, 1619~1683)는 통합되고 강력한(그 시대의 기준으로 볼 때) 프랑스 군주제의 주 도적인 설계자였다. 그는 교회를 포함해 자주적 집단과 사회들이 국왕 에게 영원히 복종하도록 만드는 데 성공했다(Clark, 1960: p.69~70).

게하르트 리터(Gerhard Ritter, 1976: p.6)는 다음과 같이 논평했다. "국가 는 본질적으로 왕족의 피조물로서, 정책의 영역에서 신민들의 희망, 소 망, 두려움이 경청되는 경우는 매우 드물고 또 상당한 거리를 통해서 만 나타난다." 이것이 왕족주의(Dynasticism)의 특징이었는데, 이는 거의 3세기 동안 유럽의 국가운영을 지배했고 "(제1차 세계대전) 대혼란기까지 세 개의 유럽제국 궁정(비엔나, 베를린, 성 피터스부르크)에서 여전히 존재했 다(Von Mises, 1983: p.31)." 이들로부터 왕족 주권체와 황제 주권체를 분리 하기란 불가능한 것은 아니지만 어려웠다. 왕족의 국가운영 목표는 자신의 제국이 확장하지는 않을지라도 적어도 생존할 수 있게 하는 것이었다. 그것은 현재의 왕위 계승자가 상속받았을 때 그랬던 것처럼 확대되지는 않더라도 최소한 사라지지 않도록 그 상속자에게 양위하는 것이었다.

왕족주의는 유럽 왕족들에 기초하는 국제적인 시스템으로, 이들의 연대는 원칙과 선례뿐만 아니라 근친결혼에 의해서도 확립되고 강화됐다. 왕족들은 결합하여 유럽의 지배계급을 형성했는데, 그 지도자들은 '국제정치에서 왕족의 관행'에 따라 운영했고 '왕족 결혼에 의해 동맹이 굳어졌고' 또 '동맹의 파기는 파혼으로 낙인찍혔다'(Wight, 1977: p.154). 가장 전형적인, 그리고 아마도 가장 성공적인 유럽의 왕족은 합스부르크(Habsburgs)였다. 이들의 광활한 영토(16세기에 이미 대서양을 건너 중남미에 이르기까지)는 궁극적으로 그곳에 거주하는 인민들의 재산이 아니라 그 지배 왕족이 신탁했던 국가의 것이었다. 따라서 그들의 구호가 "오스트리아는 범세계적 제국이다(Austriae est imperatura orbi universo)."라는 것이 아마도 놀랄 일은 아닐 것이다.

'불문권'에 기초한 왕족 주권체는 아마도 나폴레옹의 군사적 패배로 야기된 프랑스 계승문제를 논의한 비엔나 회의(Congress of Vienna, 1814~1815)에서 최종적으로 확정됐다. 프랑스의 대표자, 탤리랜드(Talleyrand)는 그의 회고록에서 이 개념을 설명했다. "합법적인 정부는 항상 그 존재, 형태, 행동양식이 연속적으로 오랜 기간에 걸쳐 굳어지고 숭상되는 것이다. (중략) 개인들의 재산권과 마찬가지로 주권 권력의 정당성은 고대의 보유상태로부터 귀결된다(Osiander, 1994: p.214)." 탤리랜드에 의하면, 주권체에 대해 '불문권'을 명확하게 인정한 이유는 프랑스의 대내적 안정성과 유럽의 국제적 안정성이라는 정치적 안정을 보장하고, 또 국가를 지배하기 위한 혁명적 투쟁이 외세개입과 전쟁을 초래할지 모르기 때문에 이를 회피하고자 하는 것이었다. '불문권'은 평화를 가져올 수 있기 때문에 모든 사람들의 관심사였다. 강대국들 사이에서 왕족 주권체라는 제도는 대내적이건 국제적이건 유럽의 질서에 대한 최선의 보장으로 생각됐다.

통치자, 왕족, 제국(동일한 것으로 생각될 수 있는)의 관심은 국가운영 (Statecraft)이라는 압도적인 목표였는데, 그것은 국가의 이점과 서비스를 제고하기 위해 필요한 수칙들을 포함한다. 사제를 포함해 모든 사람과 모든 것들은 국가에 복종해야 한다. 17세기 중반 영국의 지도적 법학자, 존 셀든(John Seldon)은 이 점을 압축하여 '모든 것은 국가가 원하는 바에 따라'로 표현했다. 그는 군주와 왕족이 아닌 오직 국가에 대해 말했다. 제2장에서 설명한 바와 같이, 이 주권체 원리(에라스티아니즘, Erastianism)는 국가가 교회의 상위에 있고(Wood, 1967) 심지어 종교는 '국가의 피조물'이라고 주장했다(Figgis, 1965: p.57).

프러시아의 국왕(황제) 프레드릭(Frederick) 2세가 재임 말기에 기록한 정치 논평서에서 지적한 것처럼, 왕족 주권체의 원리는 18세기에 국가 유일의 주권체 원리에 흡수되기 시작했다. 국왕의 권위는 국가로부터 파생됐고 또 국가의 권리와 존엄을 반영하는데, 이는 왕족과 동일하지 않았다. 프레드릭의 국가에서는, 그의 다양한 관심사에 사사로운 이익이 개입되지 않는 것처럼 왕족과 개인에 대한 고려는 반영되지 않는다. 일반적인 국민들도 반영되지 않는다. 국가는 그 자체의 생애가 있고 그 자체의 목표를 가지는데, 이는 개인, 집단, 심지어 국가에 복종하는 전체 인구의 의견들보다 훨씬 더 중요하다. 프레드릭은 그 자신을 국가의 '종복(The Servant)'으로, 또 그의 정책은 국가이성에 의해 판단된 다고 묘사했다. 프레드릭은 세습 군주였다. 그러나 그가 모든 사람들의 위에 있고 또 그 자신이 국가라는 개념, 프랑스 국왕 루이 14세가 한 그 유명한 주장을 부정했다. 오히려 프레드릭은 자기 자신을 국가의 지도적인 대표자와 대리인으로 간주했다. 통치자의 가장 우선적인 의 무는 국가에 대한 것으로, 국왕은 국가의 '첫 번째 종복(First Servant)'이 었다. 또 군주와 국민들은 모두 국가의 종복이었다. 대내적 정책과 대 외적 정책은 오직 국가이성, 즉 비인격적 국가의 합리적 이익에 의해 서만 판단되어야 한다. 국왕을 포함해 모든 사람들이 복종하는, 이러한 비인격적 주권국가에 대한 개념이 주류를 형성하게 되었다.

서구의 제국들

베스트팔리아 조약 이후 서유럽은 자신들을 주권국들의 세계로 이 해하게 되었다. 물론 이들이 인구, 영토, 군사력, 경제적 부 등에서 불 평등하다고 할지라도 국제법과 외교의 관점에서는 모두 동일한 주권 국가였다. 이들은 모두 동일한 국제사회의 일원이었는데, 그 사회는 배타적인 클럽이었다. 이들 국가 중 극히 일부는 폴란드의 운명을 겪 었다. 폴란드는 여러 차례 강대국에 의해 분할됐는데, 최종적으로는 1795년 오스트리아, 프러시아, 러시아에 의해 이루어졌다. 이는 유럽 문명을 배신하는 것으로 생각한 사람들로부터 충격과 분노를 불러일으켰다. 이런 점에서 에드먼트 버커(Edmund Burke)와 액튼 경(Lord Acton)의 논평은 시사적이었다(Himmelfarb, 1962: p.136).

> 어떠한 현자나 정직한 사람도, 이러한 분할을 인정하거나 생각할 때 이로부터 비롯되는 큰 해악이 언젠가 모든 나라에 끼칠 것임을 예지하지 않을 수 없었다. (중략) 폴란드의 분할은 일반인의 감정뿐만 아니라 공법의 공개적 비판에 직면할 무자비한 폭력적 행동이었다. 근대 역사에서 처음으로 위대한 개념의 국가가 억압받았고 또 전체 민족이 그 적들 사이에 분할됐다.

다시 말해 베스트팔리아 조약은 주권국가들 간의 상호 관계에서 제국주의적 관행을 포기하는 것이었다. 마침내 유럽 헌정의 발전은 의회 주권체, 나아가 대중 주권체가 발전하는 과정을 밟게 되었다.

비(非)유럽 지역에서는 이와 다른 과거의 역사를 밟고 있었다. 유럽 국가와 여타 세계의 정치적 권위들과의 관계에 대해 설명하자면, 베스트팔리아 조약은 처음으로 유럽 문명과 기독교의 우위, 사람들의 도덕적 불균형, 개입의 권리, 정복의 권리, 그리고 궁극적으로는 식민화의 권리를 원칙으로 내세우며 반복 강조했다. 로마제국과 야만 세계를 구분했던 경계선을 승계하면서, 라틴 기독교정과 비기독교 세계를 구분한 과거의 중세적 경계는 이제 다시 규정됐다. 이제는 문명화된 유럽의 서구 세계와 아직 완전히 또는 적절하게 문명화되지 않은 여타 세계 사이의 경계선이 규정됐다. 훨씬 이후인 20세기 중반에 이르러 베스트팔리아 조약이 주권국가들의 글로벌 사회에 대한 보편적 지침이

됨으로써 주권은 동등하게 인정되고 또 적어도 중요한 예외 없이 모든 지역, 문명, 문화, 인종에 용인되었다.

유럽 국가들의 군사적·상업적 힘이 점점 강력해지면서 이들은 아메리카, 아시아, 아프리카, 중동, 태평양 지역의 토착적인 권위들을 거의 인정하지 않거나 또 존중하지 않았다. 유럽의 정부들은 비유럽의 영토를 획득하고 보유하는 데 군사적·상업적 이기(利器)들을 활용했다. 이들 국가의 진보적이고 창의적인 사람들이 발흥시켰던 과학, 기술, 산업혁명으로 인해 이기들을 활용할 수 있었던 것이다. 중요한 유럽 국가로 간주되기 위해서는 제국을 구축할 필요가 있었다. 많은 국가들, 궁극적으로 벨기에와 같은 작은 나라들조차도 비유럽 지역으로 군대와 기업들을 파견했다. 이들은 필연적으로 토착적 권위들과 접하며 종종 분쟁을 일으켰고 그들을 지배했다.

일반적으로 유럽의 제국주의는 정당화됐는데, 그 근거는 비유럽의 권위들은 국가 주권체를 보유할 자격이 없고 또 행사하는 데 적절하지 않다는 것이었다(Bain, 2003). 물론 이는 유럽중심적 판단이었지만 생각보다는 훨씬 복잡했다. 유럽 국가들이 비유럽의 권위들과 자주 접촉하면서, 이들을 어떻게 대접해야 할지 결정해야 할 본질적 문제에 직면했기 때문이다. 이 문제를 간단히 표현하면 다음과 같다. 유럽중심적인, 그러나 이제는 주권국가들의 글로벌한 시스템 내에 이 생경한 비유럽의 권위와 사람들을 편입할 수 있을 것인가? 그들은 문명, 종교, 문화, 인종, 언어 등의 상당한 차이로 인해 동등한 회원국으로 편입할 수 없었다. 따라서 이들 권위들을 우회할 수 없었고, 또 그 인구들에게 시민권을 부여하여 유럽 국가들의 중심적인 주권체로 직접 편입할 수도 없었다. 이는 어떠한 경우에도 생각할 수가 없었다. 물론 프랑스에서는 식민지의 일부 아프리카인들과 아시아인들에게 중심적인 시민권을 부여했지만……. 그런데 다른 한편으로 이들 토착적인 권위들과 인구들을 내버려 둘 수도 없었다. 유럽의 국가시스템이 팽창하며 이들과 접하고, 이들과 관계를 맺고, 또 이들에게서 이익을 얻고, 이들에게 관심을 가져야 했기 때문이다. 그러므로 의무적이지는 않았지만 어쨌건 이들을 이 시스템에 포함시키는 것이 필요했다. 만약의 문제를 대비하는 전통적인 해법으로 이런저런 형태의 제국주의적 또는 준제국주의적 연계성을 갖고 이들을 지배하는 것이었다(Wight, 1952: p.5~14). 현실정치뿐만 아니라 국제법에서도 이러한 선택이 가능하도록 광범위한 규정들을 만들었다.

유럽 국가들의 제국형성은 17세기부터 20세기 초까지의 유행이었다. 사실 이 같은 현상의 최고조는 유럽 제국주의의 영토 범위가 가장 컸던 19세기 말이었다. 유럽 제국을 자세히 설명하는 것은 본서의 목적이 아니기에, 제국주의를 국가 주권체의 진화하는 개념과 제도 중 하나로서 인식할 뿐이다. 그러나 이 시기에 건설되고 유지된 가장 중요한 유럽 제국들을 유의할 필요는 있을 것이다.

그 첫 번째는 이미 15세기 말에 시도됐던 스페인과 포르투갈의 제국들이다. 이들 제국은 이슬람 무어인(Moors)들의 그라나다(Granada, 남부 스페인)에 대한 재정복(*Reconquista*)과 -논쟁의 여지가 있지만, 중세의 마지막 기독교 십자군- 이탈리아 항해사 크리스토퍼 콜럼버스(Christopher Columbus)의 신대륙 발견과 거의 동시기에 나타났다. 이 두 가지 역사적 사건들은 동일한 연도인 1492년에 나타났다. 유럽인의 비유럽 지역으로의 정복과 식민화가 처음에는 기독교 공화정의 승인을 받았다. 콜럼버스의 충격적인 발견 1년 후, 스페인의 국왕 페르디난드(Ferdinand)와 여왕 이사벨라(Queen Isabella)는 신대륙의 주권체에 대한 스페인과 포르투갈 국왕 사이의 분쟁을 교황 알렉산더(Alexander) 6세가 기독교정 대법원으로서 중재해줄 것을 요청했다. 교황은 라이벌 권력 사이의 올바르고 합법적인 세계 분할을 준엄하게 선포하는 교서(*Inter Caetera*: 칙령, 1493)를 발급했다(*Catholic Encyclopedia Online*). 카보베르데 제도(The Cape Verde Islands)와 아조레스 제도(The Azores)의 서쪽 100레구아(Leagues, 약 300마일 또는 500킬로미터)에 그어진 대서양의 자오선(Meridian)을 기준으로 스페인은 서쪽의 모든 토지를, 포르투갈은 동쪽의 모든 토지를 할당받았다.

이 당시 유럽의 통치자들은 여전히 영토 소유에 대한 문제를 해결하기 위해 교황의 권위를 찾았다. 그러나 영토가 유럽의 주권 보유자들 이외의 사람에 의해 승인될 수 있다는 이 중세의 인식은 여러 현실적인 이유로 16세기에 사라졌다. 곧이어 네덜란드, 영국, 프랑스가 바짝 뒤쫓아 오며 국제법에 ─당시로서는 새로웠지만 여전히 미완의─ 따라 해외 영토를 보유하게 되었다. 이후에는 러시아와 여타 국가들 역시 비(非)서구에 제국을 구축하고자 경쟁에 참여했다.

18세기 초 전 세계의 정치 지도를 간단히 살펴보면(Darby and Fullard, 1979: p.8~9), 비유럽의 많은 장소에서 여러 유럽 제국의 영토별 주권체가 확립되어 있었다. 포르투갈 제국은 남아메리카의 대서양 연안과 남아프리카의 서쪽과 동쪽 해안을 따라 형성되어 있었다. 스페인 제국은 북쪽으로 멕시코에서 남쪽으로 칠레에 이르기까지 스페인 아메리카로 알려진 지역으로 연결되어 있었고, 또한 카리브해 지역과 필리핀이 영토로 추가되어 있었다. 네덜란드 제국은 이미 남아시아와 남동아시아, 그리고 남아프리카의 희망봉과 아메리카의 다른 영토들을 함께 운영하고 있었다. 영국제국은 북아메리카의 동쪽 해안, 카리브해 지역, 서아프리카의 해안지역, 남아시아, 남동아시아 등에서 잘 확립되어 있었다. 프랑스 제국은 세인트로렌스(St. Lawrence) 강 북쪽의 북아메리카 대서양 연안에서 오대호 지역으로, 미시시피 강에서 멕시코만 연안과 카리브해 지역으로, 서아프리카의 노예 해안과 인도양 제도를 포함하여 확대되고 있었다. 러시아 제국은 코카서스의 중동으로 밀고 내려가면서 시베리아를 건너 태평양까지, 또 베링해를 건너 북아메리카로 확장하여 마침내 오늘날의 북캘리포니아에 도달했다.

영국제국은 근대의 모든 제국 중에서 -사실은 고대, 중세, 근대의 모든 제국 중에서- 지역적으로 가장 넓은 제국이었다. 비유럽 지역에 대한 영국의 진출은 16세기 중반에 열렬하게 나타났다(Lloyd, 1984: p.1~29). 또 17세기 후반기에는 북아메리카에서 영국제국이 잘 구축되었는데, 대륙에서의 우위를 차지하기 위해 프랑스와 경쟁했다. 그 결과, 7년 전쟁(1756~1763)에서 프랑스를 패퇴시킴으로써 영국은 대륙의 전략적 지배권을 쟁취했다. 하지만 이 위대한 승리를 축하하자마자 그들은 대서양을 건너 식민지에서 무장한 반란에 직면했다. 그들은 독립전쟁(1776~1783)에서 신흥 사촌의 손에 의해 충격적인 군사적 패배를 경험함으로써 영국제국 주권체가 모두 13개의 식민지에서 항복했다. 그러나 그들은 여전히 축소된 영국령 북아메리카(캐나다와 뉴펀들랜드)와 카리브해 제도에 대해 주권을 행사했다. 이때 영국은 인도와 남아시아, 남동아시아 지역에서 최상위성을 장악하고자 이동했다. 19세기에 영국은 세계를 주도하는 산업권력이었다. 영국은 세계의 해로를 장악하며 가장 강력한 해군을 가졌고, 국제금융의 중심지인 런던을 통해 세계 무역을 지배했고, 또 아프리카와 중동에서 지배적인 제국을 구축(構築)했다.

최고 번성기의 영국제국은 국가집단의 최고 전형이었는데, 본국인 영국와 아일랜드, 영국 자치령(캐나다, 호주, 뉴질랜드, 남아프리카), 영국령 인도, 그리고 전 세계적으로 서로 다른 대륙과 해양에 존재하는 다수의 국왕 식민지(정착한 식민지, 정복한 식민지, 할양받은 식민지), 식민지 보호령, 보호국, 위임통치령으로 구성됐다(Wight, 1952: p.5~14). 영국의 제국적 주권체는 상황에 따라, 또 대부분은 종속지를 최초에 획득하는 방법에 따라 다양하게 구축되어 있었다. 종속지의 다양한 성격이 영국제국의 특징이지만, 제국 주권체라는 근본은 유지됐다. 종속성이 다양해 지역 지배의 정도가 서로 달랐지만, 그래도 영국은 확고하게 전반적인 지배를 행사했다. 그리고 이들 종속지 모두는 영국 정부가 그들에게 주권체를 양도하고 이전함으로써 주권을 갖게 되었다. 영국제국은 20세기 중반까지 지속됐으나, 그 이후 다른 모든 서구 제국과 마찬가지로 급격하게 붕괴됐다. 이는 대중 주권체의 주장에 기반을 둔 탈식민화의 세계적 요구를 가속화했다. 1939년에 이르러 영국제국의 다양한 영토와 사람들은 전 세계에 흩어져 있었다. 영국뿐만 아니라 캐나다, 호주, 뉴질랜드, 남아프리카, 인도, 말레이 반도, 자메이카, 그리고 여타 많은 지역의 학생들은 "영국제국은 태양이 지지 않는다."라고 배웠다. 하지만 이후 급속하게 기울어져 제국의 태양은 영원히 지고 말았다.

국제법은 점차 명확해졌는데, 그것은 부분적으로 유럽제국이 영토 소유권과 항해의 자유와 같은 중요 이슈에 대응하는 노력에서 비롯되었다. 스페인의 법학은 점차 등장하는 국제법에 기여했는데, 중요한 법학자로는 도미니크 수도회 내에서 안토니아 몬테시노(Antonia Montesinos), 프랑시스코 비토리아(Francisco de Vitoria), 바톨로메 라 카사스(Bartolomé de Las Casas) 등이 있었다. 이들은 아즈텍인과 잉카인이 거주하는 아메리카의 토지를 보유하고 피정복된 사람들을 스페인 주권체에 복속시키기 위한 스페인 콘키스타도레스(Conquistadores: 정복자)의 권리에 대해 관심을 가졌다(Pennington, 1970; Parry, 1966: p.57~60). 이들 자치령 사람들이 제기했던 −이제는 유명해진− 의문은 '이들도 역시 사람이 아닌가?'였다(Seed, 1993). 결국 전 세계 모든 곳에서 국가 주권체를 인정하는 자주적 결정의 원칙에 대한 초기의 고민이 여기서 시작됐다. 휴고 그로티우스(Hugo Grotius, 2005)는, 네덜란드의 상업과 번영에 필요했던 공해(公海)는 어떤 국가의 영토적 관할에 포함될 수 없다고 주장했다. 또 존 셀든(John Seldon)은 특정 바다에 대해 영국의 영토적 관할을 옹호하는 답변을 했다(Brierly, 1936: p.190).

제국 주권체

제국 주권체의 중심적인 초점은 국제법 학자들이 '영토 주권체(Territorial sovereignty)'라 부르는 것이다. 이 개념은 −제4장에서 자세히 살펴보겠지만− 가장 근본적인 시각에서 볼 때 국가가 영토관할 조직이라는 현실에서 비롯된다. 이들은 관할 영역 없이 존재할 수 없는데, 그 영역은 말하자면 이들이 기반을 둔 근간으로서 그 내부에서 권위를 행사하는 공간적 영역이다. 즉, '다른 국가의 관할을 배제한, 사람과 사물에 대한 관할'인 것이다(Brierly, 1936: p.119). 국제법의 영토에 대한 명의는 사법(私法)상의 소유권과 유사하다. 사실 고전적인 국제법 학자들은 로마법에서 재산의 국내 취득에 대한 규정을 차용했다(Nicholas, 1987: p.98~157). 유럽 국가들이 비유럽 지역을 취득할 때에는 사실 로마법의 원칙과 관행을 따랐다. 그 유형은 무주지(*Terra nullius*, 어떠한 주권국가의 관할 또는 여타의 국제법 내에 아직까지 포함되지 않는 영토)의 점령, 할양(Cession, 영토의 포기), 불문권(상당 기간의 영토 보유와 사용), 세습, 전쟁과 정복 등과 같다. 이는 해외의 영토 취득과 지배에 대한 규칙을 중요한 법률 용어로 열거한 영국의 해외관할법(Foreign Jurisdiction Acts, 1890, 1913)에서 명확하게 드러난다.

> 조약, 항복, 조차(租借), 여타의 법적 방법으로 여왕폐하는 외국의 여러 나라에서 관할을 가질 수 있다. (중략) 폐하가 외국의 나라에서 지금 가지거나 또는 이후 언젠가 가질 수 있는 어떠한 관할에 대해서는, 폐하가 그 관할을 할양 또는 영토 정복으로 취득한 것과 동일하고도 충분한 방법으로, 여왕폐하가 보유, 행사, 향유하는 것은 합법적이고 또 합법적이어야 한다.

'영토 주권체'에 대한 국제법과 국외 관할에 대한 국내법을 검토한 배경은 무엇인가? 그 이유는 제국 주권체라는 역사적으로 중요한 개넘이 가장 명확하고 완벽하게 설명됐기 때문이다. 근대 초기 유럽 국가들이 서로 경쟁적으로 비유럽 대륙과 해양을 침입하기 시작했을 때, 그들 상호 간에 그리고 그들이 점령했던 비유럽의 정치체제에 대하여 영토 명의에 대한 의문이 제기됐다. 이에 질서정연하게 외국의 영토를 합법적으로 취득하기 위한 제도로서 주권체가 적절하게 활용됐다.

유럽 제국주의자들은 서로 간에 경쟁하며 힘으로 영토를 보유하는 불확실성보다는 이에 대한 법적 명의를 선호했다. 따라서 그들은 호혜의 원칙에 따라 서로의 제국을 인정하고 있었으나 비유럽의 정치적 권위 대부분을 인정하지는 않았다. 그들이 유럽 이외 지역에서 토착 정부의 저항에도 불구하고 자신의 정치적 의지를 강제할 만큼 권력이 충분하지 않게 되었을 때, 즉 불확실성의 기간을 경험하면서 법적 명의를 논의했던 것이다. 이러한 변화가 일어나기 이전 유럽 제국주의의 초기 기간에 그들은 자연법의 원리에 따라 비유럽 통치자의 주권체를 인정할 의향이 있었다. 알렉산드로비치(Alexandrowicz, 1969: p.469)는 이러한 사실을 지적했다.

> 그로티우스(Grotius)는 항해의 자유에 대한 저술(1608)에서 유럽의 일부 권력들과 스스로 동맹한 동인도의 주권들에 대하여 (중략) 말했다. 상업적·정치적 성격을 갖는 이들 동맹과 조약, 그리고 이들의 결과와 집행을 처리하는 외교적 임무에 대한 연구를 통해, 19세기 이전 국가들의 집단에서 동인도 주권들의 지위가 적절히 인정될 수 있다는 사실을 지적했다. 그로티우스는 국제법에서 이들의 주권적 지위를 적절하게 명명하는 데 어떠한

주저함도 없었다.

고대와 중세의 법학에 근거하는 자연법이 이후 실증법(Positive Law)으로 −영국의 해외관할법 등− 대체되는데, 이는 비유럽 세계에서 유럽의 '영토 주권체'에 대한 권리의 기반이 되었다. 실증법은 유럽 주권국가들이 스스로 창조한 법이었다. 유럽인들과 이후 서구 국가들은 토착적인 비유럽 권위들을 한쪽으로 쓸어버릴 만큼 충분히 강력했을 때, '영토 주권체'에 대한 권리를 거의 전적으로 그들 자신에게로 제한했다. 유럽 제국주의의 이러한 방법을 통해 주권체는 전 세계적인 제도가 되었다. 중국처럼 비유럽의 권위들이 제국적 주권체에 완전히 복종하지 않는 경우에도, 서구 국가들은 토착 권위들에게 족쇄를 채우기 위해 군사적·상업적 권력과 당시의 국제법을 활용했다. 반제국적인 미국조차도 1844년 중국과의 '평화, 우호, 통상을 위한 조약(Treaty of Peace, Amity and Commerce)'에서 중국의 권위로부터 중국 내 미국 시민을 제외하는 치외법권을 요구하고 받아냈다. 여타의 서구 국가들도 중국 내에서 그들의 국민에 대해 유사한 내용의 조약을 체결했다. 이는 '비영토 제국주의(Non−territorial Imperialism)'로 적절하게 명명될 수 있는데, 이러한 사례는 1세기 동안 지속됐다(Ruskola, 2005).

비유럽의 권위들은 거의 항상 합법적으로 주권 청구권이 인정될 수 없는 것으로 간주됐기에, 이들은 유럽의 침입자들에 의해 불평등 조약과 여타의 차별적 조치에 시달렸다. 이러한 차별의 정당성은 중세로부터 들려오는 메아리에 기초했는데, 비유럽인들 그리고 종교와 문명이 어딘지 부족한 유럽인 이외의 사람들을 지배하는 것은 유럽인들의 권리이자 실질적인 책임으로 간주됐다. 비유럽 사회가 국가 주권체에 대한 권리를 확실히 갖기 위해서는, 그들이 평가에서 통과해야 하는 문명의 기준이 존재한다고 믿었다(Gong, 1984: 제 1 장). 이러한 측면에서 유럽 제국주의 주권체가 기승을 부린 것은 19세기 하반기였다. 이 같은 사실은 1880년 영국의 저명한 국제법학자의 다음과 같은 태도에서 잘 드러난다.

> 국제법은 근대 유럽의 특별한 문명의 결과물이고 그 원칙은 다른 문화권의 국가들이 이해하고 인식한다고 볼 수 없는 고도의 세련된 시스템이기 때문에, 다른 문화권의 국가들이 이 국제법에 종속되는 것은 당연하다는 사실을 지적할 필요조차 없다 (W.E. Hall, Wight, 1977: p.115).

19세기 후반기 사회 다윈주의(Social Darwinism)와 유럽인과 미국인의 인종적 우수성에 대한 여타 학설들의 영향으로, 국가 주권체에 결합되어 있는 권위, 권리, 특권 등은 선진국민과 후진국민을 구분하여 규정했다. 주권체는 오직 이를 다룰 수 있는 인민들에게만 수여될 뿐인데, 예상한 대로 이들 인민들은 백인종으로 밝혀졌다. "영국의 확장은 영국 종족의 영웅적 자질과 정부를 구성하는 그들의 천부적 재능으로만 설명될 수 있었다(Hannaford, 1996: p.286)." 우드로 윌슨(Woodrow Wilson)은 -미국의 대통령이 되기 이전에 프린스턴 대학의 정치학 교수로서- "좋은 통치는 인민의 종족적 특징을 반영하는데 우리가 주로 참조하고자 하는 것은 아리안(Aryan: 백인종)의 관행이다."라는 견해를 표출했다

(Hannaford, 1996: p.345). 주권체란 가장 기본적인 권리와 가장 무거운 책임을 수반하기 때문에, 여기에 적합한 통치자와 인민들에게 주권체를 부여하도록 보장할 필요가 있다는 것이다. 이러한 적합성은 궁극적으로 인종적 관점에서 규정됐다.

인종적 차별에 근거한 주권체 사상은 인종적 평등을 주장하는 심오하고도 지극히 정당한 반론에 당연히 직면했는데, 결국엔 평등사상이 승리했다(Mazrui, 1967). 평등사상이 최종적으로 승리하기 이전에, 주권을 갖기 부적절한 인종이라는 생각은 다른 생각으로 대체됐다. 그것은 독립적인 자치정부의 무거운 짐을 경제적·기술적으로 충분히 부담하지 못하고, 또 교육적으로 충분히 준비되지 않았다는 것이었다. 이는 식민 정책으로 표현됐고, 또 신탁통치의 개념을 내포하는 국제협약에서 구현됐다(Bain, 2003). 이는 유럽인과 미국인이 자신들의 이익을 최고로 견지하면서 아시아, 아프리카, 태평양, 인도양의 인민과 여타 비유럽 토착민들을 그들 스스로 통치할 수 있을 때까지 통치해야 한다는 사상이었다.

유럽인과 미국인들은 비서구 신민들이 정치적으로 성숙한 시기를 판단할 수 있는 유일한 사람들이었다. 이는 베를린 회의(1884~1885)의 총칙에 명확하게 나타나 있는데, 아프리카의 분할을 승인하고 '(대륙에서) 주권을 행사하는 모든 강대국들은 (중략) 토착 종족의 보존을 감시하고, 이들의 도덕적·물질적 수준의 조건을 개선하도록 돕고 (중략) 이들에게 문명의 축복을 깨닫게 하도록(제VI조)' 요구했다. '근대 세계의 험난한 조건하에서 아직 스스로 자립할 수 없는 인민들'에 대한 '보호'는 '선진 민족에 위탁되어야 한다(제22조)'고 언급한 사실은 국제연맹의 위임통치에서 명확하게 나타난다. 그리고 이는 UN의 신탁통치위원회(The United Nations Trusteeship Council)에서도 명확하게 나타나는데, 이 목적은 '신탁통치 지역의 거주자들에 대한 정치, 경제, 사회, 교육적 개선과 각 지역 및 인민들의 특수한 사정에 적합한 자치정부와 독립에 대한 점진적 발전을 촉진'하는 것이다(제76조).

'제국 주권체'의 제도에 대한 결정적인 반론은, 비록 그 의도는 자애로웠지만 그들의 자발적 동의 없이 해외의 영토와 인민들에게 강요하는 정부가 본질적으로 잘못됐다는 자유주의 사상이었다. 주권국들의 사회는 이제 종교, 문명, 문화, 인종 또는 발전을 이유로 그 회원권을 부정할 수 없는 협회로 이해될 수 있다. 이러한 설명이 전제하는 사실은 민족적 자결과 자치적 정부에 대한 권리로 통상 묘사되는 것이 주권체보다 우선하는 내재적이고 우선적인 권리라는 사실이다. 주권체의 권리를 누가 행사해야 하는가, 또는 특정 상황에서 정치적 독립을 위한 '민족'이 무엇인가를 결정해야 하는 현실적으로 곤란한 문제에도 불구하고, 이 권리는 서구제국의 영토가 되어 있던 해외지역에서 국가주권체를 실질적으로 요구하는 유일한 합법적 근거가 되었다.

유럽의 제국주의를 정당화하고 합법화하는 데 활용됐던 바로 그 법률이 유럽 제국의 식민지 신민들에 의해 개혁되고 수용됐다. 이들은 주권체가 궁극적으로 모든 지역의 인민들과 민족들의 권리라는 사실을 인식했다. 즉, 자신들을 위해 권리로서 요구할 수 있는 가치 있고 유용한 것이라는 사실이다. 유럽의 제국이 20세기 중반에 붕괴되어 식민지 관리들이 귀국했을 때, 이들의 정치적·법률적 피조물인 식민지 국가에서는 수입된 주권체의 내용이 변경되지 않은 채 지역민들에게로 주권체의 완전한 권리가 이관됐다(Jackson, 1990: p.82~108). 그들을 덮고 있었던 제국의 주권체는 독립을 획득한 지역 주권체로 대체되었는데, 그 주권체는 이전의 식민지 또는 이 식민지들의 집합 또는 그 일부에서 나타났다. 이 중요한 사건은 통상 특정 일(日)의 자정에 의전적인 절차에 따라 표현됐는데, 제국의 표상이 최종적으로 하강하고 새로이 독립한 나라의 자랑스러운 국기가 그 자리에 게양됐다.

정당성과 합법성이 인정되었던 수 세기가 흐른 후 제국 주권체는 불법이 되었다. 결의 3103(Resolution 3103) 등과 같은 UN 총회의 여러 가지 결의에서 이는 명확하게 밝혀져 있는데, 식민주의를 다름 아닌 '범죄'로 묘사하고 있다. 1세기 이전까지만 해도 서구 제국주의가 영원히 지속될 것만 같았던 그러한 글로벌한 시스템이 있었다는 사실을 이제는 기억하려는 노력이 필요하게 되었다.

지금까지의 논의를 정리할 필요가 있다. 어떤 정부가 해외의 영토와 인구에 대해 최상위적이고 배타적인 권위를 행사할 때, 이 정부는 제국적 주권을 보유한다고 말할 수 있다. 해외의 영토는 어떤 다른 토착민의 고향이다. 따라서 제국 주권체는 본국의 권력이 최상위성을 주장하며 해외 토착정부와 토착민들의 독립적 지배권을 거부함으로써 그 영토와 인구에게 종속적인 지위를 부여하는 것이다. 이와 같은 열위와 종속이라는 조건 때문에 식민지 인민들은 보편적인 요구를 주장했는데, 그 요구란 독립적인 모든 사람들은 평등하기에 자결(自決)이라는 본질적 권리에 근거하는 정치적 독립에 대한 것이었다. 이 주권체가 진화하는 과정은 여러 가지 단계를 포함하는데, 이는 다음 장에서 논의할 것이다.

대중 주권체

국민의 이름으로

주권체는 국왕과 여타의 절대적 통치자의 권리로서 역사적인 항해를 시작했다. "나는 당신의 주권체이기에, 나는 나의 신민인 당신에게 오직 내가 결정하는 대로 권위를 행사할 것이다." 이렇게 시작된 주권체는 대중 주권체로서 그 항해를 마칠 것이다. 국민이 주권을 보유할 때 모든 사람들이 주권체에 포함되는 것이고, 이 주권체는 어느 누구도 배제하지 않는다. "우리 국민은 우리 자신에 대한 주권을 보유한다. 어느 누구도 우리의 의지에 반하거나 우리의 동의 없이 국가의 권위를 행사할 권리를 갖고 있지 않다."

본 저서에서는 '대중 주권체'라는 용어를 최종 결정의 권위가 독립국의 정치적 의지 또는 국민의 동의에 있다는 뜻으로 사용할 것이다. 토마스 페인(Thomas Paine)은 「인간의 권리(*Rights of Man*)」라는 정치 소논문에서 이러한 생각을 표현했다. "국가는 실질적으로 모든 주권체의 원천이다. 어떠한 개인이나 인간적 실체도 이로부터 명시적으로 파생되지 않는 한 어떠한 권위에도 구속될 수 없다(Oakeshott, 1939: p.20)."
이는 대중 주권에 대한 자유주의적 사상의 전통적 표현이다. 그러나
이 생각을 명확하게 설명하기란 결코 쉽지 않다. '국민'이란 표현은 명
확한 실체가 아니고 추상적이다. 실체적인 개개인의 총합을 지칭하는
'인구'와는 다른 것이다. 국민이란 대개 정치세계에서 생각되는 그러
한 사람들이다. 예를 들면, 미국의 국민이라 함은 미국의 모든 거주자
를 의미하지 않는다. 거주자들은 미국인이 아닌 사람들을 많이 포함하
고 있기 때문이다. 미국의 국민은 미국이라 불리는 정치사회의 구성원
모두, 즉 시민들이다. 이들은 헌법에 의해 인식되고, 또 이들의 국기인
성조기로 상징된다. 다시 말해 그들의 국가에 대한 개념, 즉 '다수로부
터 하나(E Pluribus Unum)'를 표현한다.

대중 주권체는 미국의 정치적 논의에서 특히 중요한데, 이 개념에
대한 특별히 중요한 역사적 계기가 미국에서 마련됐기 때문이다. 19세
기 초반 미국을 여행하면서 알렉스 토크빌은 다음과 같이 관찰했다
(Alexis de Tocqueville, 1960: 제 I 권 p.58). "미국 혁명이 발발해 국민 주권체
라는 사상이 도시에서 형성되어 국가를 장악했다. (중략) 이는 법률들
의 법이 되었다." 이는 공화국의 두 가지 기반문서, 독립선언문(1776)
과 헌법(1787)에서 명확하게 드러난다. 토마스 제퍼슨(Thomas Jefferson)
은 정부에 대해 '피통치자(The Governed)의 동의로부터 정당한 권력을
파생시킨, 사람들 사이의 제도'로 설명했다. 또 미국 헌법의 전문에서
는 "우리, 미국의 국민은 보다 완벽한 연합을 형성하기 위해 미합중국
의 헌법을 정리하여 확정한다."라고 밝혔다. 물론 이는 워싱턴(George
Washington), 매디슨(James Madison), 해밀턴(Alexander Hamilton), 프랭클린

(Benjamin Franklin), 모리스(Gouverneur Morris) 및 공화국의 여러 기초자들에 의해 확정됐다. 권리장전(Bill of Rights)은 국민의 권리를 열거하고, 미국에 위임되지 않은 권력들은 '개별 주 또는 국민에게 유보된다(Art. X)'고 선언했다. 그러나 정치적·법률적인 관점에서 볼 때, 미국의 국민은 헌법 및 여타의 기본법과 그에 따라 설치된 기관들에 의해 인식되고 존재한다.

우리는 전 세계의 다른 국민들보다 미국의 국민이 대중 주권체의 보다 중요한 전형으로 생각한다. 이러한 생각은 아마도 정확할 것이지만, 여기에는 중요한 조건이 있다. 미국 남북전쟁(Civil War, 1861~1865)의 암울한 시기에 아브라함 링컨(Abraham Lincoln) 대통령은 그 유명한 '그 국민의, 그 국민에 의한, 그 국민을 위한 정부(Government of the people, by the people, for the people)'를 천명했다. 오직 하나의 미국 헌법이 존재했기 때문에 역시 오직 하나의 미국 국민만이 존재해야 한다. 독자적으로 선언한 미국의 남부연합, 남부의 분리주의자는 바로 그 국민을 구분했기에, 무력으로 진압되어야 할 반역·선동적인 행위를 범했던 것이다.

반면 남부연합은 역사적으로 볼 때 미국 헌법 이전에 각 주들은 주권체를 가졌고 또 그것을 미국 헌법에 결코 양도하지 않았다고 스스로 생각했다. 그들은 헌법에 서명한 모든 주들의 최초 주권체를 강조했다. 여기에는 사우스캐롤라이나, 미시시피, 알라바마, 버지니아 등 남부의 주들뿐만 아니라 뉴욕, 매사추세츠, 펜실베이니아 등 북부와 남부의 모든 주들이 실질적으로 망라된다. 독립선언에서 천명된 이 최초의 주권체는 독립전쟁을 공식적으로 종료한 영국과의 1783년 조약에서 확인되고, 동등한 주권체를 가진 주들의 '맹약(盟約)의 법률'인 미국 헌법 제10조에 이 최초의 주권체가 규정되어 있다고 이들은 주장했다. 미국 헌법과의 신의를, 그리고 이미 존재하고 있던 소속 주들의 주권체에 관한 원칙을 파기한 것은 링컨과 북부의 주들이었다.

이 엄청난 투쟁은 대중 주권체에 대한 혼란의 전형을 드러냈다. 누가 미국의 국민인가? 인구의 일부가 분리되어, 또 차후에 독립선언을 주장할 권리를 가지고 있는가? 미국의 국민은 두 개의 국가, 연합과 합중국으로 나뉠 수 있는가? 내란의 결과에서 볼 때 역사적인 대답은, 미국 국민은 하나이고 분리될 수 없다는 것이다. 물론 이러한 답변은 무력에 의한 것이다. 그런데 이는 영국에 대항한 성공적 독립전쟁(1776~1783)이었던 이전의 군사적 행동과 일치한다. 미국의 독립선언에서는 대중 주권체를 확인하고 주장했다. 독립전쟁과 내전의 과정에서 미국인들의 생활이 크게 변화한 것처럼, 미국인들은 19세기와 20세기에 다음의 의문들을 중심으로 투쟁과 갈등이 나타날 것을 예상했다. 그 국민은 누구인가? 누가 실질적으로 주권국가의 지위를 주장할 수 있는가?

국민은 그 자체로서 존재하지 않는다. 이는 미국의 사례에서와 같이 만들어지고 또 가끔은 조작된다(Morgan, 1988). 국민들 자신은 국가를 형성할 수 없고, 또 국가를 지배할 수 없다. 그들은 자신들을 위해 말할 수 없고 또 스스로 말할 수도 없다. 그것은 이들이 어떤 실체나 기관이 아니고, 또 그 자체로서 존재하거나 행동할 수 없기 때문이다. 국민의 목소리(Vox populi)는 추정되어야 한다. 국민이 존재하고 행동하기 위해서는 어떤 사람들에 의해 인식되거나 조직되어야 한다. 이와 같은 인식의 예시로 민주적인 헌법이 있다. 그러나 인구의 극히 일부에 의해만 헌법은 제정되고 또 집행된다. 민주적인 선거는 국민들이 그들의 정치적 의지를 표현하고, 또 정치인과 이들의 지원을 호소하는 정당에 투표를 함으로써 그들에게 동의를 표시하는 조직화된 수단이다. 그러나 민주적인 선거 역시 바로 그 국민이 아닌, 특정한 사람들에 의해 준비되고 집행된다. 국민투표(Referenda, Plebiscites)란 국민에게 목소리를 부여하는 것인데, 정치인들이 사전에 선정하여 문서로 제시한, 일반적으로는 '찬성 또는 반대'의 질문에 국민들이 답변하는 것이다. 정치인들은 국민의 목소리에 귀를 기울이고 답변하려고 노력할 것이다. 이들은 국민을 대신하여 말하고 행동한다. 이들은 국민을 최종적인 권위로 간주할 것이다. 그러나 대중 주권체에 내재되어 있는 문제는 여전히 남는다. 국민의 목소리는 추정되어야 한다.

'미국의 국민'은 권위를 갖고 말하는 —또 주의해서 들어주길 바라는— 사람들의 준종교적인 주문(呪文)이다(Morgan, 1988). 미국의 국민을 들먹이고 국민을 위한다고 말하는데, 국민은 비난받거나 비판받지 않는다. 신이 비난받지 않는 것처럼 국민은 실수가 없기 때문이다. "국민은 주권이고 잘못된 일을 할 수 없다(Himmelfarb, 1962: p.142)." 영국의 저널리스트이자 작가인 체스튼(G.K. Chesterton)은 20세기 초 미국에 처음 도착해 '미국은 무엇인가'라는 질문을 던졌다. 여행을 마치고 그는 대답했다. "미국은 '교회의 영혼을 가진 국가'다(Mead, 1967: p.262)." 토크빌은 거의 1세기 전에 이와 동일한 설명을 했다. "미국의 정치세계에서는 신이 우주를 지배하는 것처럼 국민이 지배한다. 국민은 모든 것의 원인이자 목적이다. 모든 것은 국민으로부터 나오고 모든 것은 국민으로 흡수된다(Tocqueville, 1960: 제 I 권 p.60)."

윌리엄 코넬리(William Connolly, 1987: p.9)는 이 점을 다음과 같이 명확히 했다. "권위는 필수 불가결하지만 위험천만한 관행이다." 이 딜레마는 주권이라는 권위의 관행에서 보다 명확하게 나타난다. 그런데 여기에서는 설명책임(Answerability)과 해명책임(Accountability)이라는 근본적인 의문이 제기된다. 교황의 권위가 더 이상 권력자들, 특히 국왕과 여타의 세속적 통치자들에 의해 수용되지 않을 때 교황은 무시될 수 있었고 또 불필요하게 될 수도 있었다. 국왕도 교체될 수 있고, 군주도 폐지될 수 있고, 왕권도 의회에 의해 약해지거나 또 박탈될 수 있다. 제국 주권체는 반제국적 민족주의자들에 의해, 필요하면 군사력에 의해 비판받고 저항 받을 수 있다. 그러나 국민들은 어떻게, 또 누구에게 해명책임과 설명책임을 질 것인가? 만약 국민들이 어떤 사람에 의해 체계화되고 조직화된다면, 마찬가지로 그 사람에 의해 국민들은 동원되고 조작될 수도 있을 것이다. 국민들은 심지어 신격화될 수도 있는데, 사실상의(*De facto*) 광범위한 권위가 신격화를 시킨 사람들의 손에 주어질 것이다. 미국에서 '국민'은 정치인과 정치지망생들이 그들의 정치적 기반과 정책에 지당한 권위를 불어넣기 위해 사용하는 표현이다.

여기서 근본적인 의문이 제기된다. 국민이 정치엘리트들에 의해 창조된 피조물이고 또 수단에 불과하다면, 어떻게 그 국민은 해명책임과 설명책임을 추궁할 것인가? 만약 국민 그 자체가 행위를 할 수 없고 또 여론이 정치엘리트들의 입에서 나온다면, 어떻게 정치엘리트들이 국민의 종복으로서 직무에 충실할 것인가? 이는 인기영합적 포퓰리즘의 문제이다. 또한 이는 다음 장에서 설명하겠지만 전체주의적 민주주의의 문제이기도 하다. 이와 유사한 문제가 18세기 말 미국 연방주의자(Federalists)들에 의해 제기됐는데, 이들은 시민의 자유와 헌법의 제약을 정치적으로 신뢰했다. 이들의 대답은 부분적으로만 만족스럽다는 것이 밝혀졌다. 지금까지도 이 부분에 대해 완벽하게 만족스러운 답변은 없으며, 다른 곳과 마찬가지로 미국에서도 이 딜레마는 지속되고 있다. 주권의 권위와 권력은 누군가의 손에 있어야 한다. 이들이 모든 사람의 손에 있을 수는 없다.

그렇다면 여기에서 우리가 살펴보고 있는 역사의 중요한 전환이 있다. 대중 주권체는 최종적인 권위가 개인 또는 소수 또는 그 나라 인구의 일부에 ─또는 제국 주권체의 경우처럼 해외의 권력─ 존재한다는 원칙을 변경시켰다. 이제 국가 주권체의 운명이 다하여 그 역사가 종말을 고할 것처럼 보인다. 그러나 설명한 바와 같이, 국민은 존재할 수 있도록 요구되어야 하며 또 어떤 사람에 의해 존재되어야 한다. 이로써 예상과는 달리 대중 주권체의 개념은 명확하지 않으며, 또 우리가 지금까지 생각했던 그 어떤 개념보다도 더 복잡하게 얽혀 있다.

의회 주권체

의회는 통상 입법부일 뿐만 아니라 대의기구로 이해된다. 국민의 전체 또는 일부는(지역구, 선거구, 행정구, 행정동 등) 선출된 개인들을 통해 입법부 또는 국회에 '출석'하는 것으로 ─대표하는 것으로─ 생각된다. 의회 의원들은 국민을 대신해 통치하는데, 이는 국민이 스스로를 통치할 수 없기 때문이다. 영국의 의회는 19세기와 20세기 초의 민주화를 통해 국민들의 목소리를 매우 크게 반영했는데, 1832년의 개혁법(The Reform Act)에서 시작하여 1928년 여성 참정권 부여에서 최고조에 달했다. 이 시기 이전까지 영국의 의회는 전국에 걸쳐 있는 지주와 특정 자치구(Boroughs) 지역들을 대표했으나, 인구의 대다수를 대표하지는 않았다. 미국에서는 혁명 초기부터 국민의 목소리가 명확하게 반영됐지만, 미국의 의회는 뒤늦게 민주화되었다. 미국 의회의 민주화는 19세기 초부터 시작해 20세기 중반에 아프리카 미국인들에 대한 인종차별 폐지와 참정권 부여가 이루어짐으로써 비로소 완결됐다. 이런 조치들은 브라운 대(對) 교육위원회(Brown v. Board of Education) 소송사건에 대한 1954년 대법원 판결과 1964년 연방시민권법(Federal Civil Rights Act)에 의해 법률적으로 확정됐다.

영국의 의회는 군주의 요구에 따라 구성되기도 하고 해산되기도 했다. 영국의 정치적 전통의 특징은 의회의 독립성을 보장하는 것이고 또 이는 19세기 이전의 여러 다른 유럽 대륙 국가들의 관행과 차별화된다 할지라도, 그 당시에는 의회의 독립성이 약했다. 의회 의원들은 최상위 국가 권위를 놓고 국왕과 씨름했으나, 그 대부분은 국왕을 이용하려거나 국왕을 배제하고 국가를 직접 지배하려던 경쟁적 귀족계층들의 - 휘그당(Whigs)과 토리당(Tories) - 권력다툼이었다. 이 수세기에 걸친 투쟁은 마침내 '의회 주권체'의 승리로 결말지어졌는데, 이 원칙은 의회의 정치인들이 국가에 대해 논의, 토론 그리고 투표를 통해 집합적으로 최종적인 판단을 내린다는 것이다. 오늘날 영국의 국왕은 헌법적 권위를 거의 갖고 있지 않으며 정치적으로 무력화되어, 영국에서는 의회가 최상위의 지위에 있다.

문헌상으로는 주권체가 국헌상 아무런 제한을 받지 않는다고 반복적으로 설명된다. 어쩌면 신을 제외하고는, 상위의 권위에 의해 제한받지 않는다고 이해되었던 최초의 사람은 국왕이었다. 다시 말해서 절대왕정이었다. 이후 동일한 방법으로 법적인 제한을 받지 않는 주권으로 등장한 것이 의회였다. 의회 주권체에 대한 영국의 원칙을 다이시(A.V. Dicey)는 다음과 같이 명확하게 설명했다. "의회는 어떠한 내용의 법률을 만들거나 만들지 않을 권리를 가진다. (중략) 의회의 입법을 뒤집거나 무시할 권리를 가지는 (중략) 어떠한 사람과 실체도 인정되지 않는다; 의회의 권리 또는 권력은 국왕이 관할하는 영토의 모든 부분에 적용된다." 의회 주권체는 화려하게 묘사되기도 하지만, 종종 인용되는 다음의 말처럼 설득력 있게 표현되기도 한다. "만약 의회가 특정한 법적 목적을 위해 개를 사람이라고 결정한다면, 이 목적하에서는 개가 정말로 사람인 것이다. 물론 다른 목적하에서는 그 개가 애완견이건, 작업견이건, 사냥개이건 또는 그 종류와 상관없이 사실상 개라고 할지라도." 이는 입법부의 무제한적 능력을 시사하는 것이다. 의회는 그 누구에 의해서도 도전받지 않고 그 자신의 결정에도 구속되지 않는다(Scruton, 1996: p.441~442). 의회가 결정하는 것은 의회가 달리 결정할 때까지 절차에 따라 확정된 법률인 것이다.

만약 의회가 다른 어떤 권위에 의해 제한된다면 그 사람 또는 그 제도 또는 그 헌장이 주권일 것이다. 이러한 사례로는 미국 의회를 분명히 들 수 있는데, 미국 의회는 17세기 말 스튜어트 왕조로부터 분리된 이후 영국의 의회와 같은 국가권위의 독점권을 결코 갖고 있지 않았다. 상원과 하원은 견제와 균형이라는 헌정 질서에 따라 권력을 대통령, 대법원과 함께 보유하고 있다. 이는 제임스 매디슨(James Madison)의 연방논집 제51번(*The Federalist*, No.51)보다 더 잘 표현될 수 없는 권력분립의 원칙에 따른 것이다. 또한 헌정의 권위는 연방체제하에서 국민정부와 주정부로 구분된다. 이는 미국과 영국의 국헌에서 나타나는 기본적인 차이점이다. 미국의 주권은 헌법에 있는 것이지 의회, 대통령, 대법원 또는 각각의 주에 주어져 있지 않다. 그런데 영국의 의회도 좀 더 자세히 살펴본다면, 의회가 할 수 있는 것과 이를 할 수 있는 방법에 대해 국헌의 제약을 받는 것이 분명하다. 영국과 미국의 국헌은 서로 다르지만 양국은 헌정체제, 즉 법률의 정부, 법률의 규칙을 따르고 있다.

이 점은 어니스트 바커(Ernest Barker, 1963: p.45)의 독창적인 안목에 의해 표현됐다. 그는 의회의 근본 개념이 'Parley'라는 단어에 반영되어 있다고 인식했다. 이는 회합, 회의, 위원회, 대화, 토론, 협상 등등의 의미를 전달한다. 의회는 정치 지도자들이 입법안을 투표로 결정하기 전에 당시의 가장 중요한 정치적 이슈를 논의하고 토론하기 위해 모인 장소이다. 만약 법안이 통과되면 이는 그 영토 내의 법률이 된다. "정치의 4분의 3은 분명 말이다."라는 마이클 오크쇼트(Michael Oakeshott)의 지적이 가장 명확하게 드러나는 곳은 의회이다. 의회의 말은 하찮고 건성적인 것이 아니다. 즉 '단순한 수사'가 아니다. 또한 학자들의 추상적이거나 이론적인 말도 아니다. 이는 정치인과 그 보좌진들의 현실적인 현장의 말이다. 다시 말해 정치적으로, 법적으로, 그리고 행정적으로 중요한 것이다. 의회가 승인하는 도장을 찍기 전까지 의회의 토론에서 입법안의 당위성과 필요성, 장점과 단점을 의원들(그리고 일반

대중)에게 설득하기 위한 수사의 기법들은 세련되고 강력하다.

이뿐만 아니라 바커(Ernest Barker, 1963: p.212~215)는 입법부를 '즉각적인 주권'으로, 국헌을 '궁극적 또는 규범적 주권'으로 설명한다. 의회 의원들이 합의된 규칙과 절차에 따라 행동하지 않는다면 의회 주권체는 존재할 수 없다. 만약 그렇지 않다면 이들이 질서 있게 최종 결론에 이르는 것은 불가능할 것이다. 무정부와 붕괴의 위협은 항상 존재하는데, 이 경우에는 의회가 사실상 없기에 의회 주권체도 없을 것이다. 이러한 상황은 의회 정부의 경험과 전통이 거의 없는 나라에서 발생하는데, 이런 나라들은 전 세계에 많이 있다.

바커는 분석을 한 단계 더 나아가, 의회의 토론은 국헌의 질서뿐만 아니라 궁극적으로는 '사회사상의 주권체'에 근거한다는 사실에 주의를 환기시켰다(Ernest Barker, 1963: p.214~215). 이는 의회의 논의와 토론에서 의원들이 자신들의 논거에 더 강력한 설득력과 정당성을 부여하기 위해 그들이 받아들이고 있는 규범적 사상을 의미한다. 이런 측면에서 바커는 정의를 근본적인 개념으로 지적했다. 마찬가지로 평화, 안전, 자유, 평등, 복지 등 유사한 위상의 다른 개념들이 될 수도 있다. 이는 입법안을 옹호하는 의회의 언설(言說)이, 다시 말해 '국민의 이익', '공공재', '공익', '국가안보', '시민권', '공공복리' 등이 내포하는 정치사회의 규범적 기준에 의한 주권체를 말한다. 이들 표현이 실질적으로는 모호하고 광범하다 할지라도 의회 의원들이 자신의 정책을 옹호하고 상대방의 정책을 비난할 때 활용하는 기본적인 규범이다. 국민들의 이익, 선, 안전, 권리, 복지 등은 무시될 수 없는 것들이다. 그러므로 의회는 정치사회에서 작동하는 이념들이 논의와 토론을 통해 표현되고 또 법률에 반영되는 정치적 장소인 것이다.

물론 이는 의회 의원들이 분파적 이해와 이념에 사로잡히지 않아야
한다는 것을 가정한다. 만약 이 가정이 성립한다면 의회는 당연히 절
충의 척도(尺度)를 담금질하고 법률을 만드는 장소가 될 것이다. 그러
나 법률을 평가하고 만드는 데 공공재, 공공복리 또는 정치사회의 여
타 규범과 가치를 활용하는 장소로 당연히 규정하기는 어렵다. 오히려
의회 의원들이 특별한 이익과 로비의 대리인이 되는 장소이기도 하다.
이 경우에는 '그 국민' 또는 '그 민족'이 부서지며 수많은 집단과 조각
으로 흩어진다. 이는 바로 에드먼트 버커가 협박과 유혹을 거부하며
브리스톨(Bristol) 선거구민에게 연설했던 그 유명한 구절에서 잘 드러
난다(1777). "의회는 서로 다른 적대적 이익의 대리인들이 모이는 곳이
아닙니다. (중략) 의회는 하나의 이익을 가진, 하나의 국가로서, 그 전체
가 모인 진중한 집합입니다(Hill, 1975: p.158)."

의회 의원들이 국가 전체의 정치적 보호자라는 플라톤의 사상을 행
동하기보다 말하기가 쉽다. 의회의 제도에 따라 최종적인 결정이 내
려지는 방법을 보다 정확하게 설명하자면, 그것은 미국 의회의 위원
회 활동에서 늘 보는 것처럼 투표담합(Log-Rolling)과 정치흥정(Horse-
Trading)들이다. 이러한 장소에서 우리는 입법의 형태와 내용을 결정
하는 투표에서 정치사회의 규범에 대해 목소리를 내는 경세가(經世家,
Statesman)의 집단을 볼 수가 없다. 우리가 보는 것은 의회의 논의와 토
론에서 자신들이 대변하고 투쟁하는 정당 또는 분파로 조직화된 정략
가(Politician)들이다. 심지어 미국 의회의 도매(都賣)정치처럼 의회 의원
과 정당은 선거운동의 후원과 지지 때문에 특정 이익집단에 족쇄가 잡

힐 것이다. 사실 이것이 의회 과정의 보다 정확한 그림이다. 그런데 모든 정당이 정치게임에 대한 의회의 규칙에 합의하지 않는다면, 즉 다수결 원칙에 합의하지 않는다면 이러한 과정은 전혀 발생하지 않을 것이다. 이들 규칙이 여기에 종속되는 사람들에 의해 준수되고 무시되지 않는다면 의회 주권체의 기초를 형성하는 것은 ─분파적인 기득권이 강력한 경우에서도─ 이들 규칙의 권위이다.

의회 의원들은 국민들 또는 적어도 일부 국민들의 목소리를 경청한다. 19세기까지의 영국과 미국이 그랬던 것처럼 의원들이 대표하는 사람들이 기껏해야 일국의 전체 인구 중 소수에 불과한 경우에도 의회는 항상 이런 방식으로 이해될 수 있었다. 대부분의 서구 국가들이 19세기와 20세기에 그랬던 것처럼 의회와 선거구민 사이의 긴밀한 관계는 유권자들이 일국의 전체 성인 인구들을 포함하여 급증할 때 당연히 고조되었다. 의회와 보편적 투표권의 시민사회 사이에 이러한 관계가 형성될 때, 그리고 의회가 국민의 대표자로서 인식될 뿐만 아니라 그들에 의해 선출될 때 우리는 의회를 국민들의 집단적 의지 또는 동의를 표하는 것으로, 곧 대중 주권체로 생각한다. 의회와 국민의 이 같은 관계는 일반적으로 대의민주주의로 이해된다.

민주주의적 주권체

정치의 세계에서는 의견 차이, 불일치, 논쟁이 보편화되어 있다. 정치논쟁에서 누가 최종 결정을 내리는가? 우리의 불일치를 전쟁과 반란보다는 토론, 논쟁, 투표에 의해 해소하기로 했기 때문에 우리는 의회를 가진다. 이는 의회 주권체의 원리이다. 대중 주권체의 원칙은 이러한 논리를 한 단계 더 나아가 국가 권위의 근원과 종착으로 이해되는 국민에게 최종 결정을 요청한다. 이 같은 원칙은 미국과 긴밀하게 연관되어 있다. 토크빌은 이를 명확하게 말했다(Alexis de Tocqueville, 1960: 제1권 p.57) "이 세상에 국민 주권체의 원칙이 (중략) 사회문제에 적용되어 연구될 수 있는, 그리고 그 위험과 장점이 판단될 수 있는 나라가 있다면 그 나라는 분명 미국이다."

토크빌에게 미국은 대중 주권체였고 특히 뛰어난 민주주의였다. 그러나 이런 명백한 사실은 국민에게 최종 결정권을 부여하는 것뿐만 아니라 '그 국민'에 포함되는 사람을 결정하는 것과 관련해 상당한 어려움과 모호성을 갖고 있다. 그 국민이 존재하기 이전에 인구는 하나로 또는 집단으로 형성되어야 한다. 이 이슈는 본 장의 후반부에서 다루어질 것이다. 우리는 '민주주의'와 '대중'이라는 단어가 내포하는 두 개의 분명하고도 서로 다른 개념들을 이해해야만 한다. 온라인 옥스퍼드 영어사전에 의하면 '대중(Popular)'은 주로 '어떤 특정한 계급이 아닌 전체로서의 국민'을 표현한다. 그러나 이는 또한 고위직, 부, 권력을 가진 사람들과 구분되는 '보통의 국민'을 나타낸다. 이러한 모호함은 민주주의에도 적용되는데, 이는 '주권 권력이 전체로서의 국민에게 부여되는 정부의 형태'와 함께 '어떠한 세습적 또는 특별한 지위와 특권이 없는 국민이라는 계급, 즉 보통 사람(정치권력과 관련하여)'을 모두 내포한다.

따라서 어떤 나라가 '민주주의'라고 말하는 것은 국민 전체가 어떤 의미에서 최상위적 국헌의 권위를 가지거나, 또는 국가의 기관과 자원이 보통 사람들을 위해 존재함으로써 실질적인 정책이 보통 사람의 권력을 극대화하는 것을 의미한다. 전자의 개념은 '국헌적 민주주의'로서 법률에 따른 권력의 제한을 의미한다(Friedrich, 1963: p.198). 여기서의 민주주의란 지배자들에 의한 권력남용을 제한하는 것인데, 이는 자유적인 민주주의 개념이다. 후자의 개념은 권한부여(Empowerment)로서 '인민 민주주의'인데, 이는 보통 사람의 이익, 관심, 요구, 필요에 따라 정책적 방향이 좌우되는 '노동자 민주주의' 개념처럼 보통 사람의 권력을 확대한다는 의미를 담고 있다(Macpherson, 1969). 여기서의 '민주주의'란 보통 사람을 정치사회에 이식하는 사회적 운동이다. '인민 민주주의'는 사회주의, 특히 마르크스(Marx) 이념의 특징이다. 인민은 민중, 프롤레타리아 사회계급으로 이해된다. 사회계급으로서 인민이라는 이 제한적이고 선별적인 개념은 전체 정치사회로서 개방적이고 비차별적인 국민의 개념과 충돌한다. 본 절에서는 전자의 민주주의 개념에 대해 논의할 것이다. 다음 절에서는 제한적인 개념에 대해 논의할 것이다.

자유주의 개념으로서 민주주의는 그 나라의 정치적 사안에 대해 국민 전체에 최종적인 권한을 부여하는 국헌 절차이다. 국민은 정부의 권력에 대한 국헌상의 견제이고 또 그 정당성을 부여하는 근원이다. 이는 서구 나라에 근원을 두는 민주주의의 개념으로서 어떠한 경우에도 유일한 개념은 결코 아니지만 지배적인 개념이다. 자유민주주의는 기본적인 시민권과 정치권을 가진 시민들로 규정되는 국민에게 주권체를 부여하는 국헌 체제이다. 이는 미국의 헌법 그리고 여타 자유민주주의 헌법 체제의 국민이 누리는 지위이다. 이들 권리는 근본적인 것으로서 전쟁, 폭동 등 극단적 위기에서만 유보될 수 있다. 그러나 이러한 예외적 조치들도 법률에 의거 제한되고 조건이 부여된다.

따라서 국헌적(Constitutional) 민주주의는 시민권에 기초한 대중 주권체의 제도로서 직접민주주의도, 대의민주주의도 될 수 있다. 이 제도의 가장 오래된 전형은 아테네의 민주주의를 들 수 있다. 아테네의 민주주의는 시민들이 특정 시점에 특정 장소에 모여 자신들의 공통 사안에 영향을 주는 이슈들을 토의하고 결정하는 직접민주주의이다. 그러나 직접민주주의는 상당한 영토와 인구를 가진 근대적 민족국가에서는 전혀 적합하지 않다. "그리스의 거의 모든 도시국가에서 성인 남자 시민의 수는 10,000명 이하이고 그 대부분은 5,000명도 되지 않았다."라는 고전학자의 지적을 감안해야 할 것이다(Finley, 1983: p.59). 근대의 가장 근사한 사례로는 아마 뉴잉글랜드의 '타운홀(Town Hall) 민주주의'를 들 수 있다. 그러나 뉴잉글랜드의 타운홀은 미국 사람 또는 매사추세츠 주, 버몬트 주의 국민들에 영향을 주는 공동의 중요한 문제들을 결정할 수는 없다. 이들은 오직 자신들의 마을에 대한 지역문제를 결정할 수 있을 뿐이다. 고대 아테네의 민주주의와 이를테면 버몬트 주의 도시 벌링턴(Burlington) 민주주의의 차이점은 도시의 규모에 있는 것이 아니다. 이들은 거의 유사한 규모를 가지고 있기 때문이다. 그 차이점은 고대 아테네가 국가였다는 정치적 사실에 있다. 아테네의 민주주의에서는 그 지배자인 시민들이 각종 위협에 직면하여 안전, 생존, 전쟁, 평화 등 독립국가로서의 지위와 국정에 따른 책임을 행사해야 했다.

대부분의 근대 민주주의는 수백만의 시민으로 구성되는데, 이들 중 일부는 수억 명으로 구성되기도 한다. 이 명확한 인구의 무게로 인해 민주적 절차는 간접적이고 대의적일 필요가 있다. 자유민주주의에서 국민은 정치적으로 보편적 투표권에 기초한 유권자들로 구성된다. 대의민주주의는 그 나라의 정치적 사안에 대해 국민에게 최종 결정권을 부여하는 실질적 방법이다. 유권자들은 특정한 민주적 절차와 관행에 따라 정기적으로 투표한다. 이른바 "누가 지배해야 하나?"라는 의문을 확정적으로 결정하는 정기적인 자유·공정선거가 이루어진다. 이 방법에 따라 국헌적 민주주의는 국민 주권체를 표현할 수 있다.

그러나 일부 정치철학자들은 민주주의가 국민들에게 '목소리'뿐만 아니라 정부의 '실질적 일부'도 부여해야 한다고 주장한다. 존 스튜어트 밀(John Stuart Mill)은 대중 주권체에 대해 다음과 같이 주장했다.

> 다음 사실들을 설명하는 데에는 어떠한 어려움도 없는데, 정부의 가장 이상적인 형태는 주권체, 또는 마지막 단계로서의 최상위 통제권력이 사회의 전체 인구에 부여되며; 모든 시민들은 궁극적인 주권체를 행사하는 목소리를 가질 뿐만 아니라 적어도 가끔씩은 전국적이건 지역적이건 일부 공공기능을 개인이 수행함으로써 정부의 실질적 일부가 되는 요청을 받는 것이다
> (Oakeshott, 1939: p.25).

밀이 불명확하게 표현한 바와 같이, 국민의 지배란 교묘한 내용이다. 근대 민족국가에서 통치행위에 인구의 직접 참여는 많은 문제가 있는 것으로 널리 인식되었으며 또 잘못 알려지고 있다. 정치참여에 대해서는 일부 평가가 필요하다. 잭 라이블리(Jack Lively, 1975: p.30)는 대중적 지배의 강도(強度)가 감소하는 정도에 따라 다음과 같은 기준들을

정리했다. (1)모든 사람들은 개인적으로 입법과정, 정책결정, 국가행정에 관여해야 한다: (2)모든 사람들은 개인적으로 일반적인 법률과 정책의 결정에 관여해야 한다: (3)지배자들은 피지배자들에게 해명책임을 져야 한다: (4)지배자들은 피지배자의 대표자들에게 해명책임을 져야 한다: (5)지배자들은 피지배자들에 의해 선출되어야 한다: (6)지배자들은 피지배자의 대표자들에 의해 선출되어야 한다: (7)지배자들은 피지배자의 이익에 따라 행동해야 한다.

이러한 구분은 국헌적 민주주의에서 대중 주권체의 문제를 논의하는 발판이 될 것이다. (7)을 위해서는 민주적일 필요가 없다는 사실이 분명하다. 이는 선의의 전제정부 또는 어떤 다른 종류의 권위주의 정부를 의미할 수 있다. 단순히 소규모 지방정부가 아니라 국민정부에 적용할 때 (1)과 (2)는 사실 유토피아가 아니라면 비현실적이다. 지난 1~2세기 동안 거의 모든 곳에서 인구가 많은 대규모 국가들이 정치현실로 등장했다. 이들 국가에서 시민 모두의 의사결정 참여가 어떤 형태로든 이루어졌다면, 그것은 국민여론 또는 국민투표를 통해서만 이루어질 수 있었다. 그러나 이러한 공공선택을 위한 투표는 통상 '예' 또는 '아니오'와 같이 단순한 답변을 요구하는 하나의 의문(또는 수 개의 의문)으로 압축됨으로써 정치적 현안을 극도로 단순화했다. 더욱이 앞에서 지적한 바와 같이 국민투표를 위한 질문은 정치 지도자들에 의해 투표권자 앞에 써 붙여진다. 이들 지도자들은 답변을 제한하거나, 심지어 답변을 유도하는 질문을 정리할 수 있기 때문에 사실상 자신들이 최종결정을 할 수 있을 것이다.

컴퓨터와 관련한 기술이 발전해 국민들 사이에 광범위한 전산망이 구축된다 하더라도 이러한 문제를 극복할 수는 없다. 기술은 결코 사람의 의사결정을 대체할 수 없고 기껏해야 보조수단에 불과하다. 사람들의 결정을 위해 투표를 하는 대중적인 절차를 만들어낼 수 있다고 가정하자. 예컨대 인터넷을 통한 국민투표 등과 같이 사람들이 정기적으로 또 용이하게 중요한 법과 정책을 최종 결정할 수 있다고 하자. 만약 이 방법으로 투표하는 많은 사람들이 합리적이고도 충분한 정보를 갖고 중요한 현안을 결정하지 못한다면, 이는 분명 현명한 방법이 아니다. 이러한 결함은 아마도 서구 민주주의에서 비교적 높은 교육을 받은 인구들 사이에서도 광범하게 나타날 것이다. 만약 충분한 정보가 없고 또는 비합리적인 대다수가 공적인 법률과 정책에 대한 중요한 문제를 정기적으로 결정한다면, 이는 모든 사람들에게 재앙이 될 것이다. 이러한 사실도 일반적으로 인정되고 있다.

이 같은 문제를 방지하기 위해 의회 또는 국회의 의원들이 최종 권한을 행사하도록 대의민주주의가 고안되었는데, 여기서 이들은 유권자들에게 최종적인 책임을 진다. 선출된 대표자로서의 역할 때문에 이들은 정부의 법률과 정책에 대한 이슈를 처리하면서 일반 시민들보다 더 많은 정보를 가지고 또 덜 무례하도록 요구받는다. 의원들은 자신들이 수행하는 역할을 어떻게 관리할 것인가? 그것은 이들이 일반 시민들보다 더 현명하거나 또는 다른 측면에서 우월하기 때문이 아니다. 향후 선거에서 결정되는 이들의 정치적 미래는 이들이 공개적으로 표명하는 의견과 행동의 결과에 따라 좌우되기 때문이다. 대의민주주의에서 시민들은 법률과 정책의 내용을 결정할 지위에 있지 않다. 그들의 표를 얻고자 경쟁하는 정당과 정치인들 사이에서 누가 자신들의 대표자가 되어야 하는지를 결정하는 지위에 있다. 이것이 시민들의 역할이다.

앞에서 지적한 논제로 다시 돌아가 보자. 대의민주주의에서 국민은 국헌 제도의 창조물이다. 이는 그 자체로 존재하지 않고 또 존재할 수도 없다. 시민의 자격, 시민권, 정치권, 선거시스템, 정치적 정당, 자유언론 등 민주주의 헌법과 제도 절차 없이는 '국민'이 어떤 의미 있는 정치적 개념으로 존재할 수 없다. 이들을 통해 국민의 개념이 도출되고, 또 인구에게 선거권을 주고, 인구를 정치사회로 조직화한다. 대의민주주의의 정치적 절차는 유권자와 그 대표자들뿐만 아니라 이들 모두를 민주적 정체로 통합하는 제도들까지 포함한다. 대의민주주의가 작동하려면 중요한 모든 사람들이 민주적이어야 한다. 정치 지도자와 그 추종자들이 정치적 지위를 추구할 때 민주주의를 주장하지만 사실은 그들이 서로 손을 잡으며 전제자들, 과두제 집권자들, 독재자들 또는 폭군들로 밝혀지기도 하는데, 이들 나라에서 민주주의의 작동은 실패한다. 전 세계에는 이러한 나라들이 여전히 많이 존재한다.

대의민주주의는 잭 라이블리가 지배자의 피지배자에 대한 민주적 해명책임의 강도(强度)에 따라 국민 주권체를 구분한 (3)~(6)단계와 같이 다양한 방법으로 표현된다. 이들은 세계 여러 나라들 중에서 유럽연합, 일본, 캐나다, 호주, 뉴질랜드, 이스라엘 등과 같이 우리가 일반적으로 잘 작동하는 것으로 평가하는 민주주의에서 발견하는 기제(機製)들이다. 따라서 만약 이것이 민주주의적 주권체가 의미하는 것이라면, 국민의 최종 결정은 투표함을 통해 민주선거의 결과를 좌우하는 권리와 기회라는 것이 명확하다.

지금까지를 요약하자면 국민은 그 존재를 승인하는 헌법 없이는 정치적 실체로 존재할 수 없다. 이는 비록 보편적이지는 않지만 폭넓게 인정된다. 가장 명확하고 중요한 사례는 미국인데, 헌법이 정치생활의 기본 용어와 문법을 제공한다. 헌법은 미국인들이 정치를 말하고 정치를 행하는 방식의 기초가 된다. 미국의 국민은 미국 헌법과 18세기 후반의 기초자들에 의한 창조물이다. 그들은 직접 헌법을 개정할 수 없고 또 새롭게 제정할 수도 없다. 그러나 이들의 역할은 미국 민주주의의 절대적인 근간으로, 미국의 민주주의는 국민 없이는 존재할 수 없고 또 이해할 수도 없다.

전체주의적 주권체

대중 주권체의 원칙은 18세기 말 프랑스 혁명의 담화문에서 그 중심에 있었다. 1791년의 헌법은 선언했다. "주권체는 하나이며, 불가분이며, 양도할 수 없으며, 불가침의 것으로; 이는 국가에 귀속되며; 어떠한 집단도 주권체를 그 자신에 귀속시킬 수 없고 또 어떠한 개인도 그 자신이 이를 사칭할 수 없다." 군주제와 귀족제는 폐지됐다. 보통 사람의 지배가 나타났다. 그러나 프랑스 혁명가들이 성공한 것은 '그 국민'의 이름으로 자신들에게 주권체를 '귀속시키고', '사칭하는' 것이었다. 프랑스 혁명은 최초의 근대적 독재자인 나폴레옹 보나파르트(Napoleon Bonaparte)에 의해 종결됐다(Cobban, 1939: p.79). 이는 20세기 파시스트와 공산주의의 원칙일 뿐만 아니라 18세기 말 프랑스로 거슬러 올라간 훨씬 더 이른 시기의 정치체제, 즉 '전체주의적 민주주의(Tatalitarian Democracy)'로 표현됐다(Talmon, 1970: p.43~48).

만약 대중 주권체를 문구상으로 이해한다면, 절대적인 국왕과 왕족이 주권을 가지는 것처럼 국민을 주권으로 인식하고 절차화하는 문제가 나타날 것이다. 국민이라는 인구가 수많은 개인들이 아니라 하나의 주권 지배자 또는 지배층과 같이 행동하려면, 이들이 어떻게 정치적으로 통합되어야 하는가? 이러한 문제는 1789년 혁명을 이끈 18세기 프랑스 지성인들에 의해 제기됐다. 이들은 주권체를 절대 군주로부터 빼앗아 그들이 적절한 귀속처로 생각하는 인구의 집단에 부여하고자 했다.

프랑스의 철학자 장 자끄 루소(Jean Jacques Rousseau)는 국민을 절대적 주권으로 만드는 문제를 고민해 ─근대 정치이론의 가장 유명한 주장 중 하나인─ 이론적 해답을 찾아냈다. 그가 '일반의지(The General Will)'라는 이름으로 명명한 '공동이익(Common Interest)'을 사람들이 절대 존중할 것을 동의함으로써 합심하여 행동할 수 있다고 믿었다(Rousseau, 1988: p.200~202). 주권체는 '바로 다름 아닌 일반의지의 행사'였다. 자신들의 개인적, 지역적 또는 분파적 이익을 제쳐두고 일반의지에 순종함으로써 국민은 주권의 형태로 지배할 수 있을 것이다. 루소의 주장은 모든 사람들이 일반의지를 인식하고, 각자의 이기심이나 이익 때문에 일반의지에 실수를 범하지 않는 능력을 전제로 한다. 또한 일반의지를 충실하게 순종하고 각자의 행동에서 이를 실천하는 성품을 전제로 한다. 이를 위해 국민 개개인은 다른 국민 개개인과 정치적으로 교감해야 할 것이다. 따라서 인구는 자신, 가족, 마을, 도시, 계층, 계급에 최선인 것을 추구하지 않고 국민 전체에 최선인 것을 추구할 것이다. 즉 "국민은 남자, 여자, 아이들의 총합이 아니고 신념의 집단이다(Talmon, 1970: p.234)."

탈몬(Talmon, 1970: p.47~47)에 의하면 "루소는 극단으로 치닫는 대중 주권체와 전체주의(Totalitarianism) 사이의 긴밀한 관계를 명확하게 보여주었다."라고 했다. 이는 분명 루소가 초래하고자 했던 것이 아니었다. 그는 '(전체) 국민의 동의'에 기초하는 주권체를 정당화하기 위해 확실한 논거를 모색했다(Rousseau, 1988: p.201). 그는 주권의 권위가 전체 정치사회의 손에 어떻게 존재할 수 있는가를 가능한 한 보여주려고 노력했다. 보통 사람의 이름으로 이루어지는 전체주의적 통제가 프랑스 혁명에서 가장 단호했던 권력 추구자들이 지향했던 사회였다. 이들은 루소의 사상을 채택하고 왜곡하며 자신들의 정치적 목적에 활용했다. 이들은 보통 사람의 이름으로 자신들의 의지를 인구에 강요했다. 이를 추구하기 위한 유일한 수단은 군주와 그를 지탱하던 귀족들을 완전히 파괴하여 새로운 중앙집중적 권력장치로 구체제를 대체하는 것이었다. 프랑스 혁명을 주도한 혁명가들이 이 권력장치를 통제했는데, 보통 사람의 이름으로 행사했지만 사람들을 위협하고 심지어 공포에 떨도록 하는 데 사용했다. 공포주의, 즉 '테러리즘'이라는 단어가 이 당시에 만들어졌다(OED).

'그 국민'이라는 이름은 엄청난 규모의 정치권력 남용을 용인하고 숨기는 데에도 사용될 수 있다. 혁명기 프랑스에서는 대중 주권체가 중앙집중적이고, 강력하고, 임의적이고, 편협한 체제를 정당화하는 데 사용됐다. 알렉스 토크빌(Alexis de Tocqueville, 1955: 제XI권)은 그의 유명한 주장이 된 "어떻게 프랑스 혁명이 폭정으로 전환했는가?"를 요약했다.

여기서 국민은 주인이기보다 혁명 엘리트들의 노예가 되었던 것이다.

　　나는 다음을 설명할 것이다. 어떻게 정부가, 프랑스 혁명이
전복하고자 하였던 것보다 더 강력하고 훨씬 더 독재적인 정부
가, 다시 또 전체 행정을 집중화하고, 그 자신이 모든 권력을 갖
고, 우리가 소중하게 마련한 자유(Liberties)를 짓밟고, 이들을 해
방(Freedom)이라는 단순한 포장으로 대체하였는지; 어떻게 소위
'국민 주권체'가 선거인단에게 적절한 정보도, 회의를 통해 대안
을 비교하며 정책을 결정할 기회도 주지 않은 채, 그들의 투표에
따라 좌우되는지; 그리고 과세문제에서 그렇게 자랑하던 '자유
투표'가 굴종과 침묵으로 길들여진 회의에서 의미 없는 동의로
전락하게 되었는지. 결국 국민들은 자율정부라는 수단과 많은
권리의 중요한 보장, 말하자면 혁명의 가장 중요하고도 가장 고
귀한 성취로 기록되었던 언론, 사상, 표현의 자유를 상실하였다.

　토크빌은 문구상의 '국민 주권체'를 제도화하는 노력이 얼마나 현실
적으로 어려운지 밝혀졌다고 지적했다. 또 그것이 무분별한 진리 신봉
자 또는 권력에 굶주린 냉소자들에 의해 얼마나 쉽게 이용되는지, 프
랑스 혁명뿐만 아니라 1917년 러시아 혁명, 1949년 중국 혁명, 그리
고 유럽, 아시아, 아프리카, 라틴 아메리카 등의 이후 여러 혁명들에서
도 잘 알 수 있다. 대중 주권은 독재자를 낳았는데, 특히 프랑스의 나폴
레옹, 러시아의 레닌과 스탈린, 중국의 마오 등이 있다. 결국 인구는 주
권체보다는 노예체에 훨씬 더 가까운 지위로 전락했다. 혁명 지도자와

혁명 체제의 정치적 의지에 굴복하는 수단이 된 것이다.

대중 주권체의 개념은 이를 이용하고자 하는 사람을 지속적으로 유혹한다. 인구 또는 적어도 일부의 인구는 자신의 목적을 위해 국민의 개념을 이용하는 사람과 집단들이 만들어내는 기망과 사기, 협박과 유혹을 견뎌내지 못한다. 올바른 상황에서도 인구는 조종될 수 있다. 그들은 속을 수 있고 또 조작될 수 있다. 그들 중 일부는 반민주적, 반시민적, 반헌법적, 불법적, 또는 민주주의에 적대적인 행동을 행하도록 설득, 유혹, 기망, 협박될 수 있다. 그들은 분열되어 복종의 정적(靜寂)에 빠져들 수 있다. 신의 이름으로 한 것처럼 '국민'의 이름으로 잔악무도한 행위를 위협하고 수행할 수 있다.

'주권'은 거부될 수 없기 때문에 문어상으로 국민 주권체는 대중이 실질적으로 최종 결정을 내리는 정부로 이해될 수 있다. 그러나 이 명제는 사실상 미신으로 또 위험한 원리로 밝혀졌다(James, 1989). 이것이 무분별함과 결합될 때 이의 최종적인 결과는 권력을 장악하고, 전 국민의 상전으로 행사하는, 심지어는 전체주의적 독재 이념으로 국민을 개조하는, 전체주의 독재자가 될 수 있다. 이탈리아의 파시스트 독재자인 베니토 무솔리니(Benito Mussolini)는 다음과 같이 설명했다. "가장 높고 가장 강력한 인격체인 파시스트 국가는 인간의 모든 도덕적, 지적 생활을 장악하는 정신적인 힘을 갖는다. (중략) 이는 생활의 형태가 아니라 그 내용, 인간, 성격, 신념을 개조하고자 한다. 그리고 이 목적을 위해 인간의 정신 속으로 들어가서 반발을 잠재울 수 있는 규율과 권위를 원한다(Oakeshott, 1939: p.168)." 채찍을 쥐고 있는 파시스트 국가, 나치 국가, 공산주의 국가의 손은 어떤 전제 군주국의 손보다 더 강했고 사실상 비교할 수 없을 정도로 강력했다.

여기서의 국가는 대중의 의지를 반영하지도, 반응하지도 —국헌적 민주주의의 자유롭고 공정한 선거처럼— 않는 것으로 평가될 수 있는데, 이러한 국가는 오히려 전체적인 명령과 가차 없는 결정을 지시하고 강제한다. 독재자와 그 체제는 법률을 전체주의 권력을 행사하는 그들 의지의 표현으로 간주한다. 사람들은 자신들이 임의적이고 무분별한 독재에 노출되어 있다는 것을 깨달았을 때, 그들은 어쩔 수 없이 복종하고 굴종하게 된다. 그들은 머리를 숙이고, 신발의 줄을 맞추고, 자신들에 대한 어떠한 성찰도 피한다. 또 그들은 이렇게 하지 않으면 전체주의 체제와 그 강제자와 집행자의 분노를 산다는 사실을 명심한다. 대중 주권체에 대한 이 침해적이고 왜곡된 인식은 근대 세계가 아직도 규명하고 유의해야 할 가장 참담한 인류의 사건, 즉 20세기 전체주의 독재와 특히 이들이 야기한 제2차 세계대전과 같은 대규모 전쟁과 연관되어 있다. 한때 국왕이나 왕족의 이름으로 부과되었던 것보다 더욱 더 강력한 압제가 국민의 이름으로 행해지고 있다는 사실은 주권 사상의 진화에서 가장 어려운 모순 중 하나이다.

민족 자결

프랑스 혁명의 통일 민족국가 원칙은 19세기와 20세기에 유럽 정치발전의 효시가 되었다. 이를 통해 이탈리아인, 독일인, 그리스인, 불가리아인 등 다양한 유럽 민족들이 —언어에 따라 구분되는— 등장하며 자신들의 주권국가를 형성하는 계기가 되었던 것이다. 이탈리아인과 독일인은 각각 1860년대와 1870년대 초기에 여러 소규모의 주권 관할들을 더 큰 이탈리아와 거대한 독일로 통일했다. 그리스인(1830)과 불가리아인(1908)은 제국주의 다민족 국가, 즉 터키 중심의 오토만 제국으로부터 각각 분리되며 자신의 독립 민족국가를 형성했다.

민족통일의 가장 획기적인 사례는 독일인데, 그 인민들은 왕족 주권체, 제국도시, 그리고 다양한 형태의 영토관할로 ─ 제3장에서 설명한 ─ 분리되어 있었다. 19세기 민족주의의 관점에서 보면 독일 민족국가의 탄생이 지체된 이유는 이미 존재하던 주권체들로부터 방해를 받고 있었기 때문이다. 기존 관할의 주권체들이 포기되며 통일독일로 이전되어야 했다. 또 다른 방해요소로는 국가의 경계였는데, 소수의 독일 인구가 이웃 국가들로 포위되어 있었다. 덴마크와 프랑스에 사는 독일인들은 국경을 넘어 자유롭게 이동하는 게 허용되지 않았다. 독일 군대가 그들이 거주하는 덴마크와 프랑스의 영토를 정복 합병함으로써 해방을 이뤄낸 것이다. 독일인의 이러한 군사적 정복은 1860년대와 1870년대 초기에 재상 오토 폰 비스마르크(Otto von Bismarck)에 의해 이루어졌다.

모든 국가들은 인구를 가졌으나, 모든 국가가 하나의 민족을 가진 것은 아니었다. 국가의 영토라는 신발을 민족 언어라는 발에 맞추는 이러한 문제는 19세기 중반 존 스튜어트 밀의 고민에서 잘 드러난다. 그는 독립국가는 오직 하나의 민족을 보유해야 하며, 만약 하나 이상을 보유한다면 불안정하고 분열적인 압력에 직면할 것이라고 주장했다. "서로 다른 민족들로 구성된 나라에서 자유로운 제도는 불가능에 가깝다(Mill, 2000: p.393)." 이러한 시각은 1759년 영국이 퀘벡을 정복한 이후 식민지 캐나다에 대해 가졌던 공식 입장이었는데, 퀘벡에는 프랑스어를 사용하는 원주민뿐만 아니라 이제는 영어를 사용하는 이주민들도 거주하고 있다. 1837년 캐나다에서는 반란이 일어났다. 런던에 본부를 둔 영국 제국주의 정부는 더럼의 제1백작(First Earl of Durham), 존 조지 램턴(John George Lambton)에게 이 문제에 대한 조사와 보고를 요구했다. 그가 제안한 해법은(단 한 번도 시행하지 않았던) 동화(同化)였다.

> 나는 단란한 단일 국가 내에서 전쟁하는 두 민족을 보았다.
> (중략) 퀘벡의 주민들을 프랑스와 영국의 적대적 대립으로 분리시키는 이 절망적 적개심을 성공적으로 종식시킬 때까지, 법과 제도를 개량하는 것은 어리석을 것이다. (중략) 따라서 영국의 법률과 말을 사용하고, (중략) 분명히 영국 의회의 정부만을 신뢰하는, 영국의 인구를 정착시키는 것이 영국 정부의 지속적인 첫 번째 목표가 되어야 한다(Durham, 1839).

단일의 독립국가 내에서 국민과 영토는 일치해야 한다는 원칙은 유럽과 아메리카에서 널리 채택됐다. 역사적으로 이러한 변화의 중요한 사례는 제1차 세계대전 이후 독일, 러시아, 또 그 어디보다도 오스트로-헝가리(Austro-Hungary)와 터키 제국의 분리와 붕괴로부터 등장한 동유럽의 민족국가들에서 찾아볼 수 있다. 이들 제국의 붕괴된 잔해로부터 오스트리아, 헝가리, 폴란드, 체코슬로바키아, 유고슬라비아, 리투아니아, 라트비아, 에스토니아, 핀란드가 등장했다. 미국 우드로 윌슨 대통령의 그 유명한 14개조 평화원칙 연설은 새로운 국가의 설계와 건설에 초점을 맞췄다. "우리가 이 전쟁에서 원하는 것은 (중략) 이 세상을 살아가기 적합하고 안전하게 만드는 것입니다. 그리고 특히 우리와 같이 자신의 삶을 살길 희망하는 모든 평화애호 국가들이 스스로의 제도를 안전하게 결정할 수 있어야 합니다."

만약 국민과 영토의 정합성이 사회공학적으로 비교적 명확한 문제라면 얘기는 여기서 끝났을 것이다. 그러나 그렇지 않다. 국민과 영토의 관계를 잠시만 더 생각해보면 당연히 그렇지 않다는 것을 알 수 있을 것인데, 특히 최선의 상황에서도 많은 경우 불편하게 정렬되어 있다. 누가 그 국민을 구성해야 하는가를 결정하는 실질적 문제는 결코 풀기 쉬운 게 아니다. 누가 그 국민인가를 명확하게 해결한다 하더라도, 대개의 경우 영토와 국민이 아주 잘 편안하게 정렬되지 않는 문제는 여전히 남는다. 이를 해결하고자 영토 경계를 재설정하는 것도, 인구를 재배치하는 것도 정치적으로나 도덕적으로나 종종 문제가 되기도 한다. 전자는 분할 또는 분리의 문제를 낳고, 후자는 인구의 강제이주 또는 인종청소와 같은 문제를 낳는다(Jackson Preece, 1998c). 제1차 세계대전 이후 새로운 민족국가들이 형성되는 과정뿐만 아니라 제2차 세계대전 중, 또는 그 이후와 최근에 있었던 영토분할과 인구이주로부터 이러한 정렬이 어렵고 또 많은 경우 불가능하다는 사실을 깨닫게 되었다(Schechtman, 1946; Henckaerts, 1995). 1939년부터 1949년까지의 기간은 중부 유럽의 역사에서 '암흑 10년(Black Decade)'으로 알려져 있는데, 제2차 세계대전 중에는 나치가, 그 직후에는 연합국들이 강제적이고 강압적인 대규모 이주를 추진했다(Stola, 1992). 특히 폴란드와 독일의 경우에는 국가의 경계를 광범위하게 재정렬했다.

　통치자나 정부보다도 국민이나 민족이 주권체의 근거가 될 때 소수 민족의 문제가 동시에 등장한다(Jackson Preece, 1998a). 윌슨 대통령의 연설에서 원칙 12(Point 12)에 의하면, 전후 터키는 '안전한 주권체'를 보장받아야 하지만 "현재 터키의 통치하에 있는 여타 민족들은 생활의 분명한 안전 그리고 자립적 발전이 탄압받지 않는 기회를 절대적으로 보장받아야 한다."라고 확인했다. 이 확인대로 그들은 주권국가로 인정받았다. 그러나 민족국가 내에서 자기 민족의 인구들을 정확하게 포함하고 일부라도 다른 곳에 남기지 않도록 경계를 설정하는 것은 불가능하다는 것이 밝혀졌다. 대부분의 국가는 소수민족을 가지게 되었는데, 헝가리는 슬로바키아 소수민족을, 루마니아는 헝가리 소수민족을, 체코슬로바키아는 헝가리와 독일 소수민족을 각각 포함했다. 결론적으로 민족국가를 만들기 위해 국경을 재설정하고자 하면 아무리 조심스럽게, 또 과학적으로 지도가 그려진다 하더라도 거의 필연적으로 위치가 어긋나 소수민족으로 전락하는 사람들이 나타난다.

　국가 주권체가 영토에 기반하여 형성된 정치의 세계라고 한다면, 소수민족에 대한 문제는 민족자결이 얼마나 어려운 것인가를 잘 보여주고 있다. 대부분의 경우 영토와 국민은 정확하게 정렬되지 않는다. 대부분의 독립 국가들은 영토적으로 서로 다른 여러 민족들을 포함하고, 또 일부는 많이 포함하고 있다. 자주적으로 결정하는 국민은 누구이고 또 이들의 주권 영토는 어디인가? 이러한 의문은 많은 국민들과 영토에 대해 제기될 수 있다. 한 가지 사례로 아일랜드라는 섬의 북동쪽에 위치하는 영국 주권체인 고립지, 북아일랜드(얼스터, Ulster)를 들 수 있다.

북아일랜드가 영국에 귀속되는 영토라는 점은 분명하다. 그리고 그 섬의 나머지 부분은 아일랜드 공화국에 귀속되는 것도 분명하다. 그러나 프로테스탄트를 믿는 다수의 인구(대부분은 영국에 충성)와 카톨릭을 믿는 소수의 인구(대부분은 아일랜드 민족)로 구성된 북아일랜드에서 '그 국민'은 누구인지가 다소 분명하지 않다. 만약 얼스터가 영국의 주권체로 남고 또 카톨릭 인구가 그곳에 남는다면, 카톨릭은 소수가 될 것이다. 만약 이곳이 아일랜드 공화국에 통합되고 프로테스탄트 인구가 그대로 남는다면, 공화국에는 규모가 큰 프로테스탄트 소수민족이 등장할 것이다. 소수민족의 문제는 북아일랜드의 주권체를 영국에서 아일랜드로 이전한다고 해결되지 않을 것이다.

이러한 '문제들'에 대해 다양한 '해법들'이 시도되고 제안됐다. 그 가운데 한 가지 정책은 - 앞에서 설명한 바와 같이 - 동화였다. 이는 사용 언어(또는 종교 또는 여타의 민족적 표상)를 명확하게 하고 그 이외의 차이들을 가능한 한 배제함으로써 통일된 민족국가의 이상을 추구하는 것이다. 유럽대륙 국가의 이민자들이 영어를 사용해 미국을 형성하도록, 또는 적어도 그들의 후손들이 이러한 동질감을 갖도록 만드는 '멜팅 팟(Melting Pot, 용광로)' 정책도 유사한 것이다.

영토를 분할하거나 사람들을 이주시키는 해법을 모색하는 정책들은 훨씬 더 가혹하다. 아일랜드는 1921년 북과 남으로 분리됐고, 끊임없는 폭탄 테러와 살인과 같은 반동이 20세기 말까지도 계속됐다. 훨씬 더 강했던 것은 영국령 인도(1947)와 팔레스타인(1948)의 분할로, 이는 사람들의 종교적 신념을 구분하는 것이었다. 또 이들은 국경선을 재설정하기 위해 전쟁을 치렀다. 이스라엘은 이스라엘인들을 보다 안전하게 지키기 위해 인접한 아랍국들과의 경계를 변경하고자 많은 전쟁을 치렀다. 아랍인들의 입장에서는 그 국경선뿐만 아니라 이스라엘의 존재조차 정당하고 합법적인 것으로 인정하기를 거부했다. 파키스탄에서는 인종적으로 서로 다른 동파키스탄의 벵갈인들에 의해 무력 투쟁이 일어났는데, 이들은 방글라데시라는 이름으로 영토 주권을 획득하고자 노력했다. 최초에는 다문화 영국령 인도였던 것이 이제는 이를 승계한, 종교와 인종으로 상당히 구분되며 각각의 '국민'을 따로 규정하는 세 개의 독립국가가 되었다.

영토의 분할과 분리는 -기존 주권국으로부터의 영토 분리- 종종 대규모의 인구이주를 수반하게 된다. 이는 영국령 인도의 분할에서 아주 명확하게 나타났는데, 수백만 명의 인도인 무슬림들이 파키스탄에 둥지를 틀었고 마찬가지로 수백만 명의 파키스탄 힌두인들이 인도에 정착했다. 그들은 자기 종교의 안전과 어울림을 위해 같은 길에서 서로의 반대 방향으로 그들이 가진 모든 가재도구를 힘겹게 맨발로 또는 소달구지에 태워 끊임없이 줄을 지어 국경을 통과했다. 제2차 세계대전이 끝나자 승리한 연합국들은 스탈린의 요구에 따라 동유럽의 국경선을 재설정했다. 폴란드의 영토는 거인이 나라를 집어 옮긴 것처럼 상당히 떨어진 서쪽으로 재배치됐다. 따라서 소련은 폴란드의 희생으로 새로운 영토를 획득했고, 폴란드는 다시 독일의 희생으로 새로운 영토를 획득했다. 이러한 국경 재설정으로 인해 수백만 명의 폴란드인과 독일인 역시 짐을 싸서 그들의 조국에 둥지를 틀고자 서쪽으로 강제 이주했다. 이는 오늘날의 인종청소인데 -국제적인 인권침해- 더 이상 일어나지 않아야 한다(Henckaerts, 1995).

유고슬라비아 연방공화국의 붕괴로 초래된 1990년대 발칸 전쟁에서는 새로 등장한 민족국가들의 종교 - 민족적 일체성, 특히 세르비아의 정교(정통 기독교)와 크로아티아의 카톨릭교에 부합하지 않는 사람들에 대해 거대한 인종청소가 이루어졌다. 이후 NATO는 평화를 회복하고자 군사개입을 했으나, 민족국가 형성이라는 구호하에 이루어진 이러한 인종청소를 완전히 종식시킬 수는 없었다. 이는 영토와 국민이 일치해야 한다는, 인구를 재배치하여 이들을 일치하도록 하기 위해서는 강제와 무력을 사용할 수 있다는 비타협적 요구의 가장 극단적인 최근의 사례이다. 앞의 사례들은 카톨릭 또는 프로테스탄트의 종교고백에 따라 주권의 경계를 무력으로 정렬했던 근대 초기 유럽의 종교전쟁보다 더 비극적인 것이었다.

일부 국가에서는 주권국가의 서로 다른 사람들이 보다 포용적이고도 평화적인 방법으로 ─연방주의, 다언어주의, 다문화주의 등─ 실제 정렬되기도 했다. 이들은 모두 다소 다른 형태의 정치세계를 의미하는데, 여기서는 민족자결의 원칙이 전제했던 것처럼 영토와 국민이 엄격하고도 배타적으로 더 이상 구분되지 않았다. 그러한 세계가 보다 널리 실현된다면 어떠한 모습이 되는지를 캐나다, 미국, 벨기에, 스위스, 호주가 잘 보여준다.

예컨대 캐나다는 언어, 문화, 인종적으로 다양한 인구들로 구성된 민족 내부의(Sub-national) 사회집단을 공식 인정했다. 이 국가는 19세기에 설립된 이래 동화와 용광로라는 원칙을 거부했다. 대신 캐나다는 연방주의의 헌법 체제 내에서 이중적 언어를 수용했다. 이 국가는 1967년에 공식적으로 이중언어국이 되었다. 캐나다의 인권 및 권리

헌장(The Canadian Charter of Rights and Freedoms, 1982)은 '캐나다인들의 다문화 전통에 대한 보존과 고양(제27조)'을 확인했다. 캐나다의 원주민인 인디언들은 '첫 번째 민족(First Nations)'으로 공식 인정됐다. 오늘날 이 국가는 문화적 다양성을 축하하고 있다(Kenerman and Resnick, 2005; Jackson Preece, 2005, 1998b). 그러나 일부 지역에서는 민족국가의 원칙이 여전히 번성하고 있다. 퀘벡주에서 프랑스어를 사용하는 과반의 인구들은 민족주의적 또는 '주권주의자' 퀘벡당을 지지하고 있는데, 이는 프랑스어 퀘벡의 독립을 조직적으로 선전하고 있다. 캐나다와 같이 편안하고 비교적 관용적인 국가에서도 일부 인구에서는 민족주의가 여간해서 사라지지 않는다.

지금까지 캐나다의 경험이 주는 교훈은 단일의 주권 영토 내에서 다민족적 자결주의가 작동한다는 것이다. 그런데도 퀘벡 분리의 위협은 여전히 남아 있다. 만약 분리독립이 이루어진다면 두 개의 독립국이 나란히 나타날 뿐만 아니라, 크게 강제되거나 또는 강요되지는 않을지라도 상당한 인구가 새로운 국경을 건너 이주할 가능성이 높다. 캐나다와 퀘벡에 대한 아직은 가상적인 이 시나리오가 실제로 이루어지면 상당한 규모의 소수 인구들이 남게 된다. 중요한 차이가 있다면 퀘벡에 사는 프랑스어 사용자들이 다수 민족이 되어 더 이상 소수민족으로 남지 않는다는 것이다.

본 장의 논의에서는 국경이 현재의 위치에 고정되어 있는 영토국가 내에서 다양한 인구집단들 사이에 민주주의의 사상이 매우 폭넓게 수용되어 있을 때 국가 주권체의 미래가 무엇인지 의문을 제기했다. 고착된 국경선하에서 민족의 동화 또는 인구의 '용광로'를 추구하지 않으면서 민족적 분열을 피하고자 하는, 그리고 민주적인 헌법·행정적 수단으로 사회 내의 다양한 소수민족 인구집단을 포용하는 캐나다와 같은 나라의 경험을 통해 주권국가의 미래에 대해 시사를 얻을 수 있을 것이다.

이는 기본적으로 국내에서 다문화 사회를 용인하면서 영토국가의 주권체를 정당화하는 시도이다. 이 의문은 우리가 살고 있는 시대, 즉 이전에 '외부자'였던 인구집단이 더 이상 침묵으로 ─그것은 가끔 법적 의무와 제약으로 인해─ 살려고 하지 않는 이 시대에 제기된다. 그 이전의 시대였던 근대 초기의 유럽 국가에서, 또 유럽인들이 미국과 여타 지역에서 건설했던 정착 국가들에서, 그리고 유럽의 해외제국과 그를 승계한 아시아, 아프리카, 중동 국가들에서 사람들은 침묵하고 있었다. 공공의 생활을 깨닫게 된 국내의 다양한 인구집단들의 시각에서 주권국가의 정당성을 어떻게 인식할 것인가의 이슈는 앞으로 정부의 관심과 학자의 흥미를 끌 핵심 내용이 될 것이다.

영토 주권체

국민 또는 민족은 자기 주권관할의 영토 범위를 결정해야 하는가? 경계가 쳐진 관할 영토가 주권체를 가진 국민 또는 민족을 규정하고 제한하는가? 민족자결의 원칙은 전자를 의미하지만 역사적 현실은 후자에 더 가깝다. 역사적으로 볼 때 대중 주권체의 원칙에 따라 국민 또는 민족이 영토를 설정하는 것은 보편적이 아니라 예외적이다. 특정한 국민 또는 민족보다 경계 내부의 영토에 대해 주권체를 부여하는 것이 일반적이 되었다. 주권체란 정치적 권위에 대한 영토적인 정의이다. 근대 초기에 영토권은 주권 국체의 기본 원칙으로 등장한 이후 지속적으로 유지되고 있다. 이러한 사실은 국민 또는 민족과 관련하여 나타나는 제반 이슈에서 논의의 준거점 또는 출발점이 되었다.

유럽의 근대 역사가 출발할 때 주권을 가진 통치자와 왕족은 영토에만 집착했다. '영토에 속한 자, 영주의 종교로'라는 왕정의 원칙처럼 그들은 자신의 권위와 (어떤 경우에는) 종교를 수용하기만 한다면 그곳에 거주하는 사람들에 대해선 대체로 무관심했다. 이후 민족주의 시대에는 사람들이 민족 언어를 말하고 또 다른 방법으로 민족의 일부가 되도록 많은 주권 정부들이 단호한 입장을 취했다. 프랑스 - 프러시아 전쟁(1870~1871)에서 독일이 프랑스어를 사용하는 알사스(Alsace)를 정복했을 때, 이 지역의 새로운 독일 정부는 학교에서 독일어를 가르치고 또 여타 공공기관과 장소에서 사용하도록 강요하며 알사스를 통합했다. 제1차 세계대전 이후 프랑스가 이 지역의 주권체를 다시 획득했을 때 프랑스는 이 영토의 이전 상태를 회복했다.

물론 근대에 들어 배회하는 사람들과 영토를 점유하고 있는 사람들로 인해 사실상 대규모 이동이 있었는데, 그 대부분은 서구의 제국주의와 관련이 있다. 유럽의 식민지 개척자들과 이주민들이 급속히 퍼지면서 북아메리카와 남아메리카의 원주민, 호주의 원주민, 뉴질랜드 마오리족, 그리고 그 외 비유럽 지역 토착민들의 토지를 차지했다. 그들은 아메리카 대륙에 대규모로 정착하며 원주민들을 멀리 쫓아내고 사라지게 했다. 경우에 따라서는 원주민들을 청소해버렸다. 유럽인의 정착민들이 정치적 지도를 형성했다. 수많은 정착민들의 국가들 가운데서도 특히 미국은 이후에 대중 주권체의 원칙에 따라 형성되고 또 정당화됐는데, 여기서 '국민'은 식민지의 정착민들과 그 후손들이 되었다. 미국의 혁명가들이 이 원칙을 열정적으로 채택하고 또 역사적으로 전례 없이 중요하게 생각한 것은 우연이 아니었다. 그들의 선조들은 '새로운 세상'에 도착하여 이 모두를 차지했다. 이들의 후손들은 자신들을 민족 또는 국민이라는 생각으로 나라를 형성했다. 토착민들은 무관했던 것이다.

그런데 아시아, 아프리카, 중동 그리고 여타 지역의 영토에 대한 유럽인들의 침입, 점령, 지배는 제국주의 국가의 관헌들, 또는 공식적으로 인가받은 대표자와 대리인들, 또는 ─역시 종종 이루어졌던 것처럼─ 이들의 허가와 깃발 아래에서 영업한 무장 상인과 무역인들에 의해 이루어졌다. 이들 지역에서의 제국주의는 정착촌이 아니라 국가의 이름으로 행해진 영토 지배의 형태를 띠는 유럽 국가 주권체의 연장이었다. 이들 제국의 영토는 불만을 품거나, 헌신적이거나, 불안하거나 또는 야망적인 사람들의 새로운 해외 안식처나 고향이 아니었다. 이들 지역은 미국, 남아메리카의 국가들, 캐나다, 호주, 뉴질랜드, 또한 한때의 백인 남아프리카 등에 필적할 수 있는 유럽 민족의 새로운 해외 정착국이 아니었다. 오히려 정착국들에 비해 협소했지만 좀 더 실용적인 사업장들이었다. 이들은 경제적 착취를 위한 새로운 장소 또는 새로운 전략적 군사기지였다. 정착지 식민지와 비교할 때 이들 대부분의 지역에서 지상의 유럽인들 숫자는 상대적으로 적었다.

사업장으로서 이들 유럽의 해외 영토들은 처음부터 대중 주권체의 이념과 단절되어 있었고, 이러한 단절은 장기적인 결과를 초래했다. 그것은 이들이 궁극적으로 독립을 했다는 것이다. 그 영토는 제국주의의 이익을 위해 편의상 취득됐고, 또 그곳에 거주하던 원주민 인구들은 제국의 목적에 동원됐다. 이 인구들은 언젠가 자주결정을 할 만큼 성숙한 국민 또는 민족이 -실질적이건 잠재적이건- 될 것으로 생각되지 않았다. 아시아, 아프리카, 중동 그리고 여타 지역에서 탈식민화로 인해 마침내 등장한 독립국가들은 대개 종교, 인종, 언어, 문화 그리고 또 다른 속성에 따라 심각하게 분리되어 있던 여러 종류의 사람들을 포함하고 있었다. 물론 이는 사회학적 그리고 자주결정의 측면에서 관찰하는 시각이다. 과거의 시각에서 보면 이들은 피정복과 피진압된 예속민들을 거느리는 전형적인 주권영토로서 -통합국가 또는 연합국가- 민족국가 이전의 시대를 살았던 대부분의 유럽 통치자들에게는 익숙한 현상이었다(Elliott, 1992; Gustafsson, 1998).

20세기 중반의 자주결정에서 '자주'에 대한 의미는 사회문제이거나 사람에 초점을 맞춘 것이라기보다 관할지와 영토에 초점이 맞춰져 있었다. 인구구성의 내용들이 대중 주권체를 내세울 만큼 좋지는 않았다. 정확히 그 반대였다. 어니스트 겔너(Ernest Gellner, 1993: p.74)는 200개 이하의 주권국가로 구성된 현대 세계에 8,000개의 언어가 통용된다고 말했다. 이들 언어가 대부분 지역적이고 소수에 불과할지라도 주권국가들보다 훨씬 더 많은 언어가 여전히 상당한 인구에 의해 통용되고 있다. 대부분의 국가들은 언어상으로 구분되고 있다. 앞에서 설명한 것처럼 제1차 세계대전 이후 동유럽에서 만들어지거나 다시 부활(폴란드의 경우)한 새로운 국가들은 다민족 인구를 가지고 있었다. 이전에 식민지였던 아시아, 아프리카, 중동의 대부분 신생국가 관할 내에서는 언어적으로, 인종적으로 명확하게 구분되는 여러 인구집단이 존재했다. 이들 지역에서 사회학적으로 또는 인류학적으로 다양한 사람들은 일반적으로 자주결정과 자주정부에 적합한 대상으로 인식되지 않았다. 1,000개의 주권국가를 전제로 하는 것은 비현실적이고 불가능했다. 이들을 덮을 수 있는 전 세계적인 주권이 필요할 수 있는데, 기존 주권국가들을 해체하여 지역정부와 미국식 '주' 형태로 통합할 수도 있을 것이다. 이러한 배경하에서 대부분의 인민들은 기존의 국가주권 아래에 포함되거나 또는 국경선을 사이에 두고 분리됐다.

서구제국의 해체와 붕괴로 인해 나타난 이들 지역의 세계에서 민족, 또는 정치집단에 대한 어떤 다른 형태의 사회학적 개념이 국가 주권체를 정당하게 획득하는 근거가 된 것은 아니었다. 유럽의 제국주의자들에 의해 그 경계가 그어진 식민지들은 문화적으로 동질적인 인구집단을 구분해 묶은 것이 아니었지만, 서구세계 이외의 거의 모든 곳에서 새로운 주권국가의 기초가 되었다. 이러한 상황은 현재까지도 지속되고 있다.

20세기의 전 세계 정치적 지도는 유럽의 제국주의가 설정한 비서구 지역의 국경선으로 형성된 영토들로 그 형태가 굳어졌다. 많은 경우 영토라는 신발이 인구라는 발에 잘 맞춰지지는 않았지만, 신발을 바꾸는 것은 신발을 유지하는 것보다 더 어렵고 괴로운 문제였다. 이 문제는 국제적인 시각에서 볼 때 특히 그러하다. 이미 확립된 국경선은 신성불가침의 영역이었기에 그 경계선의 변경은 어려워졌다. 영토의 정복권은 식민화의 권리와 함께 사라졌다. 영토분할 시도는 대개 불안을 조성하는데 특히 아일랜드, 인도, 팔레스타인의 분할과 관련해서는 예외 없이 폭력을 수반하기 때문이다. 마찬가지로 분리독립과 실지회복에 대한 위협과 행동은 미심쩍은 눈총을 받으며 보편적인 반대에 부딪히고 있다.

많은 경우 인구구성이 거북하고 잘못 맞춰져 있다 하더라도 국제법은 모든 주권국가의 경계를 정당화했다. 국제연맹 규약(The League of Nations Covenant)은 '모든 회원국의 영토보전과 기존의 정치적 독립성을 (중략) 보호하고 보존하고자' 한다(제10조). 국제연맹이 동유럽 소수민족들을 인정하는 것은 이러한 영토보전(Territorial Integrity)의 원칙을 반영한다. 소수민족을 인정하는 것이 국경선을 재설정하는 것보다 덜 혼란스럽다. 영토는 안정되어야 한다. 국제연맹이 지명한 배심위원회(Commission of Jurists)가 올란드 제도(The Åland Islands)의 스웨덴인 거주자들이 제기한 분리요구에 대한 결심(結審)에서 이러한 사실을 명확하게 했다. 올란드 제도는 제1차 세계대전 종전 후 새로운 국가인 핀란드의 일부가 되었다. 이 위원회는 다음과 같이 천명했다. "민족집단들이 자신이 포함되어 있는 국가로부터 자신들을 분리시켜달라는 희망을 단순히 표명한다고 하여 (중략) 그러한 권리를 국제법은 인정하지 않는다."

국제연맹은 더 이상 존재하지 않지만 UN의 헌장 제2조는 거의 동일한 표현을 사용하며 이러한 보수적 영토원칙을 확인했다. 1960년 UN 총회는 '식민지 국가와 국민에 대한 독립승인 선언서(Declaration on the Granting of Independence to Colonial Countries and Peoples)'에서 "모든 국민은 자결권을 가진다."라고 선언했으나 "일국의 민족적 단일 또는 영토보전을 부분적으로 또는 전체적으로 붕괴시키는 어떠한 시도도 UN 헌장의 목적과 원칙에 부합하지 않는다."라는 단서를 추가했다. 국경선 존중은 1963년 아프리카 통일기구(Organization of African Unity)의 신성한 규범이었고, 또 이를 승계한 아프리카 연합(African Union)에서도 마찬가지이다. 1975년의 헬싱키 최종합의문(Helsinki Final Act)은 "국경은 (오직) 국제법에 따라 평화적인 수단과 합의에 의해 변경될 수 있다."는 원칙을 천명했다. 1990년의 새로운 유럽을 위한 파리헌장(The 1990 Charter of Paris for a New Europe)은 동일한 원칙을 재천명했다. 이는 또한 보스니아-헤르체고비나, 크로아티아, 세르비아 사이에 체결된 데이턴 협정(Dayton Agreement, 1995)의 기초가 되었다. 이의 핵심이 되는 두 가지 조문은 다음과 같다.

> 당사국들은 (중략) 서로의 동등한 주권을 완전하게 존중하며 (중략) 무력 등의 위협과 사용으로 보스니아-헤르체고비나 또는 다른 국가의 영토보전과 정치적 독립에 반하는 어떠한 행동도 금지한다(제I조).
> 유고슬라비아 연방공화국과 보스니아-헤르체고비나 공화국은 그들의 국경 내에서 서로를 독립된 주권국가로 인정한다(제X조).

영토의 현재 상태는 무력충돌하에서도 거의 예외 없이 준수됐다. 유럽에서 가장 중요하고도 분명한 예외는 동독과 서독의 통일이다. 그러나 1945년 직후 동독과 서독의 대외적 경계는 통일에 의해 조금도 변경되지 않았다는 점을 유의해야 한다. 만약 이 경계 밖의 독일 주민들이 새로운 독일에서 살고자 했다면 그들은 짐을 싸서 이주해야 했을 것이다. 이들을 포함하기 위해 독일의 영토가 확장되는 일은 없었을 것이다. 비스마르크(Bismarck)는 사망했다. 유럽식 국가형성 시대는 이미 지나갔다.

냉전 직후 구소련과 구유고슬라비아 영토에서 등장한 새로운 국가들은 영토의 현재 상태 원칙을 위배한 것으로 생각될 수 있다. 이와 관련된 다양한 민족들은 -예컨대 구소련의 우크라이나와 구유고슬라비아의 크로아티아- 19세기 유럽식 민족국가를 만들려고 노력하지 않았을까? 아마도 그랬을 것이다. 그러나 기존의 이들 각 연방의 대내외적 경계는 이들을 계승한 주권국가들의 영토적 관할을 규정하는 데 준거가 되었다. 국경을 변경시키려고 무력이 사용되는 경우에서도 -예컨대 크로아티아의 보스니아, 세르비아(코소보), 러시아(체첸)- 이들이 계승한 국경은 준수됐다. 보스니아에서는 세르비아 민병대가 더 큰 세르비아를 위해 인종-종교 경계선을 따라 무력으로 영토를 차지하려고 했으나 광범위한 반대에 부딪혀 결국 1995년 NATO의 개입으로 중단됐다. 또한 현재 세르비아 영토관할에 포함되어 있는 코소보에서도 동일한 목표로 알바니아계 무슬림 인구 거주민들을 주권 영토 내에서 청소하려던 세르비아 정부의 시도를 1999년 NATO가 개입해 중단시켰다.

중동에서는 아랍 '민족들'을 여러 개의 영토관할로 분리한 식민지 경계선들이 식민지 이전의 대부분 아랍 국가들에 의해 합법적이고 정당한 것으로 간주되고 있다. 오늘날에는 침략 국가를 징벌하는 경우에도 국경선이 변경될 수 없는 것으로 생각된다. 이라크는 1991년 걸프 전쟁에서 완벽한 군사적 패배를 겪었음에도 불구하고 동일한 국경선을 유지하고 있다. 전쟁이 끝난 후 미국과 여러 서구 국가들이 쿠르드 인구를 보호하기 위해 이라크에 '비행금지(No-fly)' 구역을 설정했지만, 이라크의 영토보전을 인정했다. 2003년 미국과 영국의 이라크 점령 이후 미국의 어떤 상원의원은 거주지에 따라 이라크를 분할하여 대부분의 시아파로부터 수니파와 쿠르드 인구를 분리해 각각의 국가를 두는 방안으로 의안을 제출했다. 그러나 이는 국제적인 지지를 거의 받지 못했을 뿐만 아니라 그 지역의 국가들로부터도 전혀 동조를 받지 못했다.

우리는 기존의 영토관할이 특별하게 국제적 확인을 받고 있는 시대를 살고 있다. 이와 관련된 원칙은 점유보호법(*Uti Possidetis Juris*: 당신이 가지고 있는 만큼 당신이 보유할 것이다)인데, 이에 따르면 기존의 국경은 모든 관련국들이 달리한다는 상호 협정이 없다면 영토관할을 결정짓는 우선적인 기초가 된다(Ratner, 1996; Shaw, 1996). 이 원칙은 국경을 공유하는 모든 국가들이 그 변경에 동의하지 않는 한 기존 국경을 존중하도록 요구함으로써 각국의 영토보전을 인정하고자 한다. 만약 유고슬라비아의 폭력적인 분할처럼 동의가 없이 변경된다면, 이전 국가의 대외적인 국경은 그대로 유지되어야 하며 또 대내적인 경계는 승계하는 주권국가들의 국제적 경계를 설정하는 데 사용되어야 한다. 이것이 탈식민지 시대와 국가 붕괴의 상황에서 국경을 결정하는 확립된 규범이다.

1991년 유고슬라비아에 대한 유럽연합의 회합에서 프랑스의 헌법위원회 의장인 로버트 배딘터(Robert Badinter)를 의장으로 하는 중재 위원회가 설치됐다. 여기서는 유고슬라비아 연방공화국 주권 영토 내에서 정치적 독립에 대한 다양한 주장을 검증했으며, 또 이것이 분리독립인지 여부를 결정했다. 위원회는 주권국가를 규정하는 조건들, 즉 한

정되고 분리된 영토, 거주 인구와 그들이 복종하는 조직적이고 독립된 정치적 권위 등을 검토했다. 위원들은 유고슬라비아를 구성하는 대부분의 정치 단위들(슬로베니아, 크로아티아, 마케도니아, 보스니아-헤르체고비나)이 각각 독립을 주장했고, 유고슬라비아의 연방기구가 더 이상 작동하지 않았고, "이전의 국가 영토와 인구는 (중략) 지금 완전히 새로운 국가들의 주권 권위하에 있다."고 판단했다. 따라서 그들은 유고슬라비아라는 국가가 더 이상 존재하지 않는다고 판결했다. 그리고 그들은 유고슬라비아가 분리독립의 갈등이 아니라 해체의 과정에 있다고 결론을 내렸다. 대부분의 경우 분리독립은 주권국가의 영토보전을 확인하는 국제법에 위배되지만, 내전의 상황에서 국가분리는 국제법의 위반이 아니다(Pellet, 1982; Ratner, 1996).

중재위원회는 이러한 해체가 구유고슬라비아의 내부 경계선을 따라 이뤄져 새로운 승계국가들의 국경선이 된다는 사실을 확인했다. 그런데 이 경계들이 구유고슬라비아를 사실상 분열시켰던 민족별 인구집단을 - 대체적으로 세르비아(정통 기독교), 크로아티아(카톨릭), 무슬림 - 정확하게 구분한 것은 아니었다는 사실을 인지하고 있었다. 서로 구분되는 인구집단을 각각의 민족국가로 통합시킬 목적으로 경계선을 재설정하는 시도가 정당하다는 국제법의 근거는 없다. 새롭게 승계한 국경의 정당성을 판단함에 있어 중재위원회는 점유보호법의 실질적인 중요성을 강조했다. "국가의 영토보전은 국제적 안정에 필수 불가결한, 평화를 위한 이 위대한 원칙은, (중략) 오늘날 보편적이고도 우선적인 규범의 성격을 획득했다(Pellet, 1982: p.178)." 민족적 소수성이 일견(Prima Facie) 분리독립이라는 권리를 보장하는 것은 아니었다.

이러한 설명은 현재 세계의 영토적 주권체에 대한 정당성을 핵심적으로 요약하고 있다. 이 정당성은 오늘날 대다수 주권정부가 보유하는 두 가지 핵심 가치를 반영한다. 첫 번째 가치는 근본적인 것으로 주권정부가 국제질서에서 갖는 높은 현실적 프리미엄인데, 이는 보다 중요하고도 심오한 목적을 위해 특정한 사람들 또는 특정한 민족의 민족자결권을 희생시키겠다는 의지를 분명히 반영하고 있다. 두 번째 가치는 국제법의 명확성과 안정성을 위해 에드먼트 버커가 지적한 것과 같이 국지적인 분쟁과 난제에 대해서조차 국제적으로 참견하는 것을 매우 조심스러워한다는 것이다. 그것은 분리주의자와 영토회복론자의 주장에 대한 반대뿐만 아니라, 이른바 실행하기 어려운 국가의 분할 요구에 대한 깊은 회의(懷疑)를 반영한다. 다시 말하지만 주권국가들이 모여 있는 국제시스템 또는 국제사회는 영토분할과 국경에 대한 보수적인 클럽이다.

주권체의 종말?

이제 본 장의 마지막 이슈에 봉착했는데, 그것은 본 저술 전체에서 반복되는 것이다. 역사적 경험에 비춰 생각해보면 주권체의 개념과 그와 연관된 제도들은 예측 불가능한 방법으로 진화할 것이다. 이러한 진화의 종말 또는 종결을 주장하는 목적론적 인식에 대해 우리는 회의적이다. 16세기와 17세기의 유럽에서 그 종결은 프로테스탄트이건 카톨릭이건 관계없이 신성하게 임명된 국왕 통치하의 신성 기독교 국가였다. 18세기와 19세기 영국에서 그 종결은 주권을 갖는 대의적 의회였다. 18세기 미국과 프랑스에서 그 종결은 주권 공화국과 그 국민이었다. 19세기와 20세기 유럽에서 그 종결은 언어의 발과 영토의 신발을 잘 맞춘 주권을 갖는 민족국가였다. 19세기와 20세기 미국에서 그 종결은 동화 또는 최소한의 통합이었는데, 인종적으로 다양한 인구를 하나의 민주국가 또는 국민으로 통합하는 것이었다. 19세기와 20세기 초기 그 종결은 서구 세계의 민족국가, 그리고 여타의 세계에서는 서구 제국주의였다. 20세기 아시아와 아프리카에서는 그 종결이 영토적 주권을 가진 탈식민지 국가였다. 20세기와 21세기 초 일부 서구 국가에서는 그 종결이 민주적 다문화 사회를 닮아가는 것으로 보이기 시작한다.

이들로부터 주권체의 진화에서는 목적론적 종결도, 결정적이고 최종적인 종착도, '역사의 종언'도 없다는 것을 알 수 있다. 동일한 기본적 개념의 변형과 단계들이 서로 다른 시기와 서로 다른 장소에서 등장할 뿐이다. 일국 내에서 여타의 모든 권위에 우선하고 또 외국의 모든 정부로부터 독립적인 정부를 모든 정치사회가 보유해야 한다는 원리를 사람들이 더 이상 동의하지 않을 때, 국가 주권체는 종말을 고할 것이다. 당장은 아니지만 어쩌면 미래에는 국가 주권체가 포기되고 이 지구 상에서 다른 형태의 정치적·법률적 권위가 등장할 수도 있다. 이같은 글로벌한 변환이 언제 일어날 것인지, 그리고 무엇이 나타날 것인지 말하기는 불가능하다. 그러나 이러한 종말이 21세기 초에 나타나지는 않을 것이다.

제 5 장

주권체와 인본주의

인간권리의 보호

주권 국가는 인간권리의 적이라 생각하며, 인류를 구원하려면 주권 국가의 시스템을 넘어선 세계 공동체를 구축해야 한다고 믿는 사람들이 있다. 하지만 역사적으로 법적인 사실들을 조사해보면 오히려 그 반대의 경향을 보인다. 인간의 권리를 보호하는 것은 주권국가의 역량과 이들 정부의 책임에 상당히 의존해왔기 때문이다. 인간의 권리 또는 자연권은 국가를 시민사회를 보호하는 조직으로 이해하는 사람들이 인식했다.

그들은 해명책임을 지는 국가의 관할을 벗어난 세계는 덜 안전하고 더 냉혹하다고 생각했다. 이 외부의 세계는 문명적이기보다는 반문명적일 가능성이 높다. 이 지적처럼 인간의 권리가 보호되는 곳에 기반을 둔 사람들은 주권국가의 내부에 살고 있을 것이다. 오늘날 이러한 국가들은 대개 토마스 홉스의 금언, "국민의 안전은 최상위 법이다."를 준수하는 민주사회이다. 이 국가들은 국정(國政)의 인본주의적 가치에 '모든 사람들의 자유와 존엄'을 포함시킴으로써 홉스를 넘어서고 있다.

주권국가는 사람들이 그들의 삶을 위협에서 그리고 약탈적, 강압적, 야만적 행동에서 벗어나 살 수 있는 피난처 또는 안식처가 될 것으로 기대된다. 정치가의 근본적인 책임은 국민의 안전, 자유, 존엄을 지키는 것인데, 여기서 국민은 분명 그들 자신의 국민이지만 오늘날에는 다른 국민들도 점차 포함하고 있다. 물론 이를 보장할 수는 없는데, 주권국가도 인간의 조직이고 따라서 인간의 취약성과 단점을 갖고 있기 때문이다. 일부 국가는 혼돈상태로 도저히 국가라 할 수 없는 실패국가이기도 하다(Rotberg, 2002). 은유적으로 표현하면, 일부 국가는 감옥이며 그 인구는 수감자로서 전체주의 국가가 된다. 국가가 악화되어 붕괴되거나 정부가 임의적이고 독단적일 때 당해 인구의 인간권리는 위험에 처한다. 이러한 상황이 나타날 때 다른 국가들이나 UN과 북대서양 조약기구와 같은 국가들의 국제기구는 종종 관심을 표명한다. 심지어는 이러한 상황을 교정하고자, 예컨대 외국의 개입으로 당해 국가는 소환되기도 한다(Wheeler, 2000). 주권국가의 역설은 이들 국가가 인류의 번영과 인류의 고통을 모두 야기할 수 있다는 것이다. 그러나 국가의 혼란 또는 남용에 의한 인간권리의 침해가 국가를 포기할 때 해결되고 교정되는 것은 아니다.

이론적으로 인간의 권리와 국가의 주권체는 구분되는 별개의 것이다. 우리는 인간의 권리를 우리의 시민권과 무관하게 인본주의적 관점에서 보유하고 있다. 그러나 현실적으로 이들은 연관되어 있는데, 인간의 권리는 국내법과 국제법의 실증법에 의해 인식되기 때문에 실질적으로 매우 중요하고 또 효력을 가진다. 인간의 권리가 강제되어야 한다면, 이는 역시 주권국가와 이들 국가가 설립한 국제기구의 기본적인 책임이다. 역사적 중요성과 실질적인 효과를 감안할 때, 주권국가에 비교될 수 있는 인간의 권리에 대한 또 다른 보호자는 없다. 공공이건 민간이건 관계없이 다른 어떠한 조직도 인도주의를 수행하기에 필요한 권위와 권력을 보유하지 못했다.

인본주의 담론

나의 초점은 통상적인 영어 사용 그리고 국내법과 국제적인 실증법에서 표현되는 실질적인 인간권리에 대한 것이다. 나는 논의를 인간권리에 대한 자유주의적 개념에 한정할 것인데, 이는 자연권 또는 천부권으로서 각각의 인간에 정당하게 귀속된다. 인본주의 담론에 접근하는 실증적인 방법은 온라인 옥스퍼드 영어사전(OED)을 활용하는 것이다. OED는 과거에도 현재에도 영어 어휘에 대한 우리의 가장 중요한 정보원이다. 또 OED는 단어의 용도를 추적하고 기록하는데, 여기서는 '권리(Rights)', '인간(Human)', '인본주의(Humanity)' 그리고 관련 표현들을 살펴본다.

인간의 권리에 대해 논의할 때 '권리'라는 용어가 의미하는 바를 먼저 생각해야 한다. OED에 의하면, '권리'는 '사람들이 적절하게 주장할 수 있는 것, 마땅함'이다. 이는 임마누엘 칸트(Immanuel Kant)의 '각 개인이 그에게 마땅함을 (중략) 받아야 한다는 확신'으로서의 '권리'에 대한 개념을 생각하게 한다(Reiss, 1991: p.135). '권리'를 보유하는 것은 '어떤 것에 대한 정당한 자격 또는 청구(請求)'를 보유하는 것인데, 예컨 대 안전, 자유, 존엄에 대한 개인의 청구는 실질적인 인간의 권리이다. 개별 인간 대신에 정치집단에 초점을 맞추면, 동일한 기본 개념이 독 립, 자주국방, 불개입에 대한 주권국가의 청구와 연관된다.

영어 사용자가 '인간', '인본주의', '인간권리'라는 표현을 쓸 때 이들 은 무엇을 의미하는가? OED는 여기서 세 가지 근본적인 특징을 제시 한다. '인간'은 '최고의 지적 발전, 분명한 언어력, 직립 자세의 동물로 특징 지워지는' 창조물이다. 또한 인간존재는 '신 또는 초인간 존재와 구분'된다. 인간은 죽으며 영생하지 않는다. 그들의 생명은 공격적이고 잔인하며 약탈적인 사람들에 의해 위험에 처할 수 있고 심지어 잃을 수도 있다. 즉 그들은 위협받을 수 있고 고문당할 수 있으며 또 죽임을 당할 수 있다. (그들의 생명은 인간이 아닌 생물에 의해 그리고 자연에 의해 죽임을 당 할 수도 있으나, 그것은 또 다른 얘기이다) 위해(危害)에 대한 취약성과 노출은 인 간존재의 본질적 성격이다. 이러한 성격 때문에 모든 인간권리의 가장 근본이, 가능한 범위 내에서 안전하고 또 위험에서 실질적으로 벗어나 는 권리가 되는 것이다. 또한 '인류에게서 발견되는 활동, 관계 등'은 '기계 또는 기계적 요소'와도 구분되어야 한다. 인간은 도구로서의 목 적을 위해 사용되거나 착취되는 수단 또는 방편이 아니다. 인간의 자 유와 존엄은 인정받고 존중받아야 하며, 가볍게 또 경멸적으로 또 냉 소적으로 무시될 수는 없다.

가장 중요한 인간권리는 노예 또는 농노 또는 여타의 도구적 상태 또는 인간 이하의 존재로 전락하지 않는 권리이다(UN의 '노예제, 노예무역 그리고 노예제와 유사한 제도와 관행의 폐지에 대한 보완 협약'). 중세의 농노는 근대 유럽의 주권국가에 의해 점진적으로 폐지됐다. 비유럽, 특히 아프리카인에 대한 노예제, 노예 운송과 노예무역은 오랫동안 합법적이었으나 이 또한 – 일부 주권국가에 의해, 가장 인상적으로는 영국의 노력에 의해 – 의회의 압력과 대중의 여론 때문에 폐지됐다. 노예제 폐지법(The Slavery Abolition Act, 1833)은 영국제국의 모든 노예를 해방했다. 여기서 미국의 노예해방은 또 다른 중요한 사건인데, 미국은 13번째 헌법개정(The Thirteenth Amendment of the Constitution, 1865)에서 노예제를 폐지했다. 하지만 일부 지역에서는 여전히 가내 노예제(Household Slavery), 은밀한 노예, 노예거래가 존재한다. 또한 반노예제 시민사회(Anti-slavery Society)가 '사실상의 노예제'로 간주하는 –그 대부분은 어린이들에게 영향을 주는– 다양한 형태의 노예가 존재한다. 그러나 한 사람이 다른 사람을 자신의 재산으로 간주할 법적 권리를 어떠한 국가도 인정하지 않는다(Anti-slavery Society, 2006).

인간권리의 역사에서 매우 중요한 이 사실은 칸트에게서 명확한 메아리로 표현됐다. "그러나 인간은 물건, 즉 단순히 수단으로 사용되는 어떤 것이 아니고, 또 자신의 모든 행동에서 스스로가 목적으로 항상 생각되어야만 한다(Kant, 2006: 제2절 p.4)." 이것이 인본주의 원칙이다. 이 원칙은 주권국가와 국가시스템을 통해 국내법과 국제법에 구현되어 있다. 이는 국가시스템을 벗어나 존재하지 않고, 또 논의가 이루어질 수는 있지만 현실적으로 존재할 수 없다. 예를 들어 노예해방은 군사력과 경찰력뿐만 아니라 법적 권위를 필요로 하는데, 주권국가가 이들을 보유하고 통제하고 있기 때문이다. 영국은 주권 권위를 갖고 있었기 때문에 제국 내에서 노예를 폐지할 수 있었다. 또 영국의 해군이 대서양을 장악했기 때문에 아프리카와 미국 사이의 노예무역 해상로를 봉쇄할 수 있었다.

'인간이 된다는 것의 성격 또는 자질'은 무엇인가? 그 해답은 인간이 서로 관계를 맺는 방식, 또 서로 행동을 취하는 방식에서 얻어진다. OED에 의하면 영어 사용에서 '인본주의'의 참여자들은 '인간존재에 적합한 (중략) 행위'를 구사할 것으로 기대된다. 이러한 행위를 예시하면 '문명, 예절, 공손' 또는 '우호적 행동' 또는 '다정함'이 포함된다. 이 같은 단어들은 무엇이 '인본적(Humane)'인지를 밝혀주고 있는데, 그것은 '인간존재를 (중략) 배려와 동정심으로 대하고 그들의 고통을 줄여주는 작위(作爲)'이다. 그것은 '친절함'을 보여주고 '자비로움'을 행하는 것이다.

인본주의의 또 다른 어두운 측면이 있는데, 그것은 '사람에 대한 사람의 비인간적'이라는 영어 표현에 담겨 있다. 이 부정적 성격을 표현하는 단어들은 '경멸', '반문명', '적개심', '고통', '증오'를 포함하고 있다. 이러한 단어들은 OED에서 '인간존재에 적절하고 자연스러운 자질, 특히 (중략) 친절, 연민 등을 갖지 않는' 것으로 규정하는 '비인도적', '비인간적' 성향, 행동, 관계를 나타낸다. 대신 우리가 발견하는 것은 '난폭, 무정, 잔인 (중략) 흉포, 야만'과 같은 적대적 성향과 위해적(危害的) 행동이다. '비인간성(Inhumanity)'은 '인간적 감정과 동정심의 결핍; 난폭성, 야만적 잔인함'이다. 이 어두운 측면은 '인간침해(Human Wrongs)'로 표현되는데, '인간권리(Human Rights)'의 개념만큼 중요하다. 이는 인간됨이 무엇을 의미하는지, 인간존재로서의 삶을 사는 것이 무엇인지, 그리고 그것에 실패하는 것이 무엇인지를 정확하게 파악할 수 있도록 하기 때문이다(Booth, 1995: p.103~126).

고전적 사상에서 인간권리는 국내법이건 국제법이건 개인이 보유할 수도, 보유하지 않을 수도 있는 어떤 실증적인 법적 권리와 관계없이 존재한다. 로마의 스토아 철학자 키케로(Cicero)는 이 점을 기념비적으로 표현했다. "로마와 아테네에 서로 다른 법률, 또는 현재와 미래에 서로 다른 법률이 존재하지 않을 것이며, 오직 하나의 영구불변한 법률이 모든 민족과 모든 시대에 유효할 것이다(Cicero, 1950: 3.22)." 여기에 자연법에 대한 초기의 설명이 있었다. 같은 맥락에서 OED는 '보편적인 인본주의(*Humanitas Et Universitas*)'의 원칙을 설명하며 토마스 페인의 「인간의 권리(*Rights of Man*)」에서 '이들 자연적이고, 시효가 없는, 그리고 양도할 수 없는 (인간의) 권리'를 인용하고 있다. '시효가 없는'의 의미는 국가의 법률과 정책을 포함하여 개인이건 조직이건 인간의 행동은 '자연권'을 부인하거나 무효화하거나 또는 제거할 수 없다는 것이다. 그러므로 '인본주의'의 조건과 특징은 보편적이고 불변적으로 이해된다. 개인이 남자이건 여자이건, 아프리카인이건 유럽인이건, 청년이건 노인이건, 기독교인이건 무슬림이건, 자본주의자이건 사회주의자이건, 교양인이건 문맹인이건 등등과 관계가 없다. 인간권리는 -일반적인 원칙에 따르면- 인간 본성 그 자체의 일부이다. 이는 모든 인간 존재가 예외 없이, 또 그들이 살고 있는 시대와 장소 등 상황과 무관하게 동등하게 보유하고 있다.

영어 단어에 대한 이 간단한 설명으로 우리는 인간 조건의 취약성 그리고 인정(認定)과 존중에 대한 인간존재의 정당한 요구를 파악했다.

개인은 보호를 받을 인간권리를 가진다고 말할 수 있으나, 이는 보호자 없이 실질적인 가치를 갖지 않을 것이다. 만약 인간권리가 일반적으로 존중된다면 이러한 조직적 보호수단은 불필요할 것이다. 유감스럽게도 과거에도 그렇지 않았고 또 현재에도 그렇지 않다. 인간권리의 실질적인 문제는 어떤 방법으로든 이를 인정하고 보장할 필요가 있다는 것이다. 우리가 이러한 권리들을 도덕적 의무로서 존중해야 한다고 인식하는 것만으로 존중을 하기란 충분하지 않다.

우리에게 필요한 것은 다른 개인과 민간조직의 지원뿐만 아니라 권위를 가지고 신뢰할 수 있는 집행력과 그렇게 행동할 의지를 가진 공적 조직에 의해 인간권리를 인식하는 것이다. 여기에서 주권국가가 등장한다. 국가의 개입은 절실하다. 오래전 토마스 홉스가 지적한 것처럼 "자연 상태에서 자연법은 침묵한다(Thomas Hobbes, 1993: p.165~166)." 이기 때문이다. 충분한 의지와 권력을 가진 조직화된 국가 권위가 필요한 이유는 대부분의 사람들이 듣고 주의를 기울이도록 자연법에 권위적인 목소리가 부여되기 때문이다. 토마스 페인은 토마스 홉스에 동의해 주권국가는 주로 이러한 목적을 위해 존재한다고 주장한다. 그는 '인간의 자연적이고 시효가 없는 권리의 보전'이 '모든 정치적 결사의 목적'이라고 주장한다(Paine, 1985: p.45).

이는 인간권리의 수호자로서 국가에 대한 고전적 자유주의 이론이다. 권리를 실질적으로 향유하고자 한다면 주권국가는 이러한 권리에 목소리와 무게를 부여해야 한다. 이들은 국민에 대한 인간권리를 법적인 시민권으로 인정하고, 또 국제법하에서 모든 국민의 인간권리를 보호함으로써 그렇게 하고 있다. 적어도 주권국가들은 영국의 권리장전

(English Bill of Rights, 1689), 프랑스의 인간권리 선언(French Declaration of the Rights of Man, 1789), 미국의 권리장전(American Bill of Rights, 1791) 그리고 이후 성문법과 헌법을 통해 인간권리를 법제화하고 있다. 나아가 이들은 UN헌장(United Nations Charter, 1945)과 인간권리의 보편적 선언(Universal Declaration of Human Rights, 1948) 이후에 국제적인 인권보호에 대한 의무를 인정하고 있다.

인간권리, 인간침해 그리고 주권국가

전 세계적으로 인간의 조건을 판단하는 기본적인 방법은 – 거의 유일한 방법 – 사람들이 살아가야 하는 주권국가를 살펴보는 것이다. 우리는 그 국민들의 번영과 고통과 관련된 기준들을 통해 국가를 분류하고 단계를 구분한다. 우리가 인간권리의 보호를 판별할 때 정부의 정책과 활동에 관심을 기울인다. 이러한 관점으로 그 성과에 따라 전 세계 국가들의 순위를 매긴다. 일부 국가들은 대부분의 국민들이 번영을 누리며 매우 만족스럽게 사는 곳으로 판단된다. 반면 일부 다른 국가들은 국민들이 괴롭고 고통을 받으며 매우 불만족스러운 곳으로 판단된다.

인간의 안전, 자유, 존엄을 위한 시민들의 조건은 여기에 걸맞도록 주권국가들이 승인하고 강제할 때 비로소 존재할 수 있고 또 향유될 수 있을 것이다. 이 조건에 대한 책임을 인정하고 실행하는 국가를 제외한다면, 과연 사람들이 그 어느 곳에서 비록 완전하지 않더라도 보호받고 자유와 존엄이 존중된다는 확신을 합리적으로 가지며 개인과 집단의 삶을 영위할 수 있을 것인가? 근대가 출범한 이래로 다른 어떠한 조직도 진정한 인본주의적 서비스를 제공하는 데 이만큼 중요한 역할을 하지 않았다. 이처럼 오랫동안 지속된 국가라는 정치제도가 앞에서 설명한 바와 같이 인간의 취약성을 인정하고 또 헌법과 법률, 제도와 조직, 규정과 정책에 따라 그 취약성을 보완하고자 노력했다. 시민권, 다시 말해 주권국가가 보증하는 시민격의 권리는 사람이 보유할 수 있는 가장 확실한 권리로 존재해왔다. 바로 주권국가에서 정치적·법률적으로 구축된 질서가 등장하는데, 이는 인간존재의 자연적인 그리고 문명 이전의 상태에 대한 노출과 취약성을 극복하는 데 상당한 성공을 거두었다. 바로 여기가 인간권리의 보호가 가장 확실하게 이뤄지는 곳이다.

사람들은 자신에 대한 안전보장, 자유보호, 존엄유지를 위해 주권국가에 의존한다. 주권은 이러한 측면의 책임을 수행하기 위해 충분한 권위와 권력을 구비해야 한다. 그것은 자신이 배타적으로 사용할 수 있는 '전쟁의 칼'과 '정의의 칼'을 보유하는 것이다. 그러나 이 칼들은 양면성을 가지고 있다. 주권은 그들의 시민 또는 신민에 대한 책임을 실패할 수 있다. 법률이 국민들을 압제할 수 있다. 주권국가에 대한 근본적이고도 지속적인 역설은 그들 스스로가 인간의 번영과 고통을 초래하는 잠재성을 갖고 있다는 것이다. 주권국가가 인간의 조직이기에 그 자체가 인간의 취약성과 결함으로부터 벗어날 것을 기대할 수는 없다. 그렇기 때문에 통치자의 손에 막강한 권력, 특히 군사력이 부여됨으로써 이러한 딜레마는 더욱 심화된다.

정부가 국민들을 임의적이고 경멸적으로, 또 가혹하고도 잔인하게 다룰 때 국가 그 자체는 먼저 자신의 국민에 대해, 더 나아가서는 다른 국가와 다른 국민들에게도 중대한 위험의 근원이 된다. 20세기 역사만 살펴보더라도 우리는 이러한 사실에 대해 충분한 증거를 확보할 수 있다. 근래의 이 기간 동안에 주권국가의 세계에서 인간관계의 양극단, 즉 정의롭지 못하고 사악한 깊은 계곡과 희생적이고 관대한 높은 봉우리를 동시에 증명할 수 있었다. 이 양극단은 제2차 세계대전 동안에 몇 번이고 반복해 나타났다. 유럽 대부분을 정복하고 점령한 (1939~1945) 나치의 치하에서 임의적인 체포와 구금, 고문과 살인, 노예노동 수용소, 최악으로는 대량학살과 함께 인간의 악행과 잔인함이라는 암흑의 극단이 나타났다. 이에 대한 저항과 유럽의 해방은 최악의 순간에서 인간의 관대함이 드러내는 또 다른 극단을 보여주었다.

모든 전쟁의 가장 파괴적인 잔해를 넘어가는 시대에 서구 유럽 국가들은 놀랄 만큼 빨리 변모했다. 1960년대에 이르러 그들 대부분의 시민들은 전쟁 이전의 시대보다 더 큰 번영을 누리게 되었다. 이러한 성취 가운데 특히 중요한 부분은 전후 미국의 외교, 군사, 경제 정책의 결실이다. 1945년 동구 유럽에서 나치 독일이 붉은 군대에 패한 직후, 미국은 이 지역을 점령한 소련의 확장정책에 대항하여 전후 서구유럽의 안전을 유지했다. 이 안전보장의 핵심에는 1949년에 설립된 북대서양조약기구(NATO)가 존재한다. 또한 미국은 유럽의 정치적·경제적 복구를 위해 마샬 플랜(1947)을 도입하고 자금을 지원함으로써 광범위하게 소실된 산업과 파괴된 기반시설을 포함해 유럽 사회를 소생시켰다. 이는 시장경제의 회복뿐만 아니라 법질서와 민주제도의 회복을 목표로 했다.

　이 놀랄 만한 전후 복구의 책임은 서구 유럽에서 회복되어 재확립된 주권국가들에 의해서도 수행됐다. 전쟁 직후 기간에 이들은 시민의 생활수준을 오늘날 그 어느 곳보다도 높은 수준으로 복구하는 데 성공했다. 이는 이들 국가들이 개별적으로는 국내법과 정책을 통해, 그리고 집단적으로는 이들이 설치한 전후 국제기구를 통해 달성한 성취였다. 개별적으로 이들 국가는 그들 시민의 시민권을 예외 없이 인정하고 존중하고 있다. 집단적으로는 세계에서 가장 중요한 국제 인권기구로서 유럽평의회(Council of Europe)의 일부가 된 스트라스부르크(Strasbourg)의 유럽 인권재판소(European Court of Human Rights)를 설치하는 것이었다 (1949). 또한 이들은 경제적 통합과 번영뿐만 아니라 민주주의와 인권을 위해 중요한 국제기구인 유럽연합(European Union, 1957)을 설치했다.

　국가 권력의 유혹, 부패, 남용에서 비롯되는 반인도적 문제가 영구적이지는 않지만 지속되고 있다는 사실을 인정하지 않을 수 없다. 그러나 인간의 안전, 자유, 존엄에 대한 최고의 확신을 제공하는 정치적·법률적 제도는 국가 주권체 이외에 다른 어떤 대안도 없다. 적어도 내가 파악하기로는 전혀 없다. 인간존재는 신뢰할 수 있고 책임 있는 주권국가의 권위 아래에서 살 때 역사상 최고의 수준으로 번영했다. 이러한 번영은 오늘날 우리가 민주주의라고 부르는 국가에서 분명하게 나타난다. 인본주의적인 기준에서 판단할 때 현재 우리가 살 수 있는 최상의 장소는 -가장 안전하고, 가장 자유롭고, 가장 품위 있고, 가장 번영한- 서유럽, 북아메리카, 일본, 호주, 뉴질랜드 등이다.

국제법의 인간권리

국제법 거의 대부분은 −국가에 대한 법률로 불리는− 주권국가들에 최우선의 관심을 기울인다. 이는 '국가의 서로 간 관계에서 국가를 (중략) 기속(羈束)하는 행동의 규칙과 원칙의 집합'으로 정의된다(Brierly, 1936: p.1). 주권국가들은 국제관계에서 최상의 −물론 유일한 법적 주체는 아니지만− 법적 주체이다. 지난 3~4세기 동안 국가들의 상호 간 인정과 관계(외교), 그들의 계약상 합의와 제도(조약), 그리고 공동의 합의와 준수(관습적인 국제법) 등을 통해 스스로에게 적용되는 법률을 구축하고자 협력했다. 주권국가에 대한 실증적인 국제법을 넘어선 범세계적 '인본주의 법'은 존재하지 않는다. 그런데 오늘날의 국제법은 역시 인본주의의 법률인데, 20세기 중반에 시작한 국제 인권체제의 확립 이전까지만 해도 개개인의 사람이 국제적인 법적 주체로 상당한 정도 인정되지는 않았다.

국제법은 국가 주권체를 '권리의 소유권자'로 인식한다(Brownlie, 1979: p.111~112). 이러한 권리 중에서 가장 중요한 것은 영토관할과 불개입 (Non−Intervention)의 권리(당해 국가의 동의 없이 일국의 영토에 외국의 권위와 권력이 행사되는 것을 배제하는), 외교권과 면책특권, 전쟁의 권리(주권국가 또는 이들의 국제기구가 독점적으로 행사하는), 통상권, 자연자원권, 항해권, 어업권 등등이 있다. 국제법은 법인격과 법적 지위, 국가와 정부에 대한 인정(認定), 주권체의 생성과 이전(移轉), 국가의 특권과 면책, 국가의 책임, 시민격과 국적, 최혜국 대우(The most−favoured−nation) 원칙, 해양법, 국제분쟁의 −국가가 정당한 이익과 관심을 갖는 문제에 대한− 사법(司法)절차 등등을 포함한다. 이들은 국제법의 매우 많은 주제와 이슈에서 극히 일부를 열거한 것이다. 국제법하에서 주권국가들은 분명히 권리의 가장 중요한 보유자들이다. 그들은 더 이상 유일한 권리 보유자가 아니다. 이제는 인간과 함께 이러한 지위를 공유하기 때문이다. 그러나 이 같은 변화는 주권국가들에 의해 가능하게 되었다.

국제인권법은 기본적으로 인간존재 개개인의 안전, 자유, 존엄 그리고 이들에 대한 국가 책임을 규정하는 주권국가에 대한 법률이다. 이는 사람들이 살고 있는 국가와 무관하게 주권국가들이 사람들의 취약성에 대해 국제적으로 보이는 중요한 대응이다. 인권은 국제법에 의해 인식되고 국제기구에 의해 장려되고 있는데, 이는 1945년 이후 명확하게 부각됐다. 이전에는 대개 '자연법'이라는 이름하에서 도덕적인 원칙으로 존재했다. 그런데 인권은 국제법에서 당연한 지위를 갖고 있지 않다. 여전히 그 지위는 주권국가의 권리에 속해 있다. 유명한 국제법 교과서에서 '개인'의 권리는 제24장까지 광범하게 논의되지 않는다(Brownlie, 1979: p.552~598). 이전의 모든 장들에서는 국가의 권리를 다룬다. 마침내 개인이 등장하는 부분은 국가의 인권 보호에 대한 국제적 책임에 관한 곳이다. '보호'라는 단어는 국제법에서 인권을 이해하는 핵심이다. 주권국가는 개별적이건 집단적이건 전 세계적으로 인권을 보호할 법적 책임을 부담하는 당국과 기관들이다.

논의를 더 진행하기 전에 국제인권법(International Human Rights Law)과 국제 인도주의법(International Humanitarian Law)의 중요한 차이를 지적할 필요가 있다. 이들 두 국제법 분야는 '개인을 임의적 행동과 남용으로부터 보호하기 위해' 존재한다(ICRC, 2006). 전자는 모든 시간과 장소에서 인간의 취약성에 관련되어 있다. 오늘날 인권은 대다수의 주권국가들에 의해 인정되고, 지역 단위와 글로벌 단위에서 다양한 분야의 국제법에 규정되어 있다. 후자는 전쟁이 벌어지는 시간과 장소에서 군인과 민간인 모두의 개인적 고통을 경감하기 위해 무력에 의한 적개심을 억제하고 제한하는 것과 연관된다(Roberts and Guelff, 1989). 이들 대부분의 내용은 헤이그 협정(Hague Conventions, 1899, 1907)과 제네바 협정(Geneva Conventions and Protocols, 1949)에 포함되어 있다. 전시 또는 무력 충돌의 상황에서 국제인권법과 국제 인도주의법은 보충적으로, 또 상호 상승적인 방법으로 적용된다. 그러나 평화적 시기에는 오직 전자만 적용된다.

본 장은 주로 국제인권법에 대해 살펴본다. 그러나 인간에 초점을 맞춘 양 분야의 국제법은 다른 형태의 입법기관이 아닌 주권국가에 의해 만들어졌다는 사실을 강조할 필요가 있다. 이들이 전쟁의 법률을 만들었다는 사실은 결코 놀랄 일이 아니다. 주권국가는 오랫동안, 또 여전히 인간사에서 전쟁을 수행하는 핵심 기관이기 때문이다. 이들이 전시와 평화시 모두 인도주의적 관심과 인권을 법적으로 마련했다는 것은 이들이 인본성의 원칙을 파악하고 또 경우에 따라서는 준수한다는 것을 의미한다. 오늘날 인권은 중요한 국제법 분야이다. 20세기 주권국가의 사회는 이를 가능하게 만들었다.

지적한 바와 같이 개인의 권리를 보호하는 기본 사항들은 법률을 준수하는 유능한 주권국가의 국내 관할로서 오랫동안 간주됐고 또 지속되고 있다. 이들 국가에서는 이들이 국내 법률에 근거하여 시민권으로 확립되어 있다. 그런데 1945년 이후에는 비록 미약하지만 인권이 어느 정도 보호되는, 즉 국제인권법이라는 추가적인 분야가 등장했다. 이는 제2차 세계대전 중 난폭하고 가학적인 전체주의 국가가 행한 거의 믿을 수 없는 비인간적 행위, 특히 나치 독일의 집단 학살에 대한 주권 국가들의 대응이었다. 이는 국제 인권보호가 다른 어느 곳보다 유럽에서 훨씬 더 중시되는 이유를 설명한다. 또한 국내법에서 시민권을 개인의 고유한 권리로 인정하는 역사적 관점도 이해해야 한다. 서유럽 국가들은(미국과 함께) 시민의 권리를 법적으로 인정하고 보호하는 긴 역사를 가지고 있다. 일부 국가에서는 이러한 전통이 18세기, 심지어 부분적으로는 '신민의 권리와 자유를 선언하는 법률'로 명명되는 영국의 권리장전(Bill of Rights)처럼 17세기 말까지 거슬러 올라간다. 국제법은 국가의 이러한 전통적 책임을 확장하여 외국 국민의 보호도 포함하고 있다. 그런데 개인권 보호에 대한 책임을 거의 전부 부담하는 권위와 당국은 -주권국가- 여전히 동일하다.

지금까지 국제인권법에서 가장 중요하고 가장 성공적인 결과는 '인간권리와 기본적 자유의 보호에 대한 유럽 협정(European Convention for the Protection of Human Rights and Fundamental Freedoms, 1950)인데, 이는 유럽 평의회 회원국 국민들의 권리에 대한 국제법이다(Brownlie, 1979: p.574). 작성 당시 아일랜드와 노르웨이를 제외한 모든 조인국들은 이 협정을 자국법에 포함시켰다. 유럽 인권재판소는 특정한 법률적 조건하에서 회원국 대법원의 판결을 뒤집을 수 있는 권한을 가지고 있다. 협정의 당사국이 인권을 침해했고 또 해당국의 사법기구가 공정하지 않다고 주장하는 소송 당사자는 이 법원에 소를 제기할 수 있다. 조인국들도 소를 제기할 수 있다. 법원은 소에 대해 판결을 내릴 것인지 여부를 판단할 수 있다. 법원의 판결은 법적으로 회원국을 구속한다. 이는 구속성을 갖는 유일한 국제 인권체제이다. 그렇지만 이 체제는 사법적 판결 권한을 포함해 개별 국가가 유럽 집행위원회에 참여하고 또 유럽 인권재판소의 판결을 전적으로 수용하겠다는 사전적인 동의를 필요로 한다. 이 체제는 주권국가의 기초 위에서 성립하며 다른 어떤 방법에 의해 성립할 수는 없다.

그러므로 국제인권법은 개인이 어디에 살건 관계없이 위해와 남용으로부터 개인의 안전과 자유를 보장하기 위해 주권국가가 설정한 추가적인 법적 장치로 이해되어야 한다. 이는 자국민의 권리를 보호하지 않거나 보호할 수 없는 국가는 외국 정부나 국제기구의 개입을 초래해야 한다는 것을 의미한다. 또한 이는 개인의 권리가 위협받고 침해받는다면 정부와 국제기구는 국내나 해외 어디건 관계없이 인권을 보호해야 한다는 것을 의미한다. 만약 인권보호가 인간존재의 보편적 취약성에 근거하는 일반적인 국제규범이라면 – 현재 그렇게 논의되고 있지만 – 당연히 그러해야 한다. 그러나 현실에서 구현하는 것보다는 이론적으로 생각하는 것이 더 쉬운 일이다. 다음 절에서는 이 점을 논의할 것이다.

그런데 국제적인 인권보호에서 비정부기구(NGOs)의 역할에 대해 설명할 필요가 있다. 물론 이들 기구는 인도주의적 측면에서 중요한 역할을 하지만 주권국가의 역할 다음 순위이거나 보조적인 역할이다. 비정부기구는 영향력이 있고, 자신의 견해를 국가와 국제기구에 전달하거나 자문을 제공할 수 있고, 또 인도주의의 위기와 이슈에 주의를 환기시킬 수 있다. 만약 국가 또는 국제기구가 자문을 구한다면 그들은 법적 자문가 또는 기술적 전문가로서 인권 이슈에 대한(환경보호와 같은 다른 이슈에 대해서도 물론) 국제법 초안의 작성에 도움을 줄 수 있다. 민간의 개인과 자발적인 조직들은 세계인권선언(Universal Declaration of Human Rights)과 국제인권법의 여타 분야에서 초안을 마련하는 데 중요한 역할을 수행했다. 비정부기구들은 구호기구로서 그들이 전 세계에 닿을 수 있는 그 어느 곳이건, 또 그들이 할 수 있는 그 어떤 선행이건 모두 할 수 있을 것이다. 그러나 그들이 닿을 수 있는 곳은 국가기관이나 국제기구의 승인과 보호에 따라 다르다.

인도주의적 비정부기구들이 할 수 없는 일은 법을 만드는 것인데, 이들은 아무런 법적 권한이 없기 때문이다. 그들은 군사력과 경찰력을 행사하며 인권을 강제 집행하는 책임을 스스로 부담할 수 없다. 그들은 군대도 경찰조직도 아니다. 그들은 무기를 보유할 법적 권리를 갖고 있지 않다. 그들은 물론 전 세계 여러 국가에 요원들을 파견할 수 있지만, 비정부기구도 결국은 입국(入國)하고 인도주의적 조치의 승인을 받기 위해 주권 정부에 의존한다. 그들은 원하는 장소와 시간에서 자유로이 활동하지 못한다. 또한 그들은 위험한 장소에서 요원들의 보호를 위해 국가기구와 국제기구에 의존한다. 이는 특히 1990년대 초 소말리아에서 명확하게 나타났는데, 당시 소말리아에서는 국가가 붕괴하여 상호 경쟁적 군벌들에 의한 내전의 위험한 상황이 나타났다. 소말리아에서 비정부기구들은 이러한 위험에 노출됐다. 그들은 소말리아 국민들뿐만 아니라 전장에서 벗어나지 못한 그들의 요원들을 보호해주도록 UN, 미국과 다른 나라들에게 긴급히 개입을 요청했다. 다른 사람들과 마찬가지로 비정부기구들도 자신들의 인권을 인정받고 보호받기 위해 주권국가 시스템에 의존하고 있는 것이다.

인도주의적 개입

국적과 거주지와 상관없이 개인과 그들의 권리를 보호해야 한다는 주권국가의 책임이 국제적으로 확산되며 몇 가지 어려운 이슈가 등장했다. 그중 무력을 사용하는 인도적 개입에 관한 것이 가장 논란이 되었다. 국가는 무시되거나 치워버릴 수 없는 그 자신의 권리를, 또 인권과 함께 존중받아야 할 많은 권리를 갖고 있기 때문에 몇 가지 이슈들이 나타난다. 그 권리에 포함되는 가장 중요한 것은 앞에서 설명한 영토관할과 불개입의 권리이다. 또 다른 이슈들은 국가가 전 세계적으로 개인의 인권을 보호할 책임 이외에도 많은 책임을 지고 있다는 사실에서 비롯된다. 가장 중요한 두 가지 책임은 자국민을 보호하고 국제평화와 안전을 유지하는 것이다. 그런데 여기에서 무엇보다도 어려운 ─그리고 비극적인─ 논쟁이 나타난다. 인도적 목적으로 무력을 사용하는 과정에서 주권국가와 국제기구에 의해 인권이 침해될 수 있다는 것이다.

국가들에 대해서는 현재 자신의 영토 내에서 자국민과 외국인 거주자뿐만 아니라 외국의 국민과 거주자를 보호하는 책임이 ─사실 이는 국제인권법하에서 부과되는─ 인정된다. 물론 개별 국가들이 외국의 국민과 거주자를 도우고 구조하기 위해 자국민을 희생해야 한다고 생각하지는 않는다. 그러나 외국인들의 인권이 심각하게 위협받고 공격받을 때 개별 국가는 그들의 인권을 보호하기 위해 관심을 갖고 할 수 있는 모든 행동을 취해야 할 것이다. 이 이중적인 책임은 규범상의 어려움과 심지어는 딜레마를 포함할 수밖에 없을 것이다. 독립적인 정부는 국제적으로 인권을 보호하기 위해 자국민들에게 어느 정도를 요구할 수 있을 것인가? 현실적으로 너무 많은 것을 -핵심적인 이익이 위험에 처하지 않도록- 요구할 수는 없다고 말하는 게 정확할 것이다. 이 경우에는 주권국가의 권리와 인권이 충돌하지 않는다. 그러나 너무 많은 것은 무엇이고 또 너무 적은 것은 무엇인가? 국제관계에서는 명확하고 일관성 있는 답변이 없다. 따라서 개별 국가의 영토관할과 국제적 인권책임의 범위가 어느 정도인지는 여전히 논쟁적인 주제이다.

그런데 이 논쟁을 해결하려고 노력하는 전문가들의 입장, 즉 인도주의적 개입 이슈에 대한 최근의 중요한 두 가지 접근을 -물론 해결책은 아니지만 이 이슈를 판단할 수 있는 최소한의 합리적 방법으로- 소개할 수 있다. 각 접근의 출발점은 동일한데, 그것은 국경 내부의 사람들뿐만 아니라 국경 외부의 사람들을 보호해야 한다는 주권국가의 책임성이다. 두 가지 접근은 모두 오늘날의 주권국가가 불개입의 절대적 권리를 가진다는 전제를 거부한다. 그런데 동일한 출발점 이후에는 이들이 서로 다른 입장을 취하고 있다.

첫 번째의 보다 진보적인 접근은 '보호책임'의 원칙인데, 널리 전파된 「개입과 국가 주권체에 대한 국제위원회 보고서(*Report of the International Commission on Intervention and State Sovereignty*)」에 언급되어 있다(Evans and Sahnoun, 2001). 이 접근은 인도적 개입이라는 난해한 문제에 대해서도 국가 주권체와 인권 사이에 조화와 일관성이 존재할 수 있다고 주장한다. 이러한 측면에서 이 원칙은 칸트적(Kantian)이다. 두 번째의 보다 현실적인 접근은 특별한 이름이 부여되지는 않았지만 '국가 책임과 인권 사이의 균형' 원칙으로 불릴 수 있다. 이 내용은 어느 하나의 기본 문서에 담겨져 있지는 않지만 인도적 개입에 대한 구체적 논평들, 특히 「인도적 개입: 법적 정치적 측면[*Humanitarian Intervention: Legal and Political Aspects*(DUPI, 1999)]」이라는 서적에 포함되어 있다. 여기서는 국가 주권체와 인권이 갈등 속에 있으며, 심지어 시기에 따라서는 충돌까지 할 수 있고, 또 이러한 충돌이 인도적 개입보다 더 명확하게 나타나는 경우는 없다고 주장한다. 문제는 국가 주권체와 인권 사이의 수용 가능한, 또는 적어도 감내 가능한 수준을 발견하는 것이다. 이 원칙은 이러한 측면에서 아리스토텔레스적(Aristotelian)이다. 여기서는 이 두 원칙들에 대해 간단히 살펴볼 수 있을 뿐이다.

첫 번째 접근에서는 국가 주권체가 무거운 책임을 지는데, 주권국가의 기본적인 책임은 국경 내의 사람들을 보호하는 것이라고 지적한다. 그런데 이것으로 국가의 보호책임이 끝나는 게 아니라 국경선을 넘어 확대되는데, 사람들이 살고 있는 국가와 상관없이 위협과 공격을 받는 사람들을 보호하는 것이다. 취약성과 불안전은 인간이 직면하는 보편적인 난관으로서 일반적으로 보호책임이 필요한 이유이다. 특히 국제사회의 일부 회원국들이 신속하게 배치가 가능하고 고도의 기동력을 가진 군대를 보유하는 등 지금과 같은 보호수단이 존재하는 경우에는 더욱 그러하다. 외국의 인구가 심각한 고통을 ─내전, 폭동, 탄압, 국가 붕괴 등등─ 받고 있고 지역 국가들이 이를 처리할 수 없거나 그 의사가 없는 경우, 영토관할과 불개입의 주권 권리는 '국제적 보호책임보다 후순위에 위치'해야 한다. 이러한 군사개입의 목표는 반드시 인구에 대한 보호여야 하며, 결코 정부 또는 체제의 전복이 -또는 개입국의 국익 확대가- 되어서는 안 된다.

'보호책임'의 법적인 기초는 국가 주권체에 내재한 의무로서, 이는 국제법의 원천이다. 이 의무는 국제평화와 안전을 유지하고 보호를 해야 할 UN 안전보장이사회의 책임으로 규정된다. 인간의 안전은 -그들이 어디에 있건 관계없이 사람들의 개인적 안전- 국제평화와 안전의 일부로 간주된다(Jackson, 2000a: p.210~215). 이는 더 이상 국내의 관할에 한정되지 않는다. 이 의무는 국제인권법과 국제 인도주의법의 선언, 규약, 동맹, 조약 등에 반영되어 있다. 그것은 국가, 지역기구, UN의 인도주의적 활동에 명백하게 나타난다.

'보호책임'은 인도주의적 개입을 정당화하는 원리인데, 자국민 보호라는 국가책임을 전제로 하면 불개입이라는 주권의 권리가 인정된다. 만약 국가가 이 책임을 거부하거나 방기한다면 그 국가는 정당한 국제적 개입의 가능성에 직면하게 된다. 이 원리는 사실상의 심각한 위험에 노출된 사람들을 -어느 곳에 거주하든 상관없이- 보호하기 위해 국제적인 군사력 행사를 인정한다. 인도적 보호를 위한 군사개입은 '예외적이고도 특수한 수단'으로 간주된다. 군사개입이 필요할 뿐만 아니라 의무적이기 위해서는 '인간존재에 나타나는 심각하고도 회복 불가능한 피해' 또는 '일촉즉발로 일어날 가능성'이 존재해야 한다. 이러한 행동이나 위협은 대량살상의 의도와 무관하게 정부의 의도적인 행동, 무시, 무능력, '국가붕괴 상황', 또는 '살해, 강제추방, 테러나 강간 등으로 자행되는 대규모 인종청소'의 결과로 나타나는 실질적이거나 임박

한 대량학살을 포함한다.

'보호책임'의 원리에 의하면 '인간보호 목적을 위한 군사개입 승인' 을 위해서는 UN 안전보장이사회보다 '더 적절하고 나은 기구'는 없다. 이 원리는 국제적인 인권보호를 위한 군사행동을 승인할 수 있도록 현재의 UN 체제 내에 존재하는 것보다 더 적절한 도덕적, 법적 근거 를 찾기 위해 노력한다. "이 노력은 권위의 근거로서 안전보장이사회 에 대한 대안을 찾는 것이 아니라, 안전보장이사회가 지금보다 더 잘 작동하도록 만드는 것이다." 이는 안전보장이사회 상임이사국의 완벽 한 협력을 필요로 한다. 이들은 '자국의 핵심이익이 관련되지 않은 사 안에서는 거부권을 행사하지 않고, 또 자국을 제외하고 과반수 지지를 받는 인간보호 목적의 군사개입을 승인하는 결의안 통과를 방해하지 않는 데 동의해야만' 한다.

이제 안전보장이사회는 전 세계 개별 인간존재를 보호하는 책임을 부담한다. 이는 국가 사이의 평화와 안전으로 정의되는 국제평화와 안 전의 유지라는 전통적인 책임을 넘어서는 것이다. 이사회의 책임은 더 나아가 국가 *내부*의 평화와 안전을 유지하는 것으로 기대된다. 국제적 인 보호책임의 원리에 의하면 안전보장이사회 이사국들이 외국 국민 의 안전보호라는 추가적인 부담을 기꺼이 질 의향이 있거나, 또는 적 어도 일부 이사국들은 실제 그러할 수 있다는 사실을 가정한다. 이러 한 부담에 대해서는 실증적인 근거가 있다. 이사회는 '위협'을 판단하 는 1945년 UN헌장의 기준을 냉전(冷戰)이 끝난 후 '국제평화와 안전' 으로 개정했다(제39조). 일련의 결의에서 테러리즘과 대량 살상무기뿐 만 아니라 인도주의적 위기를 위협에 포함시킴으로써 이 기준은 사실상 확대됐다(United Nations Report of the High-level Panel on Threats, Challenges and Change, 2004). 이 주장에서 급진적이고도 비현실적인 논의는 5개 상임이사국의 거부권을 무력화(Override)할 수 있도록 인도주의적 개입에 대해서 안전보장이사회의 결정을 다수결에 붙이는 것이다. 이는 UN 헌장 제Ⅶ장에서 설명된 안전보장이사회에 대한 1945년 최초 헌장을 근본적으로 변화시키는 것이다.

두 번째의 보다 현실적인 접근, 즉 국가책임과 인권의 조화 원리는 주권국가와 국제기구가 인간존재를 보호할 책임을 ─그것이 가능하고 허용될 수 있는 곳이라면 어디에서건─ 부담한다고 주장한다. 이 접근의 근저에는 이사야 벌린(Isaiah Berlin)이 명명한 '가치의 충돌(Collision of Values)'이 ─비록 명시적으로 인식하지는 않았지만─ 있다(Berlin, 1992: p.13). 주권국가로 구성된 시스템 또는 사회는 ─일부는 양립 가능한, 일부는 그렇지 않은─ 정당한 이익과 관심들의 집합을 아우르고 있는 것이라 할 수 있다. 바로 이러한 속성 때문에 모든 주권국가들은 추구해야 할 여러 목표와 보호해야 할 다양한 이익들을 가진다. 외국의 국민들을 보호해야 할 이들의 책임은 이들이 가진 다른 중요한 책임들과 불가피하게 균형을 이뤄야 한다. 가장 중요한 책임은 자국민을 보호하고 자국 군인들의 생명을 불필요하게 위험에 처하지 않도록 하는 것이다. 여기서 불필요의 여부에 대한 판단을 하기 위해서는 전통적으로 자국과 자국민의 안전과 생존을 우선적이고도 최고로 간주해야 할 것이다. 사람들을 보호하기 위한 국제적 행동은 이와 같이 복합적이고, 또 종종은 상반된 시각하에서 이뤄져야 한다.

두 번째 접근에서는 개인의 인권과 주권국가의 권리가 갈등을 일으키고 심지어는 충돌할 수 있다는 -어려운 규범적 딜레마를 초래하는- 사실에 주목한다. 또한 주권국가는 종종 인권을 무시하고 어쩌면 그 희생까지도 요구할 수 있는 중요하고도 정당한 이익을 가진다는 사실을 주목한다. 이러한 갈등은 전쟁의 위협 또는 실제 전쟁에서 비(非)전투원(Non-combatants)을 위험하게 하는 군사행동이 요구되거나 심지어는 필요한 상황이 나타날 때 명확해진다. 경우에 따라서는 어떤 사람들의 인권을 보호하기 위해 다른 사람들의 인권을 희생하는 것이 불가피하거나 심지어는 이를 요구할 수도 있다.

이 두 번째 원리에 의하면 세상사에는 절대적인 가치나 최고의 규범이 존재하지 않는데, 그것은 국가 주권체뿐만 아니라 인간권리에서도 마찬가지이다. 인도주의적 개입은 비극적이게도 인권침해를 포함할 수 있다. 코소보(Kosovo)의 공중전(1999)에서 NATO의 폭격은 비전투원들을 살해했다(Jackson, 2000b). 이는 (아마도) NATO 조종사들을 대공포와 미사일로부터 보호하기 위해 조종사들이 상당한 고도에서 폭탄을 투하하도록 요구한 군사전술에서 예상됐던 위험이었다. 이 때문에 '수반되는 피해'와 목표지점 인근의 민간인 살해와 중상의 가능성은 증가했다. 그런데 이보다 더 심각한 규범적 딜레마가 있었다. 조종사들의 생명뿐만 아니라 그들이 달성하고자 했던 인도주의적 군사목표라는 고상한 배려로 인해 비전투원 면책(Non-combatant Immunity)이라는 인도주의적 규범이 분명히 손상됐다(이 사례에서는 NATO의 폭격 목표점 인근의 세르비아 민간인들이 대부분 영향을 받았다). 그들은 세르비아 영토인 코소보를 장악한 세르비아의 무장 군대와 민병대에 의해 계속됐던 인종청소로부터 코소보의 알바니아인들을 구출하고자 노력했다. 그들의 목표는 피난민들이 고향 마을로 돌아갈 수 있도록 NATO 지상군이 코소보를 장악하고 평화, 질서, 법적인 환경을 조성해 인종청소라는 부정의(不正義)를 교정하는 것이었다. 하지만 다른 사람의 인권을 보호하기 위해 일부 사람의 인권은 위험에 처해졌던 것이다.

　인도주의적 딜레마가 훨씬 대규모로 분명하게 나타난 경우가 있는데, 그것은 미국과 영국 군대의 이라크에 대한 군사 침입, 점령 그리고 평정 시도였다. 이 사례에서는 훨씬 더 많은 민간인 피해가 있었는데, 그 수가 수천 명 또는 일부에서는 10만 명 이상으로 추정하기도 했다. 이 경우에는 군사개입의 수혜자와 희생자가 이라크인이라는 동일한 국민에게서 나타났다. 처음에는 불분명했지만 최종적으로 밝혀진 선택점은 사담 후세인의 독재, 그리고 외국의 군사개입에 의한 체제전환과 새로운 민주주의의 축복, 이 둘 사이에서가 아니었다. 오히려 '인간 침해'들 사이의 선택이었다. 즉 독재라는 침해와 군사개입으로 예기치 않게 나타난 무정부와 혼란의 침해 사이였다. 이 사례는 다른 나라 국민의 인권을 보호하기 위해 군대를 사용할 때 나타나는 문제, 당혹 그리고 매우 복잡한 축복을 밝혀주고 있다.

　이 논의에서 인식할 수 있는 문제는 실제 현실의 갈등에서 국가 주권체와 인권 사이, 또는 일부 사람의 인권과 다른 사람의 인권 사이에 웬만큼 존재했던 균형이 깨질 수 있다는 사실에 눈을 감는 것이다. 이는 합리적인 도덕적 공리주의 또는 비용편익접근이 제기하는 외교정책에 대한 비판이다. 그러나 이 두 번째 원리의 기본적인 함의는 이러한 딜레마를 회피하는 것이 불가능하기 때문에 사람이 할 수 있는 최선으로 이러한 문제를 인간적인 연민과 분명한 책임의식으로 대하라는 것이다.

　인도주의적 개입의 두 가지 원리를 살펴본 목적은 이들 사이에서 선택을 유도하거나 어느 것이 더 우월하다는 결론을 도출하고자 함이 아니다. 또한 국가 주권체와 인권에 대해, 또는 한 사람의 인권과 다른 사람의 인권에 대해 이들이 갈등상태에 있을 때 각각에 부여해야 할 가중치를 판단하는 어떤 기준을 밝히는 것도 아니다. 이러한 작업은 본 연구의 범위를 넘어선다. 두 가지 원리를 살펴본 이유는 세상사에서 인권보호가 주권국가의 외교정책과 국제 활동에 대부분 의존한다는 것을 강조하기 위함이다. 어떤 원리에 근거하든 상관없이 우리 스스로가 전 세계적 인권보호를 위해 군사력 사용을 정당화할 수 있는 출발점으로 국가 주권체라는 기존의 체제를 채택했다는 것은 두 가지 원리 모두가 갖는 장점이다. 현실적인 다른 대안은 없다.

주권체와 세계화

9/11 테러와 국가

2001년 9월 11일, 미국인들은 충격을 받았고, 이 사건은 주권국가의 기본 임무에 대한 홉스의 경종을 일깨웠다. 미국의 성벽은 ─세계에서 가장 높고 가장 강력한─ 다른 강력한 권력이 아니라 테러리스트의 작은 집단에 의해 극적으로 파괴됐다. 이 경악스러운 상황에서 미국인들은 자연상태로 돌아가 언덕 위로 뛰어가는 일을 벌이지 않았다. 그들은 국제 적십자위원회나 국제 사면위원회, 여타의 인도주의적 또는 인권기구에 부탁하지 않았다. 자본주의의 중심에 거주하면서도 그들은 월스트리트 또는 조지 소로스(George Soros)를 향하지도 않았다. 그들은 워싱턴과 조지 부시(George W. Bush)로 향했다. 그들은 대통령, 의회, 군대, 경찰, 외교관, 스파이 그리고 그들에게 가능한 여타의 정부당국과 기관들에게로 향했다. 그들의 정부는 발본색원의 공동 노력을 위한 협조와 지원을 구하고자 해외의 우방들과 동맹들로 향했다. 9월 11일 직후의 사건들로부터 모든 사람들에게 보호자와 안전한 피난처라는 주권국가 본연의 역할이 명확해졌다.

세계화와 상호 연관된 이 세상에서 안보 위기에 직면한 국가들은 이에 대응하기 위해 동맹들의 지원과 다른 국가의 협조를 분명히 중시하게 될 것이다. 이는 북대서양조약기구가 뉴욕과 워싱턴의 공격에 대항하여 내린 신속한 결정에서 분명하게 나타났다. 9월 12일 NATO는 52년의 역사에서 처음으로 조약 제5조를 상기했다. 즉, 어떠한 동맹국가에 대한 공격도 그들 모두에 대한 공격으로 간주해야 한다는 것이었다. NATO의 약한 회원국이 미국을 도우고자 왔다는 이 아이러니를 언론인들도 놓치지 않았다("테러리스트 공격이 북대서양 안보의 상식을 뒤집다."). 또한 워싱턴은 테러리즘 공격에 필요한 지원과 협조를 구하고자 파키스탄, 러시아, 이집트, 카자흐스탄, 쿠웨이트, 인도, 인도네시아 및 여타 국가들로 향했다. 이 사건의 국제적 성격은 테러리즘을 지원하거나 또는 테러리스트들에게 피난처를 제공하거나 또는 영토 내에서 이들을 용인하는 -이들을 탄압하지 않고- 외국 정부는 외국의 개입을 초래할 것이라는 경고에서도 분명하게 나타났다('테러리즘: 질문과 답변'; 'Terrorism: Questions and Answers').

주권국가와 국가시스템 본연의 안보책임을 상정하지 않고서는 테러리즘과 많은 곳에서 나타나는 -나이로비, 모스크바, 뉴욕, 워싱턴, 발리, 마드리드, 앙카라, 런던, 암만, 뭄바이 등- 테러리스트의 공격에 대한 대응을 이해하기란 어려울 것이다. 비(非)국가와의 전쟁이 아니라 주권국가에 대항하여 주권국가들 사이의 전쟁에 익숙한 주권국가들로는 국제 테러리즘에 대한 '전쟁'이 생소한 문제를 야기했지만, 이러한 상정은 분명했다. 그런데 국제적인 테러리즘의 목표를 파악하기란 쉬운데,

그것은 주권국가의 정부와 국민들이다. 테러리스트들이 모의하고 행동할 때 그들은 이러한 국가의 의미와 중요성을 전제하고 있다. 테러리즘에 대한 현실적인 법적 문제는 테러리스트가 전사(戰士)인지 -그들이 주장하는 것처럼- 범죄자인지 여부를 결정하는 것이다. 그 결정이 무엇이건 관계없이 그것은 전적으로 국가 주권체의 체제 내에서 이루어질 것인데, 주권체는 전쟁과 범죄 모두를 처리하고자 구비된 제도이다(의회의 미국 애국법, United States Patriot Act of Congress).

국가 주권체의 기본 전제와 기대는 국가와 국민의 안전이다. 이 표준적 수준을 달성하고 있는 국가들은 일본, 호주, 뉴질랜드뿐만 아니라 유럽과 북아메리카의 상대적으로 성공적이고 중요한 국가들이다. 경우에 따라서는 안전이 적절하게 또는 전혀 유지되지 않는 부분이 있긴 하지만, 이러한 사실이 인정된다. 국가시스템의 주변부에 위치하는 정부들은 종종 자신의 영토 전체에서 안전을 제공하지 못하고 또 못할 수도 있다. 국제 시스템에 의해 지탱되는 준(準)국가(Quasi‐states), 내전상태의 국가, 여러 가지 의지와 목적에서 볼 때 더 이상 존재하지 않는 실패국가, 그리고 국가의 안전이 지켜지지 않는 여러 가지 다양한 상황들이 분명 존재한다(Jackson, 1990). 물론 관할 내의 모든 지역에서 법률을 확고하게, 충분히 실효적으로 집행하지 않는다면 모든 국가는 부분적으로 실패한다. 완벽하게 성공적인 국가, 완벽하게 안전한 사람과 인구는 현실이 아니고 개념이다. 미국의 일부 도시에는 어두워진 후 출입이 위험해 홉스의 '자연상태'를 상기시키는(Thomas Hobbes, 1946: 13장) 시민적 권위의 통제가 이루어지지 않는 '제한(No Go)' 구역이 있다. 국가가 안전을 보장하지 못하는 곳에서는 시정되어야 하는 긴급한 문제가 있다고 일반적으로 생각할 수 있다. 안전은 주권 국체의 기본 전제이다. 불안전은 국가의 취약성, 의지부족, 통제상실, 붕괴, 실패의 신호이다. 우리는 이를 파악하고 있으며, 그 기대치에서 유감스러운 ―아마도 감내 불가능한― 이탈이 나타날 때 비판한다.

주권국가와 국가시스템을 대신하는 어떤 다른 형태의 군사력과 경찰력 체제가 안전을 제공하는 것이 가능할 것인가? 세계화와 비(非)국가 실체는 대안이 되지 않는다. 안전의 보장은 비국가 실체의 능력을 벗어나고 있으며, 이들도 다른 실체들처럼 자신의 안전을 위해 국가에 의존해야 한다. 테러리스트들은 예외로 보이지만 그들도 어딘가 육상(Terra Firma)에서 자리를 잡아야 하며 그들을 지원하거나 감내하거나 또는 탄압할 의지와 역량이 없는 국가 내에서 피난처를 찾으려고 노력해야 할 것이다. 세계화 논의는 일반적으로 안전을 주어진 것으로 간주하고 출발한다. 이 논의에서는 국가와 국가시스템의 근본적인 역할과 책임을 전제로 하고 있다. 모든 국가가 부분적으로 실패한다고 하더라도 국가를 대신할 현실적이고 실질적인 대안을 상상하기란 어려운 일이다. 아는 악마가 모르는 악마보다 낫다. 안전을 책임지는 국가가, 민주주의 국가를 포함해 모든 국가가 권력을 남용하는 심각한 위해를 갖고 있다는 것을 인정하면서도(Krieger, 1967: p.419), 나는 이 말을 하고 있다. 만약 리바이어든(Leviathan)이 그 요구대로 작동하지 않는다면 이에 상응하는 대가가 일반적으로 따르게 된다. 우리가 어쩌면 전 세계적인 거버넌스 체제와 같은 대안을 발견한다 할지라도, 그것은 역시 그 수단으로서 권력을 보유할 것이며 또 그것이 조직되는 방법과 포함되는 사람과 무관하게 남용의 위험이 존재할 것이다.

가장 근본적인 관점에서 볼 때, 주권국가는 홉스가 표현한 것처럼 '전쟁의 칼' 또는 '군사적 권리'와 '정의의 칼' 또는 '처벌할 권리'를 보유하고 있어야 한다(Thomas Hobbes, 1993: p.176~177). 홉스는 이 책임을 다음과 같은 문장으로 표현했다. "이제 통치자의 모든 의무는 하나의 문장으로 표현되는데, 그것은 바로 '국민의 안전은 최고의 법률이다.'로 나타낼 수 있다(Thomas Hobbes, 1993: p.258)." 국가와 사회가 다른 측면에서는 상당히 변화했지만, 이 기본은 홉스 시대 이후로 변화하지 않았다. 홉스는 보호자로서의 국가에 대한 탁월한(*Par Excellence*) 정치철학자, 즉 안보, 안전, 질서, 평화의 철학자였다. "세계적 사안에서 국가는 해명책임의 단위이다(Schultz, 2002)." 미국의 전 국무부 장관의 이 같은 언급은 왜 우리가 주권국가와 국가시스템에 계속 의지해야 하는가의 질문에 대해 내가 얻을 수 있었던 답변 중 최고였다. 우리의 안보 그리고 우리가 스스로 제공할 수 없는 다른 필수적인 조건과 서비스에 대해 국가는 해명책임과 설명책임을 진다. 논쟁의 여지가 있지만 이들은 그렇게 할 수 있는 유일한 주체이다. 이는 명백한 사실로 보이지만, 이 사실을 으레 당연하다고 간주하지 않고 명확하게 설명하려는 시도는 학문적 연구의 가치가 충분하다.

세계화 논의

주권국가 시스템은 쇠퇴하는가, 아니면 그런 변곡점에 있는가? 이 시스템의 근간은 ―국가 주권체― 취약해지고, 침식되고, 심지어 해체되고 사라지고 있는가? 이 측면에서 우리는 엄청난 변화를 경험하고 있는가(Burgi and Golub, 2000)? 또는 이 건축물의 일부와 가구(家具) 정도만 변화하고 있는가? 국가 주권체는 중세 이후에 이들이 겪었던 것처럼 과학적, 기술적, 경제적, 사회적 변화에 따라 다시 한 번 진화하고 있는가? 나는 이 의문들을 제기한다. 왜냐하면 우리는 지금 주권국가 시스템이 다른 형태로 변화를 겪고 있다고 생각하는 —주권 이후의 정치적 세계가 상세하게 어떤 모습인지에 대해서는 명확하지 않지만— 서로 다른 분야의 학자들, 다양한 종류의 전문가들, 저널리스트들, 사업가들, 적어도 일부의 정치인들이 존재하기 때문이다(Cooper, 2002; Del Rosso, 1995; Held, 1995).

오늘날 국가 주권체는 쇠퇴하고 있다고 종종 설명된다. 국제무역과 통상, 다국적 기업, 전자통신(전화기, 위성, 인터넷), 대양 해운과 대륙 간 운송, 국제기구, 세계적 여행과 관광, 우주탐험, 지구촌 전체에 대한 인식 제고…… 이들 모두와 그 외 현상들이 주권국가와 국가시스템을 우회하고, 또 심지어 대체까지 하며 세계적인 시장과 범지구적인 사회를 만들고 있다고 말한다. 또한 국제적 범죄와 국제적 테러리즘은 이들을 근절하려는 국가와 국가시스템의 노력에도 불구하고 지속되고 있으며, 심지어 번성하고 있다고 지적한다. 간단히 말해 국가주권과 규제를 넘어선 새로운 세계가 등장하면서 점점 더 많은 수의 사람들이 연관되고 있다. 국가 지상주의는 급격하게 또는 점진적으로 다국적주의와 세계 동포주의로 전환하고 있다. 일부 학자들은 머지않아 일종의 초국가적 시민권에 기초한 민주적인 세계적 권위가 등장할 것이라고 예측한다(Fukuyama, 1991; Held, 2004).

오늘날 국가는 과거와 같은 방법으로 국제무역과 통상을 관리하지 못한다고 말한다. 글로벌 시장으로 인해 국민정부의 범위와 통제를 넘는 전자화폐의 쓰나미가 지구를 뒤덮고 있다. 다국적 기업들은 개별 국가의 규제와 조세를 벗어나 초국경적인 통합 생산시설을 운영하고 있다. 선진국의 기업들은 개발도상국에서 그 업무를 '아웃소싱(Outsourcing)'하고 있다. 미국과 영국의 출판사들은 생산원가, 특히 노동비용이 낮은 인도와 같은 나라에서 도서를 편집하고 인쇄하는 체제를 구비했다. 노동시장은 점차 글로벌화가 되었다. 이와 같은 추세에서 자본은 큰 주저 없이 가장 비용효율적인 노동공급이 가능한 곳으로 이전했다. 또 다른 현상으로 노동력은 국경을 넘거나 대양을 건너 임금이 높은 곳으로 이주하고 있다. 국가가 영토 경계를 순찰할 수 없다고 -적어도 과거와 같이 효과적으로는 아니다- 얘기하기도 한다. 단단히 결심한 사람들이나 절망적인 사람들의 무리가 취업을 위해 불법적으로 다른 나라에 들어갈 길을 찾는다. 예컨대 최근 수백만의 라틴 아메리카인들이 멕시코 국경을 넘어 미국으로 숨어들고 있다. 유사한 밀입국이 남쪽과 동쪽의 국경을 넘어 유럽연합에서도 나타나고 있다.

또한 국가시스템과 글로벌 시장 사이에서 '사회적 공간'을 차지하는 여러 조직과 활동들로 구성된 -민간, 비영리 및 자발적- '글로벌 시민사회'의 등장을 주시해야 한다고 주장하는 사람들도 있다(Salamon, Sokolowski, and List, 2003). 이들은 인권조직, 종교회합, 환경집단, 대학후원 활동, 그리고 병원과 의원을 설립 운영하는 의사와 간호사, 민간학교를 조직 운영하는 교사들, 지역 인프라를 설계·건설·유지하는 엔지니어와 기술자들을 포함하는 전문가들의 자발적 봉사집단 등을 지적한다. 이러한 조직과 활동들의 수와 다양성은 최근 수십 년간 증가하고 확대됐다.

　일부에서는 이를 '글로벌 결사체 혁명', '사실상 전 세계 모든 지역에서 민간의 자발적인 조직과 활동의 거대한 분출'로 묘사되기도 한다 (Salamon, Sokdowski, and List, 2003). 이들 조직과 활동들은 정부와 시장이 가능하게 하지 못하거나 거부하는 필수적인 재화와 지역서비스 즉 음료수, 지역 위생, 기초 교육, 소규모 융자, 단순 기술, 개인 의료, 공공 의료홍보, 사회적이고 심지어는 정치적인 의식화 등을 제공하거나 개선한다. 이들은 스스로 특정한 '공간'을 '확보한다'고 말하는데, 이는 국경에 의해 한정되지 않고 또 국가의 규제에 제한받지 않는다. 이들은 민주주의뿐만 아니라 그들의 분야에서 점진적인 변화와 발전을 도모하는 초국가적 신뢰와 호혜의 연대, 즉 '사회적 자본'을 생산하는 것으로 보인다. 이 논리에 따르면 주권국가와 국가시스템이 저개발 세계의 수백만 인민들에게 필수적인 요구들을 제공하지 못하기 때문에 나타난다는 것이다. 글로벌 자본주의도 여기에 부응할 수 있는 이윤을 발견하지 못하고 있다. 초국가적 자발성이 이 공백을 메우고 있는 것이다.

　잘 인식되지는 못하지만 이와 병행하는 부정적인 논의도 있는데, 이는 초국가적인 반문명적 사회의 존재를 지적하고 있다. 그것은 국법과 국제법이 닿지 않고, 심지어는 이들을 경멸하는 사람들의 어두운 암흑세계이다. 조직화된 초국가적 범죄집단은 법집행에 도전이 된다. 그들은 막대한 양의 금지 물품을 국가에 밀수하는 방법을 찾는다. 가장 만연되고 뿌리 깊은 밀수품은 범죄집단이 생산하고 판매하는 불법 마약이다. 이들 중 일부는 특정 국가 내에서 상당한 지역을 지배하는데, 콜롬비아의 마약집단이 가장 악명 높은 사례이다(국제범죄조직의 금지에 대한 UN협약). 해적들은 상선과 크루즈 선을 약탈함으로써 항해에 위협이 되고 항해국가에 도전한다. 서구 제국주의의 종말과 함께 이전 식민지역의 해로에 대한 군사적 감시가 줄어듦으로써 아프리카의 해안, 카리브해, 동남아시아 해로 등을 따라 해적이 다시 창궐했다(International Maritime Bureau: 국제해사기구). 국제 테러리스트 집단들은 여러 국가에서 민간인에 대한 군사공격을 위협하고 실행했다. 테러리스트 집단이 자신들의 폭력행위를 (은밀하게 또는 공개적으로) 조직하고 준비하기 위해서는 특정 국가의 영토 내에 위치할 수밖에 없는데, 당해 국가의 영토 내에서 치안 유지를 담당하는 정부의 의지와 능력에 대해서는 국제적인 신뢰가 하락할 것이다.

주권국가, 국가시스템이 갖는 권위와 규제에서 벗어나 근대의 후기 또는 주권 이후에 등장할 세계를 설명할 때, 이러한 사실들을 ─글로벌 경제, 초국가적 시민사회, 초국가적 암흑세계─ 포함해야 하며 적어도 충분히 감안하고 있어야 한다. 지성인이라면 세계화 논의에서 우리가 관심을 가져야 할 이 중요한 사항들을 잊지 않을 것이다. 내가 제기하고자 하는 이슈들은 이들에 대한 해석이다. 내가 동의하지 않는 것은 주권국가와 국가시스템에 세계화 논의를 적용할 때 채택하는 몇 가지 핵심 전제와 논리들이다. 내가 주장하는 것은 주권국가 시스템이 이전의 과학, 기술, 경제, 사회의 전환과정에서 적응한 것처럼 세계화 과정에서 서로 적응할 것이라고 전제하며 기대하는 것이 보다 합리적이라는 사실이다. 내 비판의 핵심적 근거는 역사적인 것이다.

세계화는 전례가 없는 것이 아니다. 글로벌 시민사회와 초국가적 암흑세계의 몇 가지 특징, 즉 세계무역과 교통, 종교적 임무, 테러리즘, 범행 그리고 해적질 등은 과거에도 많이 나타났다. 바다에서의 자유무역과 자유에 기초한 세계경제의 번영은 19세기 중반 이후 ─영국의 옥수수 법(British Corn Laws)과 항해법(Navigation Acts)이 폐지될 때─ 제1차 세계대전 촉발과 대공황의 보호주의 이전까지는 존재했다.[7] 네덜란드와 영국의 중상주의에 기초한 초기 해상운송의 글로벌 경제는 17세기에 번성했다. 네덜란드의 동인도 회사는 오늘날의 러시아, 동남아시아, 카리브해, 북아메리카와 남아메리카, 남아프리카 등에 '공장들'을 갖고 있었다. 이들의 선박들은 전 세계의 해로를 정기적으로 운항했다. 영국의 동인도 회사 그리고 여타의 특허기업들에 대해서도 동일한 설명들이 많이 적용될 수 있다. 16세기와 같은 초기에 스페인과 포르투갈의 정복자, 군인, 무역업자들은 이미 동인도제도, 서양과 동양의 자원과 재물들을 약탈해 유럽으로 수송했다. 현재의 세계화에서는 높은 기술적 기반이 있기에 이전에 비해 세계경제를 훨씬 더 통합하고 또 훨씬 더 빠르게 수송하는 것이 가능해졌다. 이는 전례가 없는 것이다. 그러나 이전의 역사적 사실을 없앨 수는 없다. 남자와 여자들은 자신의 재화와 소지품을 들고 수 세기에 걸쳐 전 세계 여기저기로 이동하고 있었다.

지적한 바와 같이 세계화 논의는 세계의 저개발 지역에서 민간의 자

---

7 자유무역의 이익을 위해 옥수수법은 1846년에, 항해법은 1847년과 1854년에 각각 폐지됐다. 영국 역사에 대한 웹, http://www.historyhome.co.uk/ 그리고 Encyclopaedia Britannica Online: http://www.britannica.com/eb/article-9055084 를 참조.

발적인 조직과 활동들이 펼쳐지는 현상까지 포함한다. 이들은 지역 단위에서 시급하게 필요한 '사회적 자본'을 제공하는데, 오늘날 그 활동들은 아마도 이전보다 더 크겠지만 결코 새로운 것은 아니다. 19세기에 서구의 민간 자선기구들은 아시아, 아프리카, 라틴 아메리카, 카리브해 그리고 태평양에서 활발했고 그 이전에는 다른 곳에서 활발했다. 프로테스탄트의 선교회와 카톨릭 교회의 특정 수도회, 예컨대 예수회와 도미니크 수도회는 16세기부터 미국에서, 17세기와 18세기부터는 아시아에서, 19세기부터는 아프리카에서 활발했다. 기독교 선교회는 사람들을 개종시키려 노력했을 뿐만 아니라 선교의 대상이 되는 사람들에게 기본적인 서비스와 편의시설을 제공했다. 대부분의 (전부는 아니지만) 이러한 인간중심적 활동은 - 자선(*Caritas*)의 정신으로 - 서구 제국주의 국가의 보호 아래에서 존재했다(Cairns, 1965).

마찬가지로 국가와 시장질서를 공격, 방지, 회피하며 운영되는 초국가적 암흑세계도 역사적으로 오래됐다. '테러리즘'이라는 단어는 프랑스 혁명기에 등장해 그 직후 대부분의 유럽 언어에 포함됐다. 테러리즘은 그 시작부터 신민들과 시민들뿐만 아니라 국가를 목표로 삼았다. 최초에 테러리즘은 정치적 반대자를 제거하고 자신의 이데올로기를 강요했던 혁명정부에 의한 폭력을 - 악명 높은 프랑스 테러(1793~1794; 온라인 옥스퍼드 영어사전) - 지칭했다. 이후에는 정치지도자의 암살을 의미하게 되었는데, 아마도 가장 악명 높은 테러리즘은 1914년 사라예보에서 보스니아인 세르비아 학생에 의한 오스트리아 황태자 페르디난트(Ferdinand)의 암살일 것이다. 영토관할이 등장한 이후 범죄자들은 늘 국경을 넘어 그들의 활동을 수행했다. 마약 운송은 - 합법이건 불법이건- 오랜 역사를 가지고 있다. 19세기부터 아편은 중국, 터키, 인도 그리고 여타의 장소에서 서구의 '아편 중독자'에게로 공급됐다. 해적은 더 긴 역사를 가지고 있다. 해적을 금지하는 법률은 -16세기 말과 17세기 초로 거슬러 올라가는데- 국제법 그 자체만큼 오래됐다(Rubin, 1998; Johnson, 1957).[8] 그 주도자와 그 활동들은 문명사회와 법의 규칙이라는 관점에서 볼 때 '비문명' 또는 '무법'으로 이해될 수 있을 뿐이다.

근대의 출발부터 국가와 그 대리인들은 -종종은 특허기업들로서 1602년에 설치된 네덜란드 동인도 회사 또는 그 2년 전 설립된 영국 동인도 회사 등- 전 세계에 그들의 상업력과 군사력을 파견했다. 그 결과 이전에 전혀 나타나지 않았던 범위로 세계의 서로 다른 지역들을 연결했다. 서구 제국주의가 -초대양적 그리고 초대륙적 제국들- 이들 대부분을 가능하게 했다. 그 방법은 국제질서를 제공하고, 세계경제를 창출하며, 비서구 세계로 국제법을 확대하고, 영토를 정복하고, 토착 당국들과의 조약 및 준조약 관계를 체결하며, 보호령과 피보호국을 설치하고, 식민정부를 설치하고, 민간 자선기구와 선교회 운영을 가능하게 한 것인데, 마지막으로는 서구 제국시대가 저물 때 이전 식민지에 주권을 양도한 것이었다. 결론적으로 주권국가 시스템과 세계화는 동시에 등장하고 진화했다(Armstrong, 1998).

---

8 해적에 대한 현재의 국제법은 *United Nations Convention on the Law of the Sea*, Art. 101에 규정된다. 'Regional Cooperation Agreement on Combating Piracy', *American Society of International Law*, May 2005: http://www.asil.org/ilib/2005/05/ilib050509. htm#t3 참조.

주권국가 시스템

　지난 3~4세기 동안에 점차 더 많은 사람들이 주권국가 시스템으로 영토가 조직화된 세상에서 살게 되었는데, 이 시스템은 엄밀히 말해 유럽의 혁신물이다. 최종적으로는 이 시스템이 지구 상에 인구가 거주하는 모든 구석에까지 확립됐다(Bull and Watson). 정부에 대한 유럽의 방식이 글로벌 시스템이 되었는데, 이는 역사상 알려진 유일한 것이다. 지구 전체는 이 시스템으로 둘러싸이게 되었고, 그것은 지금도 여전하다.

　이는 그 초기의 시대와 아주 다르다. 당시에는 비유럽 세계의 많은 지역에서 개별적이고 자기 확신적인, 그리고 다른 것을 무시하는 권위와 권력의 시스템이 존재했다. 그 각각은 자기만의 세계였다. 예컨대 중동, 북아프리카, 남동 유럽에 걸친 오토만 제국, 동아시아의 중국 제국과 일본의 토쿠가와 그리고 남아시아의 모굴(Mogul)제국이 있었다. 별개의, 상호 무시하는 이들 시스템은 19세기 서구 권력에 의해 종말을 맞았다. 또한 훨씬 더 약한 토착 제국도 – 예컨대 북아메리카와 남아메리카의 아스텍과 잉카 제국 – 존재했으며 시베리아, 아메리카, 동남아시아, 아프리카 적도지역, 오세아니아 등에 많은 다양한 정착민 또는 방랑족들이 흩어져 있었다. 16세기와 17세기의 아메리카에서 시작해 19세기의 아프리카에 이르기까지, 이 오랜 기간 동안 이들은 이런저런 형태의 제국에 종속되어 서구의 국가시스템으로 둘러싸여 있었다. 19세기와 20세기에 나타난 마지막 확장 단계에서는 서구 식민지를 탈피한 이전의 구(舊) 제국들에게 주권을 인정했고, 또 반(反)식민주의 민족주의자들에게 식민지 종속지에 대한 주권체를 이전했다.

국제질서 역사학자는 이 세계적 전환의 근본적인 중요성을 강조
했다:

> 지난 500년 세계 역사에서 위대한 정치적 사건은 제국의 세
> 계로부터 국가들의 세계가 등장한 것이다. 이 사실은 -민주주의
> 의 확장보다도, 민족주의보다도, 권리의 표현보다도, 심지어 세계화
> 보다도- 우리 모두가 살고 있는 정치의 세계를 근본적으로 규
> 정하고 있다(Armitage, 2005: p.1).

이러한 주권국가들의 세계는 16세기와 17세기 서유럽에서 형성된
이후 엄청나게 증가했고 또 상당히 변화했지만, 방해받지 않고 지속됐
다. 이 세계는 파괴되고 붕괴되거나 또는 자연적으로 소멸됨으로써 서
로를 이해하지 못하고 소통하지 않았던 근대 이전의 문명 상황으로 결
코 전락하지 않았다. 또한 이 세계는 세계 전체의 제국 또는 전 세계
연방으로 변환되지도 않았다. 이는 오랜 기간에 걸쳐 서로 다른 형태
의 많은 주권국가, 다시 말해 군주체제, 공화체제, 군정체제, 신정체제,
제국체제, 단일국가, 연방국가, 민주체제, 독재체제 등으로 변화했다.
이 기간에 주권국가의 수는 줄어들었다가 다시 늘어났다. 그러나 이
시스템 자체는 방해받지 않고 지속적으로 존재했다. 어떤 면에서 살펴
보더라도 이 체제는 무한정 존속하게 될 것이다.
 전 세계적인 주권국가 시스템의 존재, 영토적 권위와 권력을 갖는
여타의 경쟁적 시스템을 모두 압도하는 이의 존재, 또한 지구상의 전
체 표면을 이 시스템이 덮고 있다는 것은 종종 -적어도 인식할 때는-

당연하고 흔한 일로 생각된다. 역사적 관점에서 조명해보면 이는 분명 놀랄 만한 발전으로 간주되지만, 자세히 들여다보면 세계화의 방향을 좌우하는 몇 가지 중요한 특징들을 갖고 있다. 그 특징은 일반적인 용어로만 요약될 수 있다.

근대의 수세기 동안 비서구의 통치자들은 서구의 국가시스템을 벗어나 방해와 간섭을 받지 않는 정치적 존재가 될 수 없다는 사실, 그리고 고립적으로 존재하거나 서구 국가들을 궁지에 몰아넣는 것이 불가능하다는 사실을 점차 깨닫게 되었다. 이러한 각성이 점차 나타난 이유는 서구의 침략, 경제적 약탈, 군사적 위협과 보호, 불평등 조약과 또 다른 텃세, 식민지 병합과 행정, 그리고 서구 제국주의로 요약되는 여타의 강제와 불평등 때문이었다. 그런데 이 시스템은 분명 이 지점에서 진화를 멈추지 않는다. 그 이유는 개별적 인간존재가(집단이 아니라) 도덕률의 핵심으로 일단 자리 잡으면 인본성을 노예처럼 완전히 부정할 수 없으며 인간권리를 인정해야 하기 때문이다. 국가 주권체가 규정되고 질서가 잡힌 세계에서 유일한 합법적 귀착점은 모든 사람을 망라하는 주권 국체이다. 다양한 형태의 종속적 지위 ─ 예컨대 보호령과 보호국, 국제적 위임통치와 신탁통치, 국내의 자치정부 ─ 그리고 여타 독립성을 결여한 국가 권위의 형태들은 비합법적이다. 초기에 비유럽인들은 유럽의 주권국가와 그 대리인들에 의한 병합과 지배에 저항했지만, 훨씬 이후에는 다소 아이러니하게도 서구 국가들과 정치적·법률적 평등을 기초로 하는 주권국가 시스템의 완전한 회원권을 그들의 권리와 특권으로서 열망하고 요구했다.

국가 주권체는 이 지구상의 모든 곳에서 매우 소중한 자산이 되었다. 이는 지난 세기에 주권국가들이 많이 탄생한 사실로부터 알 수 있다. 제국주의 시대에는 영국, 프랑스, 포르투갈, 네덜란드 등 여러 서구 제국이 광범위한 영역을 차지했는데, 이들 각각은 유럽의 한 개 주권 아래에 다수의 비유럽 영토들이 포함됨으로써 주권국가의 수가 매우 작았다. 제국주의 그리고 이들 제국의 약탈에 대한 반항이 일어나면서 주권국가의 수는 배증됐다. 그 첫 번째는 18세기와 19세기에 북아메리카와 남아메리카에서 나타났다. 제1차 세계대전 이후에는 세 가지의 연관되는 중요한 사건의 결과로 동유럽에서 많은 신흥국가들이 등장했다. 이 세 가지는 오스트로 - 헝가리, 독일, 터키 제국의 군사적 패배와 붕괴, 러시아의 혁명 그리고 미국 대통령 우드로 윌슨이 1919년 파리 평화회의에서 천명한 민족자결주의의 이념이다(Nicolson, 1945). 더 많은 신흥국 또는 재구성된 국가들은 제2차 세계대전 이후 아시아, 중동, 아프리카, 카리브해, 태평양에서 탈식민화의 결과로 등장했다. 그리고 또 다른 국가들이 냉전 이후 소련(Soviet Union)의 - 유럽과 아시아에서 광대한 지역을 차지한 과거 러시아 제국의 승계자- 해체와 유고슬라비아의 분할로 등장했다.

주권국가 시스템의 완전한 회원권에 대한 욕구와 열망은 앞의 사례들에서 끝나지 않았다. 기존의 주권국가 내에서 단순한 소수자로 전락한 데 불만을 품고 스스로 독립적인 주권을 원하는 -또는 인근의 형제국 등 다른 주권국가의 다수자에 합쳐지기를 원하는- 국내의 집단과 지도자들 사이에 그 열망이 확산됐다. 따라서 분리, 분할, 분리독립, 실지회복 역시 이 시스템의 특징인데 국가 주권체를 보유할 때 수반되는 프리미엄의 또 다른 표현이다. 물론 기존의 주권국가들은 자신의 전체 영토를 보존하려고 끈질기게 애쓰는 욕망을 대개 과도하게 보여주고 있다. 가끔 이들의 갈등은 전쟁으로 연결되는데 가장 결정적인 사례는 미국의 남북전쟁(1861~1865)이다. 일부 주권국가들은 분할 또는 분리독립에 의해 등장하는데, 예컨대 영국으로부터 아일랜드, 영국령 인도에서 인도와 파키스탄, 영국 위임령 팔레스타인에서 요르단, 이스라엘, (어쩌면) 팔레스타인 자치구, 말레이시아에서 싱가포르, 파키스탄에서 (서)파키스탄과 방글라데시(동 파키스탄), 에티오피아에서 에리트레아, 체코슬로바키아에서 체코 공화국과 슬로바키아 등을 들 수 있다. 정치적 독립을 위한 분리독립 운동은 다른 어떤 경우보다도 바스크(Basque)의 테러리스트, 코르시카(Corsica)의 애국자들, 스코틀랜드 민족주의자들, 퀘벡인의 '주권주의자들', 체첸(Chechen) 분리독립주의자, 필리핀으로부터의 독립을 추구하는 다양한 지역 테러리스트 등을 들 수 있다. 제4장에서 설명한 바와 같이 이들의 독립운동에도 불구하고 현행 독립국가의 영토적 분할은 점차 기존의 국경선에 의해 고착화되고 있다. 그것은 점유보호법의 법적 원리에 의해 정당화되고, 또 관련되는 모든 주권국가의 동의하에서만 합법적으로 변경될 수 있다(Ratner, 1996; Shaw, 1996).

그런데 주권 국체는 국내의 정치활동 질서를 영구히 고정시키는 것은 아니다. 반대로 많은 가능성이 존재하여 주권국가들, 특히 오래 지속된 국가들일수록 그 역사에서 상당한 변형을 경험하고 있다. 대부분의 유럽 민주주의는 이전에 군주정이었다. 그 일부는 지금 민주정부의 실질적 통제를 받는 - 영국, 스칸디나비아 국가들, 베네룩스 국가들 그리고 스페인 - 입헌 군주정이다. 이들 모두는 이런저런 종류의 복지국가들이다. 이전에는 강력했던 일부 권력들(스페인, 스웨덴, 네덜란드)이 이제는 국제사회의 평범하고도 선량한 시민들일 뿐이다.

영국과 미국의 연속적인 변화는 주권 국체가 대내적으로 진화하는 성격을 잘 보여준다. 영국(이전의 잉글랜드)은 16세기 국왕 헨리 8세의 폭정으로부터 제임스 1세와 찰스 1세의 절대 군주, 올리브 크롬웰의 준(準)독재체제, 17세기 찰스 2세와 제임스 2세의 친카톨릭 성향의 절대군주정 복구, 그리고 1688~1689년의 명예혁명 이후의 의회체제로 변화했다. 18세기에서 20세기까지 영국은 위대한 해양제국과 최초의 완전 산업국가, 의회 민주주의, 복지국가를 거치며 제국주의를 벗어나 가장 최근에는 여타 EU 국가들과 함께 주권체의 일부를 통합하며 유럽연합의 일원이 되었다. 마찬가지로 미국도 지난 2세기에 걸쳐 크게 진화했다. 18세기 말 대서양 연안의 작은 탈식민지 노예제 부르주아 공화국으로부터, 19세기에는 양대륙에 걸쳐 있는 산업화한 강대국으로뿐만 아니라 통합되고 이민자가 들끓는 자유로운 사회로 변모했고, 20세기 중반에는 세계적인 권력과 다인종 민주주의로서 지구상에서 탁월한 민족국가 그리고 근대 역사의 가장 경이적인 국가를 형성했다고 인정된다. 영국에서 상당한 거리로 떨어져 먼 곳에 있는 주변부 국가가 지구 상에서 가장 중심적이고 결정적인 권력이 된 것이다. 이 두 나라가 미래에 어떻게 진화할 것인지는 그 누구도 말할 수 없다. 이들의 역사에서 비춰볼 때 추가적인 변형과 적응이 나타나게 될 것이다.

요약하자면 군주제는 민주제가 되었다. 학식과 교양을 갖춘 시민집단이 형성됐다. 인구는 국민으로 형태가 변해 교통과 통신 네트워크, 정치적·군사적 동원, 공공 교육 등에 의해 상호 연결됐다(Deutsch and

Foltz, 1963). 그리고 의회는 점차 확산되어 이제는 보편화된 선거권에 의해 구성된다. 귀족적인 과두제의 정치집단은 국내의 정당들이 되었다. 정부는 국가의 부를 관리하는 방법을 어느 정도 배웠다. 19세기의 일부 국가들(특히 영국)과 20세기의 미국은 국제경제를 관리하고자 시도했다. 또한 복지국가가 건설됐다. 현대의 과학과 기술은 생활의 많은 영역뿐만 아니라 국내 거버넌스에도 적용되며, 대내외적인 국가의 권력과 범위를 배증시켰다. 정부의 정책과 활동의 범위, 사회에 대한 정부개입의 영역은 지속적으로 확대되고 또 엄청나게 깊어졌다. 이처럼 일일이 언급하기엔 너무나도 많은 변화들이 지난 수 세기에 걸쳐 나타났다.

그러나 국가에 대한 이 새로운 구조물과 가구(家具)들은 과거의 기초 위에 건설됐다. 세계의 정치는 독립국가들로 구성된 무정부적 시스템이 지속되고 있다. 독립국가의 국경 내 영토는 배타적 권위의 관할이라는 의미에서 이 국가는 여전히 주권이다. 그들은 헌법적 독립성을 계속 보유하는데, 이는 그 자신이 입법하고, 그 자신의 군대와 경찰을 조직하고 통제하며, 스스로 과세하고, 자체 통화를 발행하고 관리하며, 그들 자신의 국내 및 외교 정책을 수립하고, 외국 정부와 외교관계를 맺고, 국제기구를 조직하고 가입하며, 결론적으로 그 자신의 이념과 이익, 가치에 따라 스스로를 지배하는 자유를 가진다(James, 1986). 이러한 권리는 보편적으로 계속 존중되어야 한다. 이들 국가보다 더 높은 권위도, 또 이를 간섭하는 국제정부도 존재하지 않는다. 예를 들면 UN은 국가시스템, 특히 강대국의 창조물이고 봉사자이지만 그들보다 더 높은 권위는 아니다. 공화정(Respublica)은 국내적이며 범세계적이라 할 수는 없다. 일부 학자들이 국제 거버넌스(Governance)라 부르는데, 아직은 보통의 영어 단어인 '정부(Government)'를 뜻하는 게 아니다. 정부는 '통치하는 행동 또는 방식……: (어떤 사람 등이) 통치한다는 사실'을 의미한다. 전 세계의 국가들을 '통치하는(Govern)' 권위와 기관은 아직 존재하지 않는다. 또 가까운 장래에 이것이 설치될 것이라는 어떠한 징후도 나타나지 않았다.

국가시스템의 미래

서구 유럽에서는 (중략) 사회적 응집의 증가, 사람들의 의존성 증가, 국가권력의 증가, 정부운영의 신축성 증가, 부의 증가와 더 나은 분배, 대중들 사이의 문화 전파, 매너의 유연화, 폭력의 감소 등이 —빅토리아 시대의 사람들이 불가능하다고 믿었던— 나타나고 있다. 만약 토마스 모어 경(Sir Thomas More) 또는 국왕 앙리 4세(Henry Ⅳ)가 1960년의 영국과 프랑스로 다시 돌아온다면, 그들은 자신들의 국가가 국내적으로는 그들이 수긍하는 경로와 목표에 따라 변화했다고 인정할 가능성이 없는 것은 아니다. 그러나 만약 그들이 국제적인 광경을 관찰한다면, 그들이 기억했던 것과 닮았다는 점 때문에 충격을 받을 가능성이 있다. (중략) 무대는 훨씬 넓어졌고, 배우들은 줄어들었으며, 그들의 무기는 더 충격적이지만, 연극은 과거와 동일한 멜로드라마일 것이다(Wight, 1968: p.26).

약 40년 전에 영국의 학자는 이러한 역사적 설명을 논했다. 국가시스템의 주권이라는 기초는 여전히 과거 수세기 동안 지속되었던 것과 거의 동일하다고 생각할 수 있다. 지구의 표면은 영토적으로 구분되어 독립국가들로 분할되어 있고, 우리는 그에 따라 행동하는 것을 당연하게 받아들이고 있다. 국경선을 -최초에는 군사적 경계였던- 통과할 때 우리는 이를 하찮게 여기는 것이 아니라 중요하다고 생각한다. 사실 이는 19세기보다 21세기 초에 보다 정확하게 규정되고, 또 보다 면밀하게 점검되고 있다. 예컨대 여권통제는 완화되었지만, 국가는 이제 여권의 발급권을 독점하기 시작하여 자국민들에게 이를 제한하고 있다 (*History of U.K. Passports: An Overview*). 우리는 다음의 사실을 가정하고 있다. 각국에는 최고의 정치적·법률적 권위로서 분별 가능하고 인식 가능한 정부가 존재하며, 또 이들 정부는 자신의 영토관할을 통제하고 또 통제해야 한다는 것이다. 우리는 우리 국가의 법률이 우리가 방문하거나 거주하는 외국에도 적용되고 강제되어야 한다고 가정하지 않는다. 우리는 각국의 인구가(방문자와 외국인 영주권자를 제외하고) 국민들로 구성되며 극히 일부의 사람들이 한 개 이상의 국적을 가진다고 가정한다.

우리는 권한을 가진 초국가적 당국자가 확립하고 강제하는 '세계 시민권'과 같은 것은 없다고 가정한다. 만약 우리가 대법원에서 패소한다면 -우리 국가가 유럽평의회의 회원국으로 스트라스부르크의 유럽 인권재판소 판결에 구속되지 않는 한- 우리는 상고하지 않을 것이다. 그런데 회원국인 경우에서도 이 인권재판소는 이를 설치하고 그 판결을 수용할 책임을 지는 유럽국가들의 피조물이다. 이는 이들 국가로 구성된 유럽에서만 -그 이외의 국가들과는 상관없이- 더 높은 사법적 권위를 가진다. 일반적인 상황에서는 서로에 대해 각각의 주권적 지위를 인정하는 방법으로 우리는 국민정부를 가정한다. 만약 그렇지 않은 상황이 나타난다면, 각국은 정당한 근거 또는 해명을 요구한다. 주권국 이후의 시대가 열리기 위해서는 지금까지 설명한 유사한 가정들이 모두 폐기되거나, 또는 상당한 정도로 변경되어야 한다. 나는 이러한 변환에 대해 어떠한 강력한 증거도 갖고 있지 않다.

변환의 과정을 보여주는 몇 가지 사례에서 간단한 정보를 얻음으로써 주권국가 시스템의 진화를 예상해볼 수 있다. 유럽연합은 종종 '주권국가의 완벽한 초월'로서 표현되기도 한다(MacCormick, 1996: p.555). 1950년대 말부터 유럽국가들은 유럽연합을 구축하고 참여했는데, 각국이 가입 허가를 대기하면서 회원들이 지속적으로 늘어나 EU는 유럽 전역으로 확대됐다. 또한 그 행정조직, 유럽 집행위원회(European Commission)는 경제, 사회, 정치, 심지어 유럽대륙을 벗어난 군사력에까지 그 범위를 점차 확대하고 있다(*Europa: Portal of the European Union*). 그러나 유럽연합을 '주권체를 넘어서는' 것으로 인식하는 것이 어떤 형태로든 타당하다고 할지라도, EU 회원국 사이에 낮아진 내부 경계를 대신하여 정치적으로 통합된 EU를 둘러싸는 대외경계는 아마도 점점 더 높아지며 여전히 존재할 것이다. 이 세계에서는 접경지역 교통과 운송을 규제하고 감시하는 경계선이 독일, 프랑스, 이탈리아, 스페인 등의 국경이 아닌 EU의 경계가 될 것이다. 주권 관할의 내부와 외부를 구분하는 국경에 대한 국제적인 가정은 여전히 적용된다. 이전에 적용됐던 접경지역 교통과 운송에 대한 회원국의 주권은 EU로 단순히 이전됐다.

유럽연합은 그 회원국들의 피조물이다. 회원국들과 그 국민들이 원하고 또 실행한다면, 미래의 언젠가 아마도 이는 유럽연맹으로 발전해 진화할 것이다. 최종적으로 그렇게 된다면 −여전히 가능성이지만− 이는 유럽의 국가시스템에 종언을 고하게 될 것이다. 오히려 대륙 내의 주권국가 수를 감축시켜 이 시스템의 중대한 재편성을 상징적으로 보일 것이다. 국가시스템을 재편성하며 EU는 아마도 새로운 초강대국으로 등장해 매우 중요하면서도 하나의 거대한 주권국가가 될 것이다. 유럽 합중국(United States of Europe)은 대륙 내의 정치를 상당 부분 국내화하기 때문에 유럽 문제의 역사적인 발전이 될 것이다. 유럽 국제사의 격동적이고 폭력적이었던 측면을 기억하는 유럽인과 비유럽인 모두는 이를 환영할 것이다. 또한 이는 국제적인 환경을 어느 정도 변경시킬 것이기 때문에 전 세계적인 중요한 발전이 될 것이다. 아마도 권력의 균형에서 중요한 새로운 균형자가 등장할 것이다. 그러나 여기서도 글로벌한 국가시스템은 오늘날과 같이 완벽하게 존재하기 때문에 국가시스템의 아주 사소한 탈선으로도 기록되지 않을 것이다. 유럽 합중국은 주권국가들의 세계에서 하나의 회원국이 될 것이다.

또 다른 시나리오에서 보면, 미국은 자신의 필요에 따라 국가시스템을 무시하며 행동하는 제국 또는 준제국으로 묘사된다(Simes, 2003). 특히 군사와 상업적 힘의 측면에서 미국의 전 세계적 영향력은 의심의 여지가 없다. 다른 많은 국가들은 미국의 전 세계적 지위를 감안해 미국의 외교정책에, 심지어 일부는 미국의 국내정책에 대해서도 신중하게 또는 약삭빠르게 적응한다. 그러나 미국은 이전 세기의 유럽 제국 또는 고대의 로마 제국처럼 외국의 영토와 사람들을 제국의 관할 내에 포함시켜 지배하지 않는다(Canning, 1996: p.29~43). 그 전성기에 영국제국은 전 세계 인구와 대륙의 약 4분의 1을 차지하며 수많은 식민지들에서 주권적 권위를 행사했다. 캐나다, 호주, 뉴질랜드, 남아프리카 공화국, 인도, 파키스탄, 나이지리아, 말레이시아, 자메이카 그리고 여타의 영국 식민지들은 독립적 입헌을 위해 영국제국으로부터 주권을 이양받아야 했다. 일부 소규모 종속지를 제외하고, 미국은 다른 나라에 대해 주권체를 행사하지 않는다. 더구나 다른 지역에 대해 주권적 지배를 획득하고자 노력하지 않는다. 이러한 지배가 중요하지 않기 때문에 그런 것이 아니다. 그것은 미국이 전 세계 국가의 주권체들을 대체로 존중하고, 또 자신의 핵심 이익과 관심이 위기에 처할 때에만 침범하기 때문이다. 따라서 미국은 가능한 한 많은 독립국가들이 미국의 목표와 가치 그리고 정책에 부응하도록 노력한다. 1945년 이후 미국은 전 세계적으로 이를 추구하여 비록 완전한 성공은 아니지만 상당한 성과를 거뒀다. 일부 국가들은 미국과 보조 맞추기를 거부하거나 저항하고 있는데, 특히 전 세계에서 자신이 중심이 되겠다는 스스로의 비전을 가진 강대국들이 −예컨대 러시아, 중국, 심지어 가끔은 프랑스− 여기에 해당한다. 이 역시 주권국가들의 세계에서 예상되는 일일 뿐이다.

연관되는 다른 시나리오를 살펴보면, 오늘날 미국은 전 세계에서 유일하게 정당한 정부의 형태로서 민주주의를 확립하겠다는 국제적 운동의 선봉에 있다고 말한다. 미국의 외교정책에서는 민주주의 확산이라는 목표를 천명했다. 서구의 지도자들은 이를 후렴구로 합창하고 있다. 우드로 윌슨부터 미국의 대통령들은 '민주주의를 위한 안전한' 세계를 만들겠다는 절박함을 선언했다(Wilson, 1917). 경우에 따라서는 민주주의를 위해 '체제 전환'이라는 목표하에 전쟁을 수행하기까지 했는데, 이는 코소보, 아프가니스탄, 또 '이라크 해방 작전'의 전쟁을 들 수 있다. 그러나 민주주의가 국제적 정당성의 기초가 된다 할지라도, 국가시스템은 여전히 자결과 자치를 하는 국가들의 다원적 세계이다. 그것이 추구하는 결과는 분명 하나의 범세계적 민주주의가 아닐 것이다. 워싱턴은 세계의 수도가 되지 않을 것이다. 민주주의를 위해 국가들이 주권 이하의 것이 되지도 않을 것이다. 대중 주권체의 원칙과 관행들이 현재보다 더 광범하게 될 뿐이다.

또 다른 시나리오에서는 –이전의 논점을 발전시키는– 비국가 행위자와 비정부 조직이 확산됨으로써 사실상 주권국가가 약화되는 그러한 방향으로 정치세계가 전환되고 있다고 종종 주장된다(Boli and Thomas, 1999). 이러한 주장 때문에 우리는 급속도로 팽창하며 국제사회의 중요한 특징으로 자리 잡은 초국가적 활동과 네트워크에 관심을 기울인다. 그러나 이러한 행위자와 조직의 세계가 주권국가 시스템을 –단순히 그 관할과 보호 속에서 운영되는 것이 아니라– 대체하고 있다는 지적은 모두 잘못된 것이다. 세계화는 국가시스템의 존재를 전제로 한다. 국가시스템은 국제사회에서의 활동과 거래수행을 보장함으로써 초국가적 활동의 공간을 열어주고 보전하고 있다. 비국가 행위자와 조직들은 이 시스템의 바깥이 아닌 그 내부에서 작동한다. 오직 국가시스템만이 그 존재를 보장하는 평화와 안보의 조건하에서 이들은 운영되고 있는 것이다. 내가 여기서 '오직'이라고 말한 이유는 기본적으로 주권국가, 특히 강대국들이 개별적이고도 집단적으로 외교와 군사문제인 국제질서를 정렬하고 유지할 무거운 책임을 여전히 지고 있기 때문이다. 비국가 행위자와 조직들은 여기에 책임이 없고 또 책임을 지게 할 수도 없다. 이 기본적인 조건이 성립하지 않는다면 이들은 운영상의 엄청난 위해와 어려움을 겪을 것인데, 이들이 전혀 작동하지 않을 것이라는 말도 과장이 아니다.

이는 국가시스템과 세계시장 그리고 초국가적 활동과의 관계에 대해 의문을 제기한다. 국제적인 시장이 평화를 보장하는가? 아니면 국제무역과 상거래, 국제여행과 관광, 그리고 여타의 초국가적 활동에 평화가 도움이 되는 것인가? 전쟁의 역사를 살펴보면 너무도 당연한 대답을 할 수밖에 없다. 전쟁 시에는 갈등이 있는 분야에서 국제적인 사업활동을 엄두도 내기 어렵다. 운송은 방해받고 와해된다. 보험은 소멸하고 비용은 과하게 비싸진다. 사람들이 집에 머묾으로써 여행과 관광은 사라진다. 세계정치에서 확실한 사실 중 하나는 국제적인 무질서와 갈등, 특히 전쟁기간 동안에는 개인, 상업, 과학, 교육, 문화 등 국경을 초월하는 활동이 가장 먼저 희생을 치른다. 이러한 활동들이 국제적인 시민사회를 형성하는데, 이들 역시 국가시스템에 의존하고 있다.

이러한 주장은 다른 방법으로도 제기될 수 있다. 대규모 다국적 기업들을 포함해 모든 민간조직들은 그 자체가 완벽하게 운영될 수 있는 핵심적 수단을 −영토와 주권을− 갖고 있지 않다. 마이크로소프트, 토요타, 영국석유회사(BP) 등이 전 세계 곳곳에서 각자의 영토주권을 갖는 개별 국가의 허가와 보호 없이 사업활동을 수행하기란 불가능하다. 기업들이 투자와 정치인에 대한 뇌물을 통해 당해 독립국가의 대문을 개방할 경제적 영향력을 행사할 수 있다 하더라도, 그들은 여전히 개방을 위한 주권이라는 열쇠를 갖고 있지는 않다. 주권국가들만이 그

열쇠를 보유한다. 이러한 사실은 모든 과정에서 필요조건인데, 국가는 주권을 갖지만 다국적 또는 초국가적 조직은 그 주권체에 종속적이다. 만약 국제질서가 존재한다고 말한다면 그것은 국가시스템, 특히 강대국들이 이를 실현하고 있기 때문이다. 그것은 자동적으로 나타나지 않는다. 자유시장에 대한 아담 스미스의 눈에 보이지 않는 손은 궁극적으로 주권국가의 강제력에 의존하고 있다.

그리고 사람들이 생각할 수 있는 기업, 종파와 교파, 인도주의 조직, 과학자 집단, 예술협회, 환경활동, 국제 스포츠 활동, 학회 그리고 거의 모든 초국가적 행위자 또는 활동들은 모두 국가시스템에 의해서만 확립되고 유지되는 국제질서에 종속적이다. 비국가 행위자들은 승차자이고 일부는 이 시스템에 대한 무임승차자이다. 학자들이 전 세계의 국제회의에 참석하고자 B777 또는 A340 비행기를 타고 3만 피트 높이로 날아간다면, 이를 가능하게 하는 것은 주권국가와 이들이 지원하는 국제기구 그리고 비정부 조직들이다. 공항은 영토 주권체의 일부이다. 항로는 주권국가와 그 대리기관에 의해 규제되고 있다. 우리는 이러한 전 세계적인 국가기반 질서를 많이 고민하지 않으면서도 신뢰와 안전으로 비행한다('3만 피트: 항공편람': 'Thirty Thousand Feet: Aviation Directory'). 세계화의 이론가들도 마찬가지이다.

이러한 사실들은 다시 본 장의 출발점인 테러리즘과 주권국가의 이슈로 돌아가게 한다. 테러리스트들은 비국가 행위자들이다. 그런데 개념적으로는 테러리스트의 행위가 주권국가의 권위와 권력에 도전함으로써 국가시스템을 훼손한다고 종종 주장된다. 일반적으로 그들은 경찰 및 군대와 싸우고, 헌법과 법률의 질서에 도전하며, 시민의 안전과 국가의 안보에 대한 대중의 관심과 정치적 불만을 야기한다. 이 모두는 사실상 진실이지만, 테러리즘이 주권국가의 세계를 초월하고 있다는 그릇된 인상을 남길 수도 있다.

테러리스트들은 그들의 구상, 계획, 행동에서 주권국가와 국가시스템에 근거를 두고 있는데, 이 시스템은 곧 테러리즘이 인식되는 정치적·법률적 환경을 구성한다. 테러리스트들이 국가를 공격하는 이유는 당해 시민들을 통해 그들의 정부가 외교 또는 국내정책의 내용을 변경하도록 강제하고자 하기 때문이다. 일부 테러리스트 집단들은, 특히 분리주의자와 영토회복론자들은 국가 수준의 야망과 시야를 보유하고 있다. IRA(아일랜드 공화국 군대)와 ETA(바스크 조국과 자유당)는 잘 알려진 사례이다. 또한 그들은 주권국가의 권위와 권력에 도전하는 정치적 오만을 갖기도 하는데, 다윗과 골리앗의 관계처럼 미국에 대항하는 알카에다(Al‐Qaeda)를 들 수 있다. 테러리스트의 공격 결과는 이러한 시각을 지지하기도 한다. 뉴욕과 워싱턴을 공격한 아주 작은 규모의 테러리스트들은 이 사건과 그 이후의 위협을 통해 미국의 과도한 대응을 촉발하는 데 성공했다. 아마도 테러리스트들이 희망한 것과 다른 내용이었지만, 이는 미국의 국내외 정책에 매우 심각한 영향을 주었다. 이후의 반(反)테러리스트의 노력과 비용은 거대한 것이었다. 아프가니스탄과 이라크에서 전쟁이 발발했으며, 논란이 있었던 반(反)테러리스트 법률이 통과됐고, 정부조직이 개편되고 정부예산이 재정비됐으며, 거대한 재정적자가 초래됐다. 지금까지도 국내정치와 국제정치에서 그 반향이 여전히 느껴지고 있다.

테러리즘은 정치적 목표를 추구하기 위한 불법적 위협 또는 폭력의 사용이다. 일부 테러리즘들은 이데올로기적 또는 종교적 목적을 추구하지만, 이들이 주권국가의 시민과 정부를 목표로 한다는 점에서 분명 정치적이다. 2000년의 영국 테러리즘 법(UK Terrorism Act, 2000)은 '정치적, 종교적, 이데올로기적 목표를 추구할 목적으로' 취해지는 테러리즘의 '사용 또는 위협'을 규정하고 있다(ch.11, pt. I). '정치적'이란 단어는 국제정치와 국내정치의 기본적인 단위와 대리인으로서 주권국가를 상정한다. 테러리스트들은 자신들을 위대한 명분으로 '적'을 향해 전쟁을 수행하는 '전사(戰士)'로 간주하는데, 여기서 그 적은 거의 예외 없이 주권국가의 정부와 시민이 된다. 테러리스트들은 통상적 의미에서 군대가 아니다. 테러리스트들은 유사 전쟁행위를 수행하는데, 일부 국가들은 '테러리즘과의 전쟁'을 선포하며 이러한 성격을 더욱 강화하고 있다. 그러나 테러리스트들은 전쟁선포의 명시적인 권리를 갖고 있지 않은데, 이는 주권정부와 국제기구 또는 이들이 인정한 여타 행위자들이 배타적으로 보유하는 것이다. 테러리스트들이 국민들에게 위협과 위해를 가할 수 있는 실질적인 역량은 국가들이 서로 ─ 또는 정부가 폭정과 학정으로 전락하여 자국민들에게 ─ 가하는 안보상의 위협과 비교할 때 매우 작은 것이다.

뉴욕과 워싱턴에 대한 테러리스트들의 공격은 트윈타워(세계무역센터)의 민간인 고용주와 피고용자들 또는 펜타곤의 군인과 민간인에 대한 폭력적 행위에 그치지 않았다. 그것은 뉴욕과 워싱턴이라는 도시에 대한 공격이었다. 그것은 트윈타워와 펜타곤이 상징하는 미합중국의 권력과 위엄에 대한 공격이었다. 모든 사람들은 그것을 이해하고 있었다. 알카에다 테러리스트들은 특히 중동에 대한 미국의 대외정책을 변경시키고자 했다. 자신들의 공격에 대한 언론의 흥분 그리고 정부에 대한 연이은 실망을 통해 테러리스트들은 목표 국가의 대내외 정책을 변경시키겠다는 분명한 목적을 위해 시민들의 취약한 신체와 불안을 부당하게 핍박했다. 이슬람 테러리스트들은 2004년 마드리드에서 통근열차에 대한 공격을 통해 그 목적을 성공적으로 달성했다. 이후 정권이 변경되어 이라크 테러리즘에 대한 미국 주도의 전쟁에서 스페인 군대가 철수했다.

테러리즘은 국가 주권체를 전제로 하지만 주권국가들은 법적인 어려움, 특히 이러한 폭력에 합법적으로 대응할 선택수단이 무엇인지 어려움에 직면한다. 정치적 의도가 없는 민간인에 대한 위협이나 폭력행위는 일견 보기에 분명한 범죄행위로 간주될 것이다. 그러나 명확하고도 오해할 필요도 없이, 테러리즘을 자행하는 자들은 범죄자가 아니다. 또한 테러리스트는 군인도 아니기에 그들의 끔찍한 행동들을 전쟁범죄로 쉽게 간주할 수도 없다. 예컨대 식민지 권력에 대항하는 민족해방 전쟁처럼 국제적으로 인식되는 비국가 행위자들의 군사활동과도 구분된다. 테러리스트의 폭력은 범죄적 폭행도 아니고 군사력의 합법적 행사도 아니다. 바로 여기, 즉 목적을 최대한 달성하기 위해 전쟁 선포권을 배타적으로 보유하는 주권국가들의 세계에서 테러리즘에 대한 당황스러운 애매함이 있는 것이다. 테러리스트들이 체포됐을 때 전쟁포로로 간주하여 전쟁범죄를 저지른 것으로 판단해야 하는지, 아니면 형법상의 범죄를 저지른 것인지, 또 아니면 다른 어떤 방법으로 처리해야 하는지가 바로 논쟁의 초점이다. 그런데 실제로 이 이슈를 구체적인 경우에 어떻게 결정하건 관계없이, 이는 전적으로 국가주권의 정치적·법률적 구조 내에서 처리될 수 있을 것이다.

어떤 국가가 테러리스트들에게 장소나 보호지, 재정지원, 군사원조 그리고 경우에 따라서는 그들의 작전에 대해 직접적인 지원을 제공할 때, 테러리즘은 보다 직접적이고도 밀접한 형태로 주권국가와 관련을 맺는다. 일부 테러리스트들이 자유롭게, 심지어 주권국가의 도움을 받아가며 활동한다는 것은 유감스럽지만 놀랄 만한 일은 아니다. 그 국가들은 아마도 이러한 방조나 지원을 제공할 정책적 이유를 갖고 있기 때문이다. 테러리스트 조직은 주권영토 어딘가에 위치하고 활동해야만 한다. 정부가 테러리즘을 방조하지 않고 억압한다면 이들은 비밀리에 활동해야 한다. 일부 정부는 자신의 영토 내에서 활동하고 있는 테러리스트들을 억압하려고 하지 않을 것이다. 또 일부 정부는 그들을 억압할 능력이 없을 것이다. 만약 테러리스트들이 이러한 기지에서 다른 나라의 국민들을 공격한다면 그 기지가 있는 나라에 심각한 문제를 불러일으킬 것이다. 이스라엘은 레바논 영토에서 출범한 헤즈볼라 테러리스트들의 공격을 처리해야 할 분명한 문제를 안고 있었다(Harik, 2005). 일부 정부들은 테러리스트들을 보호할 것이다. 일부 정부들은 자신들의 정치적 목적을 위한 수단으로 테러리스트 조직을 이용한다. 일부 정부는 그들이 설립한 또는 일정한 목적으로 가입한 조직을 통해 '테러리스트'의 활동을 직접 수행하기도 한다. 일부 테러리스트 조직들은 이러한 정부의 지원에 의존하거나 연관됨으로써 이들의 꼭두각시, 소위 국가지원 테러리즘이 된다.

테러리스트들을 보호하고, 육성하고, 조종하는 주권국가들은 ─자신의 영토 내에서 활동하는 테러리스트들을 억압할 수 없는 국가들조차도─

합법적인 국제시스템의 법적 보호와 특권을 보장받지 못하게 될 것이다. 이들은 다른 주권국가와 국제질서를 위협하고 또 그 위협을 묵인한다. 이들은 국제법을 위반한다. 이들은 외국의 권력이 자신들의 관할 영토에 개입하고, 또 그 위협을 제거하는 활동을 취하도록 자극한다. 이 모든 것들은 주권국가와 국가시스템, 국내법과 국제법의 관점에서 이해될 수 있다. 사실상 이는 이러한 관점에서만 이해될 수 있을 뿐이다.

2000년의 영국 테러리즘 법은 '테러리즘'을 정의할 때, 국가와 시민에 대한 불법적 폭력 그리고 당해 국가뿐만 아니라 국가시스템과 연관되어 있다는 의미를 내포했다(ch.11, pt.1). 이 법률에 의하면 테러리스트 활동은 '정부에 영향을 주기 위해, 또는 대중을 겁박하기 위해 기획된' 것이다. 이는 '정치, 종교 또는 이데올로기적 목표를 추구할 목적으로' 취해진다. 이는 '개인에 대한 심각한 폭력'을 포함하거나 또는 '개인의 생명을 위협'한다. 이는 '일반인의 건강 또는 안전에 심각한 위험'을 부과한다. 이는 '재산에 심각한 손해'를 끼친다. 이 법은 테러리즘이 '영국 외부에서의 활동을 포함'하고, 또 이는 국경과 무관하게 '장소와 관계없이 어떤 개인 또는 재산에 관한 것'이라는 점을 강조하고 있다. 법률에서 '일반인은 영국 이외 국가의 일반인에 대한 내용을 포함'하고, 또 '정부란 영국의 정부, 영국령 또는 영국 이외 국가의 정부를 의미'한다. 이는 국내외적으로 테러리즘에 대해 광범위한 경험을 가지고 있는 중요한 국가의 법적 서술인데, 이는 주권국가와 그 시민 그리고 전체적으로는 국가시스템이 테러리즘을 이해하고 대항해야 할 당위성을 명확하게 표현하고 있다.

과거와 현재의 사이에서

인간사에 깊숙이 자리 잡은 국가 주권체와 연관되는 개념과 언어를 사용하지 않으면서 우리가 세상사를 현실적으로 생각하기란 ─우리가 업무에 충실할 때에도─ 쉽지 않다(Jackson, 2000a: p.421). 즉, 실질적인 대안적 세계관(*Weltanschauung*)을 찾아내기란 어렵다. 이는 분명히 주권국가와 결합되어 있는 '개념의 횡포' 때문인데, 여기에서 탈출하는 것은 ─단순히 상상 속의 탈출이 아닌─ 결코 쉽지 않아 지적인 족쇄를 형성한다(Bull, 1971: ch.11). 국가시스템이 우리의 기계적인 일상생활 속에서 현실세계의 완벽한 일부가 됨으로써 우리는 여기에 많은 생각을 쏟지 않더라도 쉽게 적응할 수 있다. 그러므로 주권체의 대안을 모색하는 것은 지적으로 쓸데없는 일이 될 것이다. 인간사의 수행과 그 질서에서 근본적이고도 오래된 제도가 사용될 때, 우리가 고민하지 않고 당연하게 받아들이는 것과 같다.

사람들이 영위하는 개인적·집단적 삶에서 그 질서를 잡고 편리를 제공하는 많은 장치와 도구들, 예컨대 달력, 시계, 컴퍼스, 서적, 지도, 도구와 기구, 조리방법, 악기와 악보, 숫자 표기, 측정단위, 기하와 대수, 알파벳, 신호와 사인 등 일일이 말하기 어려운 것들의 중요성을 이해하는 데 관심을 기울일 필요가 있다. 또한 무엇보다도 체스와 카드, 크리켓과 야구, 종교와 정치적 의례, 결혼과 가정, 교회, 모스크, 사찰, 국가(國歌), 초등교육과 특히 문해교육, 철학·약학·물리학·신학 등 학문분야별 단과 및 종합대학 시스템, 사유재산 제도, 화폐와 금융, 호스피스와 병원, 계약법, 판례와 절차법, 의회질서, 외교관행, 계급과 군대

등 수세기에 걸쳐 관습, 제도, 규칙 등으로 오래 지속되어 우리가 적응한 사례들도 많이 있다.

인간사의 이러한 제도들은 상당한 사회적인 변혁에도 불구하고 일정하게 유지됐다. 그것은 무언가 기본적인 것들, 즉 사회적 기대, 상호관계, 협력 등 안정적이고 익숙하며 편리한 양식들을 제공하기 때문이다. 이들은 사람들이 폭풍우 치는 바다에서 스스로 균형을 잡아가며 —역사적인 변화를 만들어내며— 자신의 자세를 유지할 수 있도록 했다. 사람들은 다양한 삶의 영역에서 전통적인 방법을 고수하며 현재 세대가 다음 세대에 물려주고 또 반복적으로 순환하면서 자신들의 업무를 처리하고 수행했다. 이 때문에 우리는 세상사가 주권국가의 체제를 넘어서고 있다는 주장을 회의적으로 생각한다. 대신에 이 체제는 연속성과 변화성이 병렬적으로 나타나고 있음을 보여준다.

주권국가 시스템에서 불가피하고 신성불가침의 것은 없다. 처음부터 끝까지 인간의 제도로서 이는 역사적임을 의미한다. 이는 근본적으로 변화할 수 있다. 로마제국과 라틴 기독교정이 사라진 것처럼 이 또한 사라질 수 있다. 이러한 변화는 분명 전 세계적인 역사적 전환이 될 것이다. 주권국가 시스템이 과학적, 기술적, 경제적, 그리고 우리가 '세계화'라는 용어로 부를 수 있는 사회적 변화에 성공적으로 적응할 수 있는지의 여부는 여전히 좀 더 살펴봐야 한다. 주권국가들이 천 개의 비국가 행위자들의 작은 파편들로 야기된 출혈로 인해 사라질 수 있다고 생각할 수 있다. 그러면 이 주권국가들은 어디에 남아 있을 것인가? 만약 이들이 기본적인 공공서비스를 스스로 제공할 수 없고 또 일부 사람과 집단이 여전히 다른 사람들에게 위협을 가한다면, —분명 그

럴 가능성이 있지만 – 전쟁과 평화의 칼 그리고 범죄와 형벌의 칼과 관련되는 문제에서 이들이 성과를 내고 해명책임을 다하기 위해서는 어떻게 변화해야 할 것인가?

지난 3~4세기 동안 지속된 이 시스템의 진화, 그리고 기존의 모든 시스템에 비해 비교우위가 입증되었다는 사실, 이를 대체할 새로운 시스템이 등장하지 않았다는 사실, 가까운 장래에도 현실적이고 실질적인 어떠한 대안도 없다는 사실, 또 유일하게 인식 가능한 대안은 학문적인 연구의 대상에 불과하다는 사실 등 이 같은 모든 사실들은 주권국가 시스템이 과거 역사 속에서 그랬던 것처럼 가까운 미래에도 계속 진화할 것이라는 믿음을 주고 있다. 우리는 분명 근대 역사의 초기에 위치하지 않지만, 그렇다고 우리가 끝에 다다랐다거나 혹은 후기 – 주권 시대로 진입하고 있다는 사실은 명확하지 않다. 만약 우리의 일부가 근대 – 후기의 시대에 살고 있다면, 그것은 국가 주권체를 당장 포기해야 하는 그러한 세상이 아니다.

참고문헌

Ackroyd, P. (1999). *The Life of Thomas More*. New York: Anchor Books.

Alexandrowicz, C. (1969). 'New and Original States', *International Affairs*, 45/3: 465–80.

Allen, J. (1977). *A History of Political Thought in the Sixteenth Century*. London: Methuen.

Anti-Slavery Society (2006): http://www.anti-slaverysociety.addr.com/slavery.htm

Armitage, D. (2005). 'The Contagion of Sovereignty: Declarations of Independence since 1776', *South African Historical Journal Online*: http://www.journals.co.za/ej/ejour_sahist.html

Armstrong, D. (1998). 'Globalization and the Social State', *Review of International Studies*, 24: 461–78.

Bain, W. (2003). *Between Anarchy and Society*. Oxford: Oxford University Press.

Barker, E. (1956). *Principles of Social and Political Theory*. Oxford: Oxford University Press.

Barker, E. (1963). *Political Thought in England*. Oxford: Oxford University Press.

Bartlett, R. (1993). *The Making of Europe*. Harmondsworth: Penguin Books.

Berlin, I. (1992). *The Crooked Timber of Humanity*. New York: Vintage Books.

Bloch, M. (1964). 'Social Classes and Political Organization', in *Feudal Society*, vol. 2. Chicago: University of Chicago Press.

Bodin, Jean (1955). *Six Books of the Commonwealth*, abridged and translated by M. J. Tooley. Oxford: Basil Blackwell.

Boli, J. and G. Thomas (1999). *Constructing World Culture: Non-governmental Organizations since 1875*. Stanford: Stanford University Press.

Booth, K. (1995). 'Human Wrongs and International Relations,' *International Affairs*, 71: 103–26.

Brierly, J. (1936). *The Law of Nations*, 2nd edn. London: Oxford University Press.

Brownlie, I. (1979). *Principles of Public International Law*, 3rd edn. Oxford: Clarendon Press, 1979.

Bull, H. (1971). *The Anarchical Society*. London: Macmillan.

Bull, H. and A. Watson (1984). *The Expansion of International Society*. Oxford: Clarendon Press.

Burckhardt, J. (1992). *The Civilization of the Renaissance in Italy*. New York: Barnes & Noble.

Burgi, N. and P. Golub (2000). 'Has Globalisation Really Made Na-

tions Redundant?' *Le Monde Diplomatique* http://www.globalpo-
licy.org/nations/global.htm

Bury, J. (1967). *The Invasion of Europe by the Barbarians*. New
York: Norton.

Cairns, H. A. (1965). *Prelude to Imperialism*. London: Routledge.

Cameron, E. (1991). *The European Reformation*. Oxford: Claren-
don Press.

Canning, J. (1996). *A History of Medieval Political Thought*. Lon-
don: Routledge.

Carroll, L. (1991). *Through the Looking Glass*. Electronic version of
Millennium Fulcrum edition: http://www.cs.indiana.edu/metas-
tuff/looking/looking.txt.gz

Catholic Encyclopedia Online ed. K. Knight. At http://www.
newadvent.org/cathen/index.html

Cicero (1950). *The Republic*. Boston: Loeb Classical Library.

Clark, G. (1960). *The Seventeenth Century*. New York: Oxford Uni-
versity Press.

Cobban, A. (1939). *Dictatorship*. New York: Charles Scribners.

Collinson, P. (1993). 'The Late Medieval Church and its Reforma-
tion: 1400–1600', in J. McManners (ed.), *The Oxford History of
Christianity*. Oxford: Clarendon Press, 243–76.

Connolly, W. (1987). *Politics and Ambiguity*. Madison: University
of Wisconson Press.

Cooper, R. (2002). 'The Postmodern State': http://observer.guardian. co.uk/worldview/story/0,11581,680095,00.html

Darby, H. and H. Fullard (eds) (1979). *The New Cambridge Modern History Atlas*. Cambridge: Cambridge University Press.

Del Rosso Jr., S. (1995). 'The Insecure State (What Future for the State)?' Daedalus, 124/2: 175–207.

D'Entrèves, A. (1939). *The Medieval Contribution to Political Thought*. Oxford: Oxford University Press.

D'Entrèves, A. (1970). *Natural Law*. London: Hutchinson.

Deutsch, K. and W. Foltz (eds) (1963). *Nation-Building*. New York: Atherton Press.

Dicey, A. V. (1956). *Law of the Constitution*. London: Macmillan.

DUPI (Danish Institute of International Affairs) (1999). *Humanitarian Intervention: Legal and Political Aspects*. Copenhagen: Nordisk Bog Center.

Durham, Lord (1839). *Report On the Affairs of British North America*. Documents in Quebec History: http://www2.marianopolis. edu/quebechistory/docs/durham/1.htm

Elliott, J. (1992). 'A Europe of Composite Monarchies', *Past and Present*, 137: 48–71.

Encyclopaedia Britannica Online: http://www.britannica.com/eb/ article-9055084

Europa: Portal of the European Union: http://europa.eu.int/

Evans, G. and M. Sahnoun (2001). *The Responsibility to Protect: Report of the International Commission on Intervention and State Sovereignty.* Ottawa: International Development Research Centre.

Figgis, J. (1965). *The Divine Right of Kings.* New York: Harper Torchbooks.

Finley, M. (1983). *Politics in the Ancient World.* Cambridge: Cambridge University Press.

Fletcher, R. (1998). *The Conversion of Europe.* London: Fontana.

Friedrich, C. (1963). *The Philosophy of Law in Historical Perspective.* Chicago: University of Chicago Press.

Fukuyama, F. (1991). 'Liberal Democracy as a Global Phenomenon', *PS: Political Science and Politics,* 24/4: 659–64.

Ganshof, F. (1964). *Feudalism,* tr. P. Grierson. London: Longmans.

Gellner, E. (1993). *Nations and Nationalism.* Oxford: Blackwell.

Gierke, O. (1987). *Political Theories of the Middle Age.* Cambridge: Cambridge University Press.

Gong, G. (1984). *The Standard of 'Civilization' in International Society.* Oxford: Clarendon Press.

Grimm, H. (1948). 'Luther's Conception of Territorial and National Loyalty', *Church History,* 17/2: 79–94.

Grotius, H. (2005). *The Freedom of the Seas.* The Online Library of Liberty, Liberty Fund: http://oll.libertyfund.org/Home3/Book.

php?recordID=0049

Gustafsson, H. (1998). 'The Conglomerate State: A Perspective on State Formation in Early Modern Europe', *Scandinavian Journal of History*, 23/3–4: 189–213.

Hannaford, I. (1996). *Race: The History of an Idea in the West*. Baltimore: Johns Hopkins University Press.

Harik, J. (2005). *Hezbollah*. London: Tauris Publishers.

Hartdegen, S. (1970). *The New American Bible*. New York: Thomas Nelson.

Held, D. (1995). *Democracy and the Global Order*. Stanford: Stanford University Press.

Held, D. (2004). *A Globalizing World?* London: Routledge.

Henckaerts, J. (1995). *Mass Expulsion in Modern International Law and Practice*. The Hague: Martinus Nijhoff.

Hill, B. W. (1975). *Edmund Burke: On Government, Politics and Society*. Brighton, Sussex: Harvester Press.

Himmelfarb, G. (1962). *Lord Acton: A Study in Conscience and Politics*. Chicago: University of Chicago Press.

Hinsley, F. H. (1966). *Sovereignty*. Cambridge: Cambridge University Press.

Hinsley, F. H. (1967). *Power and the Pursuit of Peace*. Cambridge: Cambridge University Press.

History of U.K. Passports: An Overview. United Kingdom, Home

Office: http://www.ukpa.gov.uk/index.asp

Hobbes, T. (1946). *Leviathan*, ed. M. Oakeshott. Oxford: Basil Blackwell.

Hobbes, T. (1993). *Man and Citizen (De Homine and De Cive)*, ed. B. Gert. Indianapolis: Hackett.

Hudson, C. E. (1947). 'The Church and International Affairs', *International Affairs*, 23/1: 1–10.

ICRC (International Committee for the Red Cross) (2006). *International Humanitarian Law and Human Rights*. At http://www.icrc.org/Web/eng/siteeng0.nsf/htmlall/section_ihl_and_human_rights

International Maritime Bureau: http://www.icc-ccs.org/imb/overview.php

Jackson, R. (1990). *Quasi-States: Sovereignty, International Relations, and the Third World*. Cambridge: Cambridge University Press.

Jackson, R. (2000a). *The Global Covenant: Human Conduct in a World of States*. Oxford: Oxford University Press.

Jackson, R. (2000b). 'Humanitarian War over Kosovo', *Politica*, 32: 23–47.

Jackson Preece, J. (1998a). *National Minorities and the European Nation-States System*. Oxford: Clarendon Press.

Jackson Preece, J. (1998b). 'Multiculturalism, Dignity and the Liberal State in Canada', *Politica*, 30/2: 149–67.

Jackson Preece, J. (1998c). 'Ethnic Cleansing as an Instrument of Nation-State Creation', *Human Rights Quarterly*, 20/4: 817–42.

Jackson Preece, J. (2005). *Minority Rights: Between Diversity and Community*. Cambridge: Polity.

James I, King of England (1609). 'On the Divine Right of Kings', Extracts from a Speech to Parliament (21 March 1609), at http://staff.gps.edu/mines/Age%20of%20Absolu-%20James%20I%20on%20Divine%20Rights.htm

James, A. (1986). *Sovereign Statehood: The Basis of International Society*. London: Allen & Unwin.

James, S. (1989). 'The Myth of the People', *Reviews in American History*, 17: 182–6.

Johnson, D. (1957). 'Piracy in Modern International Law', *Transactions of the Grotius Society*, 43: 63–85.

Kant, E. (2006). *Groundwork for the Metaphysics of Morals*. At http://www.msu.org/ethics/content_ethics/texts/kant/kanttxt3.html#com1

Kantorowicz, E. (1957). *The King's Two Bodies*. Princeton: Princeton University Press.

Keen, M. (1991). *The History of Medieval Europe*. Harmondsworth: Penguin Books.

Kenerman, G. and P. Resnick (eds) (2005). *Insiders and Outsiders:*

Alan Cairns and the Reshaping of Canadian Citizenship. Vancouver: University of British Columbia Press.

Knowles, D. (1967). 'Church and State in Christian History', *Journal of Contemporary History*, 2/4: 3–15.

Knowles, D. (1979). *The Religious Orders in England.* Cambridge: Cambridge University Press.

Krasner, S. (1999). *Sovereignty: Organized Hypocrisy.* Princeton: Princeton University Press.

Krieger, L. (ed.) (1967). 'Beginning of the Modern State', in *Lord Acton: Essays in the Liberal Interpretation of History.* Chicago: University of Chicago Press.

Lively, J. (1975). *Democracy.* Oxford: Basil Blackwell.

Lloyd, T. (1984). *The British Empire.* Oxford: Oxford University Press.

Locke, J. (1965). *Two Treatises of Government.* New York: Mentor.

MacCormick, N. (1996). 'Liberalism, Nationalism and the Post-Sovereign State', *Political Studies*, 44: 553–67.

Machiavelli, N. (1961). *The Prince*, tr. and ed. G. Bull. Harmondsworth: Penguin Books.

McIlwain, C. H. (1932). *The Growth of Political Thought in the West.* New York: Macmillan.

Macpherson, C. B. (1965). *The Real World of Democracy.* Oxford: Oxford University Press.

Maitland, F. (1979). *The Constitutional History of England*. Cambridge: Cambridge University Press.

Mathew, D. (1948). *Catholicism in England: Portrait of a Minority*. London: Eyre & Spottiswoode.

Mattingly, G. (1962). *The Armada*. Boston: Houghton Mifflin.

Mattingly, G. (1988). *Renaissance Diplomacy*. New York: Dover Publications.

Mayall, J. (1990). *Nationalism and International Society*. Cambridge: Cambridge University Press.

Mayr-Harting, H. (1993). 'The West: The Age of Conversion', in J. McManners (ed.), *The Oxford History of Christianity*. Oxford: Oxford University Press.

Mazrui, A. (1967). *Towards a Pax Africana*. Chicago. University of Chicago Press.

Mead, S. (1967). 'The "Nation with the Soul of a Church"', *Church History*, 36/3: 262–83.

Mill, J. S. (2000). 'Nationality', 391–8, in *Utilitarianism, On Liberty, Considerations on Representative Government*. London: Dent-Everyman's Library.

Mises, L. von (1983). *Nation, State and Economy*. New York: New York University Press.

Morgan, E. (1988). *Inventing the People: The Rise of Popular Sovereignty in England and America*. New York: W.W. Norton.

Morrall, J. (1958). *Political Thought in Medieval Times*. London: Hutchinson.

Nicholas, B. (1987). *An Introduction to Roman Law*. Oxford: Clarendon Press.

Nicolson, H. (1945). *Peacemaking 1919*. London: Constable. 'North Atlantic Treaty, Article 5', The Avalon Project at Yale Law School: http://www.yale.edu/lawweb/avalon/nato.htm#art5

Oakeshott, M. (1939). *The Social and Political Doctrines of Contemporary Europe*. Cambridge: Cambridge University Press.

Oakeshott, M. (1975). 'The Vocabulary of the Modern European State', *Political Studies*, 23: 319–41, 409–314.

Oakeshott, M. (1991). *Rationalism in Politics and Other Essays*. New and Expanded Edition. Indianapolis: Liberty Press.

Osiander, A. (1994). *The States System of Europe*, 1640–1990. New York: Oxford University Press.

Oxford English Dictionary Online (OED) (2006). At http://dictionary.oed.com/.htm.

Paine, T. (1985). *Rights of Man*. Baltimore: Penguin Classics.

Parry, J. (1966). *Europe and a Wider World*. London: Hutchinson.

Pastor, L. (1901). *The History of the Popes*, vol. 6. London: Kegan Paul.

Pellet, A. (1982). 'The Opinions of the Badinter Arbitration Committee', *European Journal of International Law*, 3: 178–85.

Pennington, K. (1970). 'Bartolomé de Las Casas and the Tradition of Medieval Law', *Church History*, 39/2: 149–61.

Philpott, D. (2001). *Revolutions in Sovereignty*. Princeton: Princeton University Press.

Pollard, A. (1948). *Factors in Modern History*. London: Constable.

Ratner, S. (1996). 'Drawing a Better Line: *Uti Possidetis* and the Borders of New States', *American Journal of International Law*, 90: 590–624.

'Regional Cooperation Agreement on Combating Piracy', The American Society of International Law, May 2005: http://www.asil.org/ilib/2005/05/ilib050509.htm#t3

Reiss, H. (ed.) (1991). *Kant: Political Writings*, 2nd edn. Cambridge: Cambridge University Press.

Ritter, G. (1976). *Frederick the Great*, ed. Peter Paret. Berkeley: University of California Press.

Roberts, A. and R. Guelff (eds) (1989). *Documents on the Laws of War*, 2nd edn. Oxford: Clarendon Press.

Rotberg, R. (2002). 'The New Nature of Nation State Failure', *Washington Quarterly*, 25/3: 85–96.

Rousseau, J. J. (1988). *The Social Contract and Discourses*. London: Dent-Everyman's Library.

Rubin, A. (1998). *The Law of Piracy*. New York: Transnational Publishers.

Ruskola, T. (2005). 'Canton is not Boston: The Invention of American Imperial Sovereignty', *American Quarterly*, 57/3: 859–84.

Salamon, L., S. Sokolowski, and R. List (2003). *Global Civil Society: An Overview*. Baltimore: Johns Hopkins University Institute for Policy Studies: http://www.jhu.edu/~ccss/pubs/pdf/globalciv.pdf

Schechtman, J. (1946). *European Population Transfers 1939–1945*. Oxford: Oxford University Press.

Schultz, G. (2002). Televised speech, C-SPAN Television, Washington DC, March 17.

Scruton, R. (1996). *A Dictionary of Political Thought*. London: Macmillan.

Seed, P. (1993). 'Are These Not Also Men?' *Journal of Latin American Studies*, 25/3: 629–52.

Shaw, M. (1996). 'The Heritage of States: The Principle of *Uti Possidetis Juris* Today', *British Yearbook of International Law*, 67: 75–154.

Shennan, J. (1974). *The Origins of the Modern European State*. London: Hutchinson.

Simes, D. (2003). 'America's Imperial Dilemma', *Foreign Affairs*, 82/6: 91–102.

Skinner, Q. (1978). *The Foundations of Modern Political Thought*, vol. 2. *The Age of Reformation*. Cambridge: Cambridge University Press.

Smith, A. (1994). *The Wealth of Nations*. New York: Random House.

Spengler, R. and J. (1964). *Tradition, Values and Socio-economic Development*. Durham, NC: Duke University Press.

Stola, D. (1992). 'Forced Migrations in Central European History', *Instytut Historii*, 26/2: 324–41.

'Supplementary Convention on the Abolition of Slavery, the Slave Trade, and Institutions and Practices Similar to Slavery'. United Nations High Commissioner for Human Rights: http://www.ohchr.org/english/law/slavetrade.htm

Talmon, J. (1970). *The Origins of Totalitarian Democracy*. New York: Norton.

'Terrorism: Questions and Answers', Council on Foreign Relations: http://cfrterrorism.org/home/

'Terrorist Attacks Redefi ne Common Wisdom about Transatlantic Security', Center for Defense Information: http://www.cdi.org/terrorism/awacs.cfm

Thirty Thousand Feet, Aviation Directory: http://www.thirtythousandfeet.com/regulato.htm

Tocqueville, Alexis de (1955). *The Old Regime and the French Revolution*. Garden City, NY: Anchor Books.

Tocqueville, Alexis de (1960). *Democracy in America*, 2 vols. New

York: Vintage Books.

United Kingdom Terrorism Act 2000. Queen's Printer of Acts of Parliament: http://www.opsi.gov.uk/Acts/acts2000/00011–b.htm#1

United Nations Charter: http://www.un.org/aboutun/charter/

United Nations Convention on the Law of the Sea: http://www.un.org/Depts/los/convention_agreements/texts/unclos/unclos_e.pdf

United Nations Convention against Transnational Organized Crime, UN Crime and Drug Conventions (United Nations: Offi ce on Drugs and Crime): http://www.unodc.org/unodc/en/drug_and_crime_conventions.html

United Nations Report of the High-level Panel on Threats, Challenges and Change (2004): http://www.un.org/secureworld/

United States Patriot Act of Congress: http://www.epic.org/privacy/terrorism/hr3162.html

Universal Declaration of Human Rights (1948). United Nations Offi ce of the High Commissioner for Human Rights: http://www.unhchr.ch/html/intlinst.html]

Viorst, M. (ed.) (1994). 'The Act of Supremacy', in *The Great Documents of Western Civilization*. New York: Barnes & Noble:97–8.

Web of English History, A: http://www.historyhome.co.uk/

Webster's Seventh New Collegiate Dictionary (1967). Springfield,

Mass.: Merriam Company.

Wedgwood, C. V. (1964). *The Trial of Charles I*. Harmondsworth: Penguin Books.

Wheeler, N. (2000). *Saving Strangers*. Oxford: Oxford University Press.

Wight, M. (1952). *British Colonial Constitutions*. Oxford: Clarendon Press.

Wight, M. (1968). 'Why is there no International Theory?', in H. Butterfield and M. Wight (eds), *Diplomatic Investigations*. Cambridge, Mass.: Harvard University Press.

Wight, M. (1977). *Systems of States*. London: Leicester University Press.

Wilson, Woodrow (1917). 'President Woodrow Wilson's War Message', 65th Cong., 1st Sess. Senate Doc. No. 5, Serial No. 7264, Washington, DC, 1917; pp. 3–8, *passim*: http://www.lib.byu.edu/~rdh/wwi/1917/wilswarm.html

Wilson, Woodrow (1918). 'President Woodrow Wilson's Fourteen Points', The Avalon Project at Yale Law School: http://www.yale.edu/lawweb/avalon/wilson14.htm.

Wood, J. (1967). 'Christianity and the State', *Journal of the American Academy of Religion*, 35/3: 257–70.

KI신서 6719

주권이란 무엇인가

1판 1쇄 인쇄 2016년 11월 11일
1판 1쇄 발행 2016년 11월 18일

지은이 로버트 잭슨
옮긴이 옥동석
펴낸이 김영곤
해외사업본부장 간자와 다카히로
정보개발팀 이남경 김은찬
해외기획팀 박진희 임세은 채윤지
출판영업팀장 이경희
출판영업팀 이은혜 권오권
출판마케팅팀 김홍선 최성환 조윤정
홍보팀장 이혜연
제작팀장 이영민

펴낸곳 (주)북이십일 21세기북스
출판등록 2000년 5월 6일 제406-2003-061호
주소 (10881) 경기도 파주시 회동길 201(문발동)
대표전화 031-955-2100 **팩스** 031-955-2151 **이메일** book21@book21.co.kr

© Robert Jackson, 2007

ISBN 978-89-509-6719-2 03340